जम्मू और कश्मीर व लद्दाख–
नए केन्द्रशासित प्रदेशों के स्पष्टीकरण सहित

Govt. Approved
भारत सरकार द्वारा प्रमाणित

स्टूडेंट एटलस

STUDENT ATLAS

विशेष तथ्यों, आँकड़ों व प्रासंगिक मानचित्रों की तार्किक प्रस्तुति सम्मिलित

वस्तुनिष्ठ अभ्यास प्रश्नावली सहित प्रतियोगी परीक्षाओं के लिए समान रूप से उपयोगी

वी एण्ड एस पब्लिशर्स

स्वीकृति

निम्नलिखित नोट इस एटलस के सभी मानचित्रों के लिए लागू हैं जहाँ भारत-अंतर्राष्ट्रीय सीमाएँ और समुद्र तट दिखाई देते हैं:

- आंतरिक विवरण की शुद्धता के लिए जिम्मेदारी प्रकाशक के साथ टिकी हुई है।
- भारत का प्रादेशिक जल समुद्रीय आधार रेखा से नापी गई बारह समुद्री मील की दूरी तक समुद्र में फैलता है।
- चंडीगढ़, हरियाणा और पंजाब का प्रशासनिक मुख्यालय चंडीगढ़ में है।
- इस मानचित्र पर दिखाये गये अरुणाचल प्रदेश, असम और मेघालय के बीच की अंतरराज्यीय सीमाएँ 'उत्तर-पूर्वी क्षेत्र (पुनर्गठन) अधिनियम 1971' से व्याख्या की गई हैं, लेकिन अभी तक सत्यापित नहीं की गई हैं।
- भारत की बाहरी सीमाएँ और समुद्र तट भारतीय सर्वेक्षण द्वारा प्रमाणित रिकॉर्ड / मास्टर कॉपी से सहमत हैं।
- उत्तराखंड-उत्तर प्रदेश, बिहार-झारखंड, छत्तीसगढ़-मध्य प्रदेश, तेलांगना-आंध्र प्रदेश के बीच राज्य की सीमाओं को सम्बन्धित सरकारों द्वारा सत्यापित नहीं किया गया है।
- इस स्कूल एटलस में नामों की वर्तनी विभिन्न स्रोतों से ली गई है।
- भारत की बाहरी सीमाएँ और समुद्र तट, मानचित्र पर सर्वे ऑफ इण्डिया देहरादून के पत्र क्रमांक TB/811/62-A-3/A दिनांक 10/03/2016 द्वारा प्रमाणित किये गये हैं इस पुस्तक के मूल अंग्रेजी संस्करण से।

प्रकाशक

वी एण्ड एस पब्लिशर्स

F-2/16, अंसारी रोड, दरियागंज, नयी दिल्ली-110002
☎ 23240026, 23240027• फैक्स: 011-23240028
Email: info@vspublishers.com • *Website:* www.vspublishers.com

Online Brandstore: amazon.in/vspublishers

शाखा: हैदराबाद

5-1-707/1, ब्रिज भवन (सेन्ट्रल बैंक ऑफ इण्डिया लेन के पास)
बैंक स्ट्रीट, कोटी, हैदराबाद - 500 095
☎ 040-24737290
E-mail: vspublishershyd@gmail.com

Follow us on:   

BUY OUR BOOKS FROM: AMAZON FLIPKART

ISBN 978-93-579424-3-0
New Edition

विषय सूची

प्रकाशकीय

वी एण्ड एस पब्लिशर्स छात्रों की पाठ्यक्रम सम्बन्धी पुस्तकों की जरूरतों को पूरा करने के लिए हमेशा से अग्रसर रहे हैं। जनमानस पुस्तकों के अग्रणी प्रकाशक बनने के बाद विगत वर्षों में हमने स्कूल से सम्बन्धित पुस्तकों का प्रकाशन किया और पाठकों से अत्यन्त सराहना पायी। बाजार में उपलब्ध हिन्दी की स्कूल एटलस का अध्ययन करते हुए हमने देखा कि उनमें कुछ कमियाँ बनी रहती हैं।

प्रस्तुत पुस्तक **'स्टूडेंट एटलस'** में न केवल इन कमियों को पूरा किया गया है अपितु पाठ्यक्रम के अनुसार स्पष्ट, ज्वलंत और विस्तृत भौगोलिक जानकारी प्रदान की गयी है जो प्रत्येक पाठक के लिए उपयोगी सिद्ध होगी। पुस्तक का प्रकाशन वी एण्ड एस पब्लिशर्स की अकादमी पुस्तकों की शृंखला Gen-X सीरीज के अन्तर्गत पहले अंग्रेजी में किया गया। पुस्तक की अपार सफलता के बाद, बाजार की जरूरत के अनुसार आपके समक्ष अब हम उसका अनुवादित नवीनतम हिंदी संस्करण प्रस्तुत करते हैं। हमें आशा है कि यह पुस्तक छात्रों के लिए अत्यन्त सहायक सिद्ध होगी।

पुस्तक में प्राकृतिक और अन्य संसाधनों के विषयगत मानचित्र और महत्त्वपूर्ण स्कूल विषयों को विशेष रूप से छात्रों हेतु शामिल किया गया है ताकि जटिल भौगोलिक अवधारणाओं को समझाने में मदद मिले। इसके अतिरिक्त सभी रंगीन मानचित्र, तस्वीरें एवं उपयोगी चार्ट और ग्राफ पुस्तक को और भी आकर्षक बनाते हैं।

भौगोलिक शब्दों, ब्रह्माण्ड और पृथ्वी के बारे में संक्षिप्त परिचयात्मक जानकारी के अतिरिक्त एटलस में महाद्वीपों के भौतिक और राजनीतिक मानचित्र शामिल है। विशेषरूप से भारत और उसके राज्यों के बारे में नये सूचनात्मक मानचित्र जैसे– जलवायु, प्राकृतिक वनस्पति, वन्यजीव, कृषि, खनिज, उद्योग, जनसांख्यिकी, पर्यावरण सम्बन्धी इत्यादि की व्यापक जानकारी दी गयी है। इस संस्करण में राजनीतिक और सामाजिक-आर्थिक विकास, भारत और दुनिया के स्तर पर, सम्बन्धी मानचित्र भी शामिल है।

एटलस की मुख्य विशेषताएँ:

- मानचित्र भारत सरकार द्वारा मान्यता प्राप्त।
- पाठ्यक्रम अनुसार मानचित्रों का संकलन।
- भारत एवं विश्व सम्बन्धी जानकारी सम्मिलित।
- प्रमुख नदियों, रेगिस्तानों, उच्चतम और निम्नतम ऊँचाइयों, समुद्र की धाराओं और हवा के स्वरूप की विस्तृत जानकारी।
- दुनियाभर के शहरों और देशों के नवीनतम नामों, सीमाओं व राजधानियों का संकलन।
- छात्रों के लिए कृषि, ऊर्जा की खपत, साक्षरता, धर्म और अन्य महत्त्वपूर्ण विषयों पर आँकड़े संक्षेप में प्रस्तुत।
- जनसंख्या, भाषाओं और मौद्रिक इकाइयों पर तथ्य और प्रत्येक राष्ट्र के ध्वज सम्मिलित।

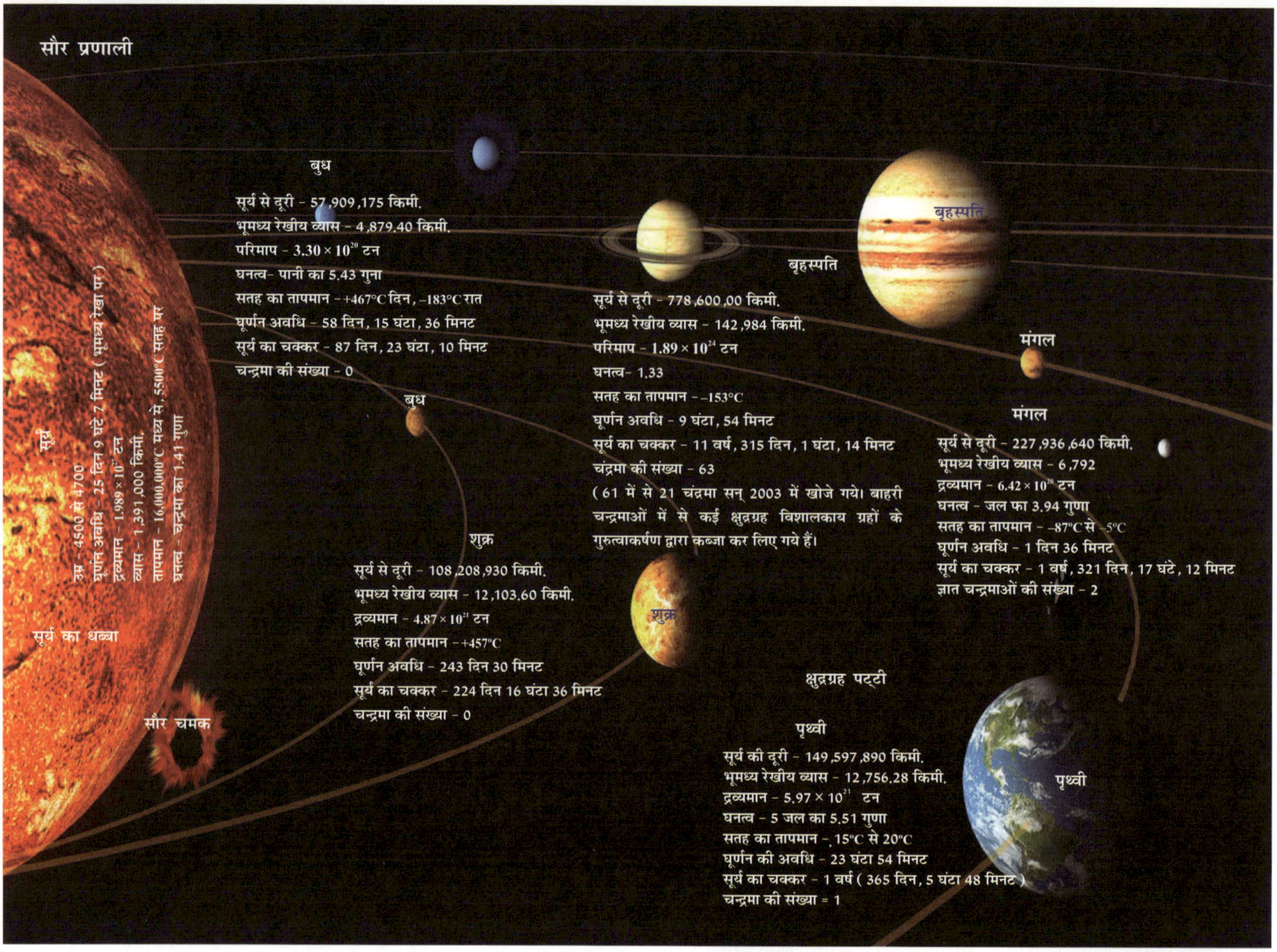

सौर प्रणाली

सूर्य

उम्र - 4500 से 4700
घूर्णन अवधि - 25 दिन 9 घंटे 7 मिनट (भूमध्य रेखा पर)
द्रव्यमान - $1,989 \times 10^{27}$ टन
व्यास - 1,391,000 किमी.
तापमान - 16,000,000°C मध्य से, 5500°C सतह पर
घनत्व - चन्द्रमा का 1.41 गुणा

सूर्य का धब्बा

सौर चमक

बुध

सूर्य से दूरी - 57,909,175 किमी.
भूमध्य रेखीय व्यास - 4,879.40 किमी.
परिमाप - 3.30×10^{20} टन
घनत्व- पानी का 5.43 गुना
सतह का तापमान - +467°C दिन, –183°C रात
घूर्णन अवधि - 58 दिन, 15 घंटा, 36 मिनट
सूर्य का चक्कर - 87 दिन, 23 घंटा, 10 मिनट
चन्द्रमा की संख्या - 0

शुक्र

सूर्य से दूरी - 108,208,930 किमी.
भूमध्य रेखीय व्यास - 12,103.60 किमी.
द्रव्यमान - 4.87×10^{21} टन
सतह का तापमान - +457°C
घूर्णन अवधि - 243 दिन 30 मिनट
सूर्य का चक्कर - 224 दिन 16 घंटा 36 मिनट
चन्द्रमा की संख्या - 0

बृहस्पति

सूर्य से दूरी - 778,600,00 किमी.
भूमध्य रेखीय व्यास - 142,984 किमी.
परिमाप - 1.89×10^{24} टन
घनत्व- 1.33
सतह का तापमान - –153°C
घूर्णन अवधि - 9 घंटा, 54 मिनट
सूर्य का चक्कर - 11 वर्ष, 315 दिन, 1 घंटा, 14 मिनट
चंद्रमा की संख्या - 63
(61 में से 21 चंद्रमा सन् 2003 में खोजे गये। बाहरी चन्द्रमाओं में से कई क्षुद्रग्रह विशालकाय ग्रहों के गुरुत्वाकर्षण द्वारा कब्जा कर लिए गये हैं।

मंगल

सूर्य से दूरी - 227,936,640 किमी.
भूमध्य रेखीय व्यास - 6,792
द्रव्यमान - 6.42×10^{20} टन
घनत्व - जल फा 3.94 गुणा
सतह का तापमान - –87°C से –5°C
घूर्णन अवधि - 1 दिन 36 मिनट
सूर्य का चक्कर - 1 वर्ष, 321 दिन, 17 घंटे, 12 मिनट
ज्ञात चन्द्रमाओं की संख्या - 2

क्षुद्रग्रह पट्टी

पृथ्वी

सूर्य की दूरी - 149,597,890 किमी.
भूमध्य रेखीय व्यास - 12,756.28 किमी.
द्रव्यमान - 5.97×10^{21} टन
घनत्व - 5 जल का 5.51 गुणा
सतह का तापमान - 15°C से 20°C
घूर्णन की अवधि - 23 घंटा 54 मिनट
सूर्य का चक्कर - 1 वर्ष (365 दिन, 5 घंटा 48 मिनट)
चन्द्रमा की संख्या = 1

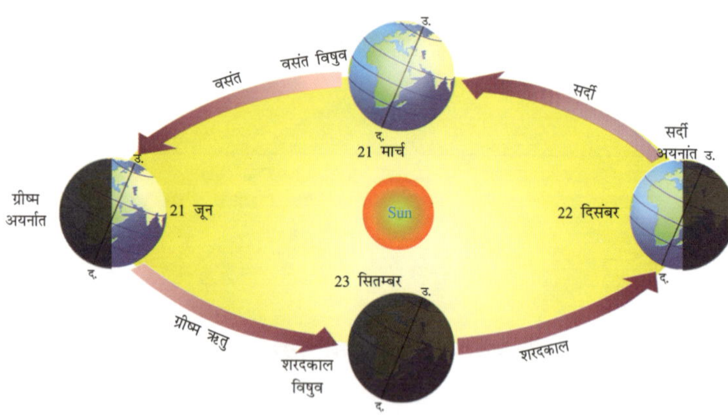

ऋतु (The Seasons)

ऋतुएँ पृथ्वी के द्वारा सूर्य के घूर्णन काल के दौरान बदलती हैं। पृथ्वी अपने अक्ष पर झुकी है, यही कारण है कि पृथ्वी प्रत्येक क्षेत्र में सूर्य के नजदीक तथा उससे दूर चली जाती है। उत्तरी ध्रुव में गर्मी तब होती है, जब वह सूर्य के नजदीक हो (जून में) तथा सर्दी जब उत्तरी ध्रुव सूर्य से दूर हो (दिसंबर में), इस दौरान वहाँ गर्मी एवं प्रकाश कम पाया जाता है। दक्षिण गोलार्द्ध में विपरीत स्थिति होती है, गर्मी (दिसंबर में) जब दक्षिणी ध्रुव सूर्य से नजदीक हो तथा सर्दी (जून में) जब दक्षिणी ध्रुव सूर्य से दूर हो।

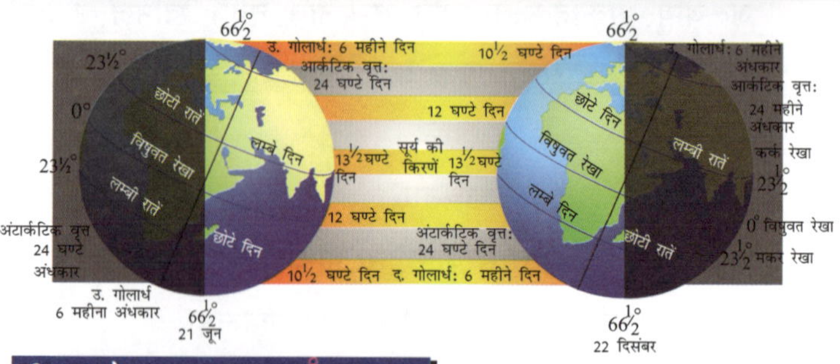

दिन और रात (Day and Night)

पृथ्वी के अक्ष पर घूर्णन (जो 24 घंटे होता है) के कारण पृथ्वी के सतह के भिन्न-भिन्न क्षेत्रों में भिन्न-भिन्न समय पर सूर्य का उदय होता है। पृथ्वी का वह भाग जो सूर्य के सामने होता है, वहाँ दिन होता है तथा इसके विपरीत पृथ्वी का वह भाग जो सूर्य के सामने नहीं होता है, वहाँ रात होती है।

कैलेंडर (Calendar)

ग्रेगोरियन कैलेंडर जो अभी उपयोग में है, इसे 16वीं शताब्दी में तैयार किया गया था। साल के समय का उपखंड, सप्ताह तथा दिन पृथ्वी तथा चन्द्रमा के खगोलीय प्रति पर आधारित होता है। पृथ्वी एक पूरे चक्कर में 24 घंटे लेती है। चंद्रमा सूर्य का चक्कर लगाने में 29 दिन (एक चन्द्र महीना) में लगाता है। पृथ्वी सूर्य के चारों ओर अनुमानित 365¼ (एक वर्ष) में लगाता है। काफी मुश्किल है एक बिल्कुल सही कैलेंडर का तैयार करना जो बहुत से अलग-अलग बातों पर आधारित हो और तब हमारे कैलेण्डर में सिर्फ 365 दिन होते हो। चार वर्षों में एक बार हम एक अलग दिन जोड़कर इसकी कमी की पूर्ति करते हैं जिसे लीप इयर साल कहते हैं।

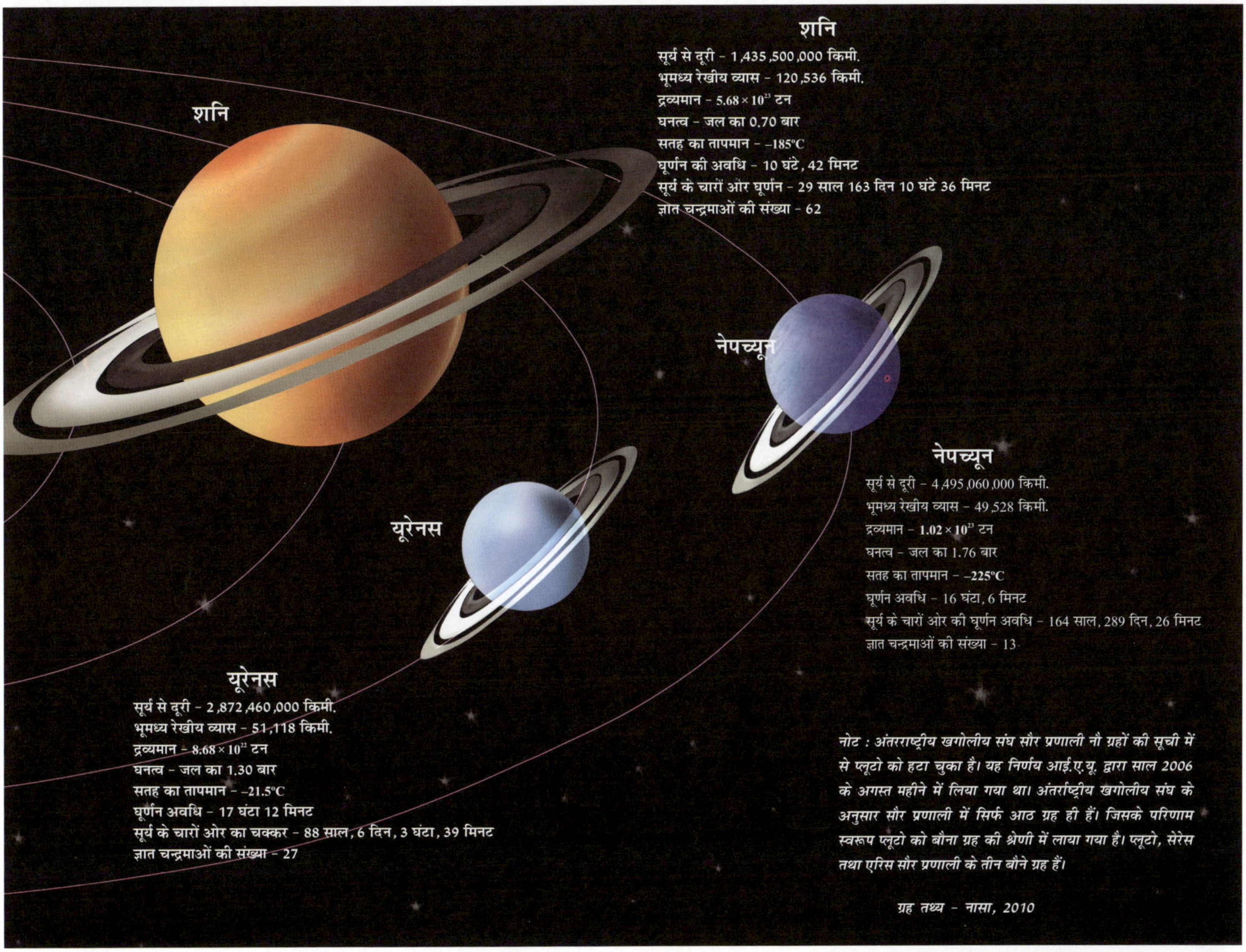

शनि
सूर्य से दूरी - 1,435,500,000 किमी.
भूमध्य रेखीय व्यास - 120,536 किमी.
द्रव्यमान - 5.68×10^{23} टन
घनत्व - जल का 0.70 बार
सतह का तापमान - –185°C
घूर्णन की अवधि - 10 घंटे, 42 मिनट
सूर्य के चारों ओर घूर्णन - 29 साल 163 दिन 10 घंटे 36 मिनट
ज्ञात चन्द्रमाओं की संख्या - 62
शनि
नेपच्यून
यूरेनस
नेपच्यून
सूर्य से दूरी - 4,495,060,000 किमी.
भूमध्य रेखीय व्यास - 49,528 किमी.
द्रव्यमान - 1.02×10^{23} टन
घनत्व - जल का 1.76 बार
सतह का तापमान - –225°C
घूर्णन अवधि - 16 घंटा, 6 मिनट
सूर्य के चारों ओर की घूर्णन अवधि - 164 साल, 289 दिन, 26 मिनट
ज्ञात चन्द्रमाओं की संख्या - 13
यूरेनस
सूर्य से दूरी - 2,872,460,000 किमी.
भूमध्य रेखीय व्यास - 51,118 किमी.
द्रव्यमान - 8.68×10^{22} टन
घनत्व - जल का 1.30 बार
सतह का तापमान - –21.5°C
घूर्णन अवधि - 17 घंटा 12 मिनट
सूर्य के चारों ओर का चक्कर - 88 साल, 6 दिन, 3 घंटा, 39 मिनट
ज्ञात चन्द्रमाओं की संख्या - 27
नोट : अंतरराष्ट्रीय खगोलीय संघ सौर प्रणाली नौ ग्रहों की सूची में से प्लूटो को हटा चुका है। यह निर्णय आई.ए.यू. द्वारा साल 2006 के अगस्त महीने में लिया गया था। अंतर्राष्ट्रीय खगोलीय संघ के अनुसार सौर प्रणाली में सिर्फ आठ ग्रह ही हैं। जिसके परिणाम स्वरूप प्लूटो को बौना ग्रह की श्रेणी में लाया गया है। प्लूटो, सेरेस तथा एरिस सौर प्रणाली के तीन बौने ग्रह हैं।
ग्रह तथ्य - नासा, 2010

पृथ्वी की कक्षा
चंद्रमा की कक्षा
छाया
चंद्रमा
सूर्य
पृथ्वी
उपच्छाया
चंद्रग्रहण
पृथ्वी की कक्षा
चंद्रमा की कक्षा
उपच्छाया
सूर्य
चंद्रमा
छाया
पृथ्वी
सूर्यग्रहण

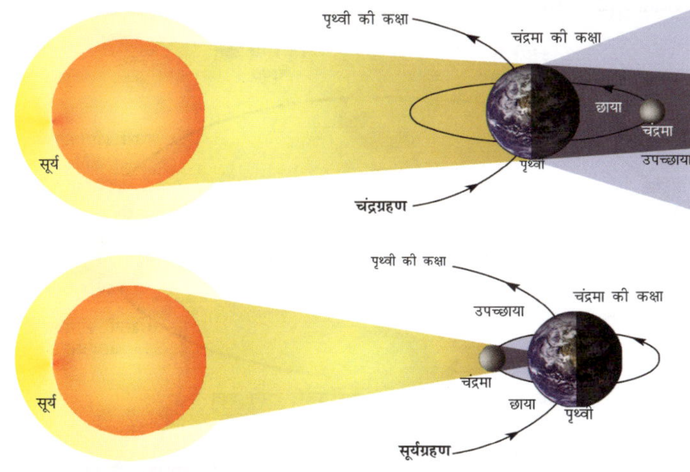

ग्रहण (Eclipse)

पृथ्वी के चारों ओर चंद्रमा के घुमने का समय और सूर्य के चारों ओर इन दोनों आकाशीय पिंडों द्वारा परिक्रमा करने का समय भिन्न हैं। यह खगोलीय पिंडों की विशिष्ट स्थिति का कारण बनता है, जिसमें चन्द्रमा (चन्द्रग्रहण) सूर्य के प्रकाश को पृथ्वी पर पहुँचने से रोक सके या पृथ्वी, चन्द्रमा (चन्द्रग्रहण) के ऊपर अपनी छाया डाल सके। इस कारण अब हम गणना कर सकते हैं कि ये खगोलीय पिंड किस विशेष समय पर कहाँ होंगे, इस प्रकार ग्रहण की भविष्यवाणी की जा सकती है।

त्रिमास (अंतिम) चंद्रमा (आधा चंद्रमा)
वर्धमान चेतावनी
पूर्वसूचना घटित चंद्रमा
सूर्य
चन्द्रोदय
चंद्रमा
पृथ्वी
चंद्रमा का परिक्रमा पथ
पूर्णिमा
पृथ्वी से देखे गये चंद्रमा की अवस्था
बढ़ता चंद्रमा
मोम की तरह चमकता चंद्रमा
पहला त्रिमास (अर्ध चंद्रमा)

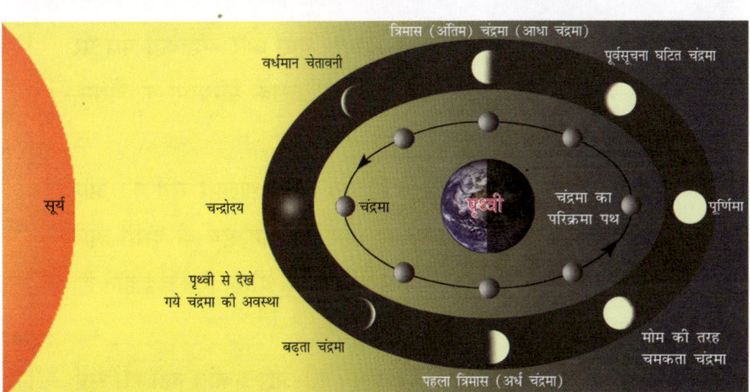

चंद्रमा की कलाएँ (Phases of the Moon)

चंद्रमा, पृथ्वी का एकमात्र उपग्रह है, जो पश्चिम से पूर्व की ओर, पृथ्वी के चारों ओर 27 दिन 7 घंटे 43 मिनट (तारे के समान महीना) में एक पूरा चक्कर लगाता है। चंद्रमा का वही हिस्सा पृथ्वी से देखा जाता है, जो घूर्णन एवं क्रांति के दौरान हमेशा पृथ्वी के सामने होता है। चंद्रमा का स्वयं का प्रकाश नहीं है, पूर्णिमा के दिन, चंद्रमा का पूरा आकार सूर्य के प्रकाश के द्वारा प्रदीप्त होकर पृथ्वी में दिखता है। जब पृथ्वी सूर्य एवं चंद्रमा के बीच होता है। नये चंद्रमा के दिन में, चंद्रमा पृथ्वी एवं सूर्य के बीच होता है तथा इसलिए पृथ्वी से यह काला प्रतीत होता है। नये चंद्रमा के समय दिन में पूर्णिमा की अवधि तक चंद्रमा की आकार में बढ़ोतरी तथा पूर्णिमा से नये चाँद तक की अवधि में चाँद घटता चला जाता है।

पृथ्वी (The Earth)

पृथ्वी आकार में गोले के समान, ध्रुवों पर दबी हुई एवं भूमध्य रेखा पर उभरी हुई है। इसकी भूमध्य रेखा के चारों ओर की परिधि लगभग 40,000 किमी. है। इसका भूमध्यरेखीय व्यास 12,756 किमी. है लेकिन ध्रुवों का व्यास 12,714 किमी. है।

पृथ्वी का अक्ष: पृथ्वी की परिक्रमा अपने कक्षीय तल (Orbital Plane) के सापेक्ष 23.5° के कोण पर झुकी हुई है। सूर्य के चारो ओर पृथ्वी की कक्षा दिन एवं रात की अवधि पूरे विश्व के दिन एवं रात के बराबर होती है। पृथ्वी के अक्ष पर मुड़ी होने के कारण दिन एवं रात की लम्बाई एक स्थान से दूसरे स्थान पर बदलती रहती है।

महान वृत्त: यह पृथ्वी की सतह पर एक काल्पनिक वृत्त है जिसका तल पृथ्वी के केन्द्र से गुजरता है। यह पृथ्वी को दो अर्धवृत्तों में विभाजित करती है। अक्षांश में सूर्य तक भूमध्य रेखा एक महान वृत्त है, जबकि सिर्फ देशांतर का प्रत्येक युग्म एक महान वृत्त है। उदाहरण के लिए 120° पूर्व तथा 60° पश्चिम एक वृत्त के रूप में साथ-साथ होते हैं। पृथ्वी के सतह का कोई दो बिंदुओं के मध्य का रास्ता महान वृत्त का चाप होता है, जो उससे होकर गुजरती है।

पृथ्वी का घूर्णन (Rotation of the Earth)

पृथ्वी का घूर्णन का अर्थ पृथ्वी का अपने धुरी पर घूमना होता है। यह विशेषत: हमें दिन एवं रात देता है।

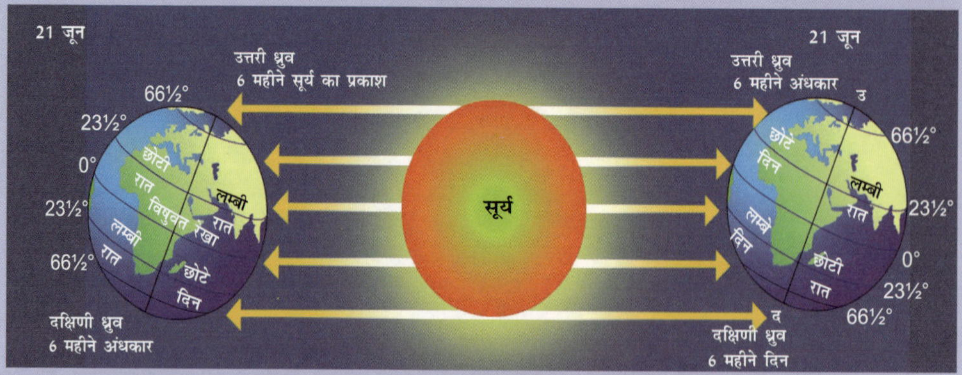

पृथ्वी के अक्ष की समानता : सूर्य के चारो ओर परिक्रमा करते समय पृथ्वी हर स्थिति में अपने अक्ष के समानांतर रहती है। इसे पृथ्वी के अक्ष की समानता कहते है।

यह संभव है, क्योंकि पृथ्वी का उत्तरी छोर पृथ्वी के अक्ष से उत्तरी ध्रुव निर्देशित करता है। जब ध्रुव तारा का स्थान स्थायी हो जाता है, तो उस स्थान का वास्तविक तारा बदल जाता है।

पृथ्वी के अक्ष के समानांतर

प्रकाशस्रोत का वृत्त : यह एक महान वृत्त है जो पृथ्वी की सतह को अर्ध प्रकाशस्रोत एवं अर्ध अंधेर में द्विविभाजित करता है।

पृथ्वी का परिक्रमण (Revolution of the Earth)

पृथ्वी अपने अक्ष पर 23.5° पर झुकी हुई सूर्य के चारों ओर अंडाकार पथ पर घूमती है। यही ऋतुओं का बदलने का कारण है। उसके परिक्रमा के दौरान, पृथ्वी को चार महत्त्वपूर्ण स्थान प्राप्त होते हैं।

अयनांत : यह दो अयनांत दिनों में होते हैं। जब उत्तरी गोलार्ध सूर्य की ओर झुका होता है, उसे ग्रीष्म अयनांत कहते है, और जब यह सूर्य के दूसरी ओर झुका होता है, शरद अयनांत कहते हैं। ग्रीष्म अयनांत के दौरान दिन बड़े होते हैं, जबकि शरद अयनांत के दौरान दिन छोटे होते हैं।

विषुवत : यह साल में दो बार होता है, जब सूर्य की ओर झुकाव नहीं हो। सूर्य उर्ध्वस्थ हो, पूरे विश्व में दिन एवं रात की अवधि सामान होती है (प्रत्येक 12 घंटे) क्योंकि प्रकाशस्रोत का वृत्त अक्षांश का द्विविभाजक होता है।

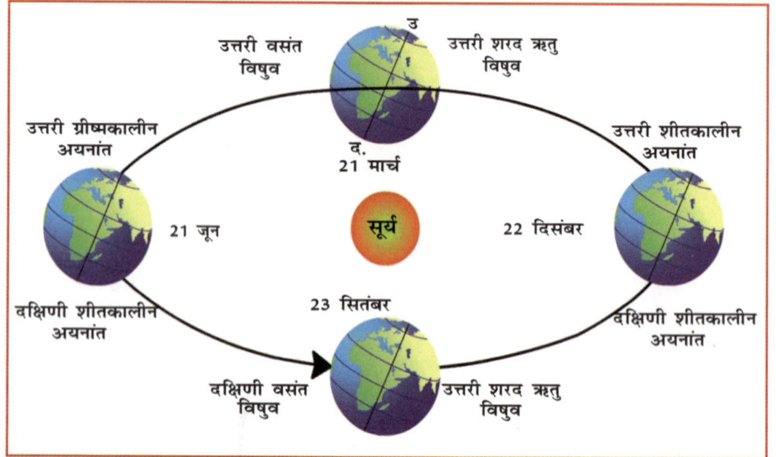

सूर्य के चारों ओर अपनी कक्षा में पृथ्वी की परिक्रमा

परिभ्रमण तथा ऋतुएँ : परिक्रमा के दौरान पृथ्वी का स्थान सूर्य के चारों ओर से आने वाली सौर ऊर्जा को दो अर्धगोले के रूप में प्राप्त करता है।

विषुवतीय का अग्रगमन : आकाशीय ग्रहों में निर्धारित स्थान के आकर के रूप में पृथ्वी के अक्ष का आकार बदलता है। यह शंक्वाकार गति सूर्य के गुरुत्व बल के कारण होती है तथा पृथ्वी के अक्ष पर चंद्रमा कार्य करती है तथा बल का प्रतिरोध करती है। यह अपने शंक्वाकार पथ पर एक बार चलकर इसे पूरा करने में लगभग 2600 वर्ष लेती है। यह विषुवतीय का अग्रगमन होने के कारण एक समान तारा, ध्रुव-तारा का स्थान नहीं ले सकता। अगला ध्रुव-तारा 'वेगा' होगा।

पृथ्वी की उत्पत्ति (Evolution of the Earth)

पृथ्वी 4.6 अरब वर्ष पुराना ग्रह है। पृथ्वी पर सजीवों का कालक्रम एवं उत्पत्ति को समझने के लिए हमें भूगर्भिक समय या भू-आकृति विज्ञान का प्रयोग करना होगा। 4.6 अरब वर्ष का कुल समय विभिन्न शताब्दियों में विभाजित किया गया है तथा इन चार युगों में कुल 11 अवधि है।

पूर्व कैंब्रियन	पैलियोजोइक	मिजोजोइक	सेनोजोइक
	अकशेरुकी की उम्र 560 लाख साल	सरीसृप का उम्र 245 लाख साल	स्तनपायी की उम्र 66 लाख साल

तृतीयक शताब्दी के दौरान पर्वत निर्माण की क्रियाकलाप इसकी गवाह थी (65,000,000 वर्ष और 1,700,000 वर्ष के बीच) एंडीज एवं रॉकी आल्पस एवं हिमालय में प्रत्येक का गठन आंशिक रूप एवं पूर्णरूप हुआ था। चारों भागों की अवधि अंतिम तथा कम उम्र की थी। चारों अवधि के दौरान चक्रीय मानसून का बदलाव वैश्विक स्तर पर हुआ। सभी महाद्वीपों का निर्माण पूर्व कैम्ब्रियन युग के दौरान हुआ था। हिमालय पर्वत की शृंखला सबसे छोटी है।

पृथ्वी का भूमि एवं समुद्र में विभाजन तथा महाद्विपीय प्रवाह

प्लेट टैक्टोनिक सिद्धांत के विकास होने के बाद ही महाद्वीप के धीमे बदलाव के कारण को समझा जा सका।

महाद्वीप प्रारूप के पूर्व समर्थकों का मानना है कि मौजूद महाद्वीप की असमान आकृति सम्भवत: प्राचीन में एक साथ रही हो जो कालांतर में टूटकर अलग हो गया लेकिन प्लेट टैक्टोनिक सिद्धांत के अनुसार पृथ्वी का भू-पटल सात बड़े-बड़े एवं कई क्रिस्टल प्लेटों से मिलकर बना हुआ है।

ये प्लेट पृथ्वी के पर्पटी के निर्माण के लिए काफी मजबूती से जुड़े हुए हैं। जैसे- पृथ्वी के भू-पटल पर आरी आकार के टुकड़े जुड़े होते हैं। ये सभी प्लेट समान रूप से गति की स्थिति में होती है जिसके परिणामस्वरूप समुद्र तथा महाद्वीप में धीमा बहाव उत्पन्न होता है।

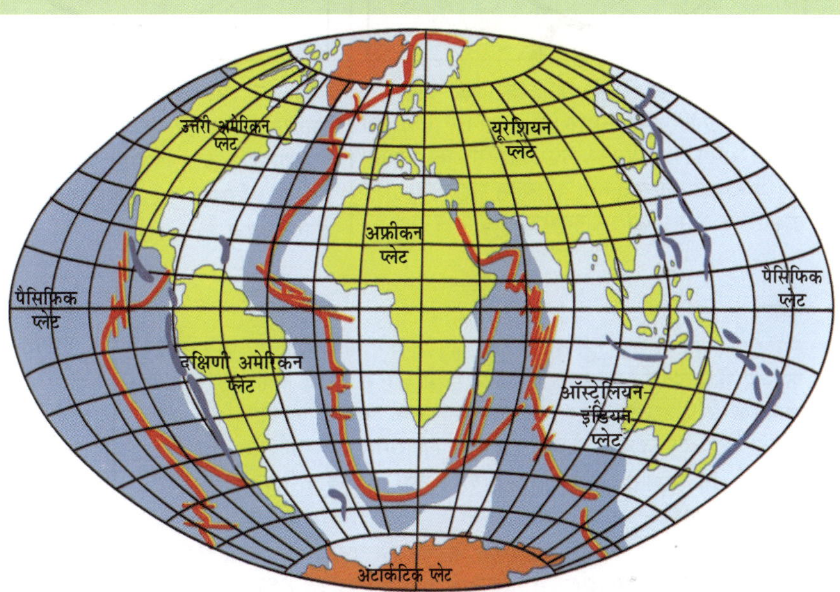

पृथ्वी की आंतरिक संरचना (Structure of the Earth's Interior)

पृथ्वी की आंतरिक संरचना को तीन भागों में बाँटा जा सकता है- भूपटल, आवरण तथा कोर।

भू-पटल : अधिकांश जगहों पर महाद्वीपीय भू-पटल को ऊपर तथा नीचे के भागों में विभाजित किया जा सकता है। इन क्रिस्टल चट्टानों का आधार, उनके तेज चट्टानिक घनत्व के द्वारा चिह्नित किया जाता है, जो आच्छादन चट्टानों की तुलना में, काफी ज्यादा भारी होती है। क्षेत्र जो भू-पटल तथा आच्छादन को अलग करती है- मोहो कहलाती है, यह नाम योगोस्लावियन वैज्ञानिक के ऊपर रखा गया था जिसने इसके बारे में पहली बार जानकारी दिया था। महासागरीय भूपटल कम घनत्व के चट्टान तथा 5-10 किमी. गहराई को मिलाकर बनी होती है।

मेंटल : इसकी उपरी ठोस हिस्सा (गोले से नीचे) 100 किमी. तक बढ़ाया जा सकता है तथा पृथ्वी के भू-पटल के साथ यह लिथोस्फीयर (स्थलमंडल) का रूप लेता है। पृथ्वी का सबसे नीचे का आवरण 2900 किमी. तक सूखी सतह के नीचे बढ़ाया जा सकता है। यह कठोर तथा अत्यधिक गर्म है। इसे एस्थेनोस्फीयर के नाम से जाना जाता है तथा यह लम्बे समय के बाद स्वयं को विकृत करने में सक्षम होती है। प्लेट टैक्टोनिक की घटना या पृथ्वी के भूपटल की चाल का कारण एस्थेनोस्फीयर के उपर लिथोस्फीयर की गति के कारण होती है।

कोर : यह पृथ्वी के भार का 33% तथा 3500 किलोमीटर की त्रिज्या के रूप में हैं। इसका बाहरी छोर जल है, जबकि आंतरिक छोर निकेल एवं लौह के मिश्रण को माना जाता है।

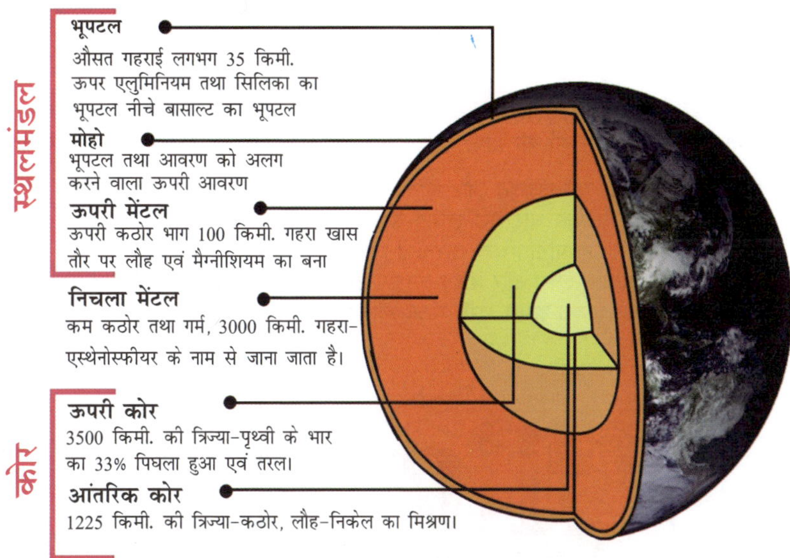

पृथ्वी की आंतरिक संरचना

मानचित्र एटलस (नक्शे) पर भौगोलिक सतह का प्रतिनिधित्व करता है और यह हमें मिट्टी, जलवायु और वनस्पति, क्षेत्र की ऊंचाइयों या गहराई के अंतर्संबंध को समझने में मदद करता है।

मानचित्र मानचित्रण की कला और विज्ञान है। आर्थिक आंकड़े हों, जलवायु संबंधी जानकारी या अन्य भौगोलिक तथ्य हों, नक्शे उन्हें समझने का सबसे प्रभावी साधन हैं। इस विविधता को सामान्य विषयगत और स्थलाकृतिक मानचित्रों के माध्यम से प्रस्तुत किया जाता है।

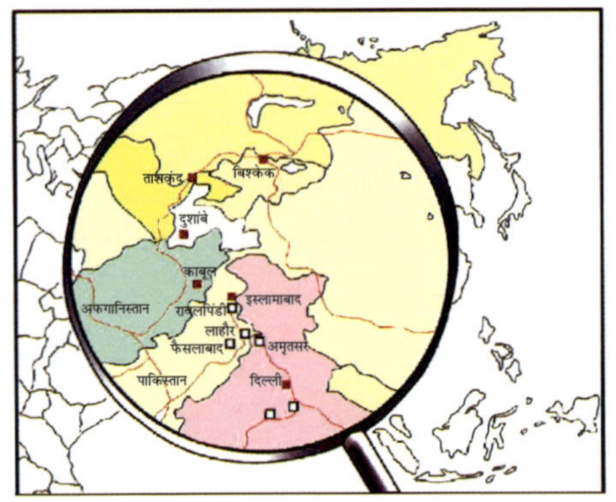

सामान्य मानचित्र : ये मानचित्र एक नक्शे पर विभिन्न भौगोलिक घटनाओं के स्थानिक संघों को चित्रित करते हैं। दिखाए गए आइटमों की स्थिति संबंधी संबंधों की सटीकता का बहुत महत्त्व है। सभी राजनीतिक और प्राकृतिक नक्शे इसी श्रेणी में आते हैं।

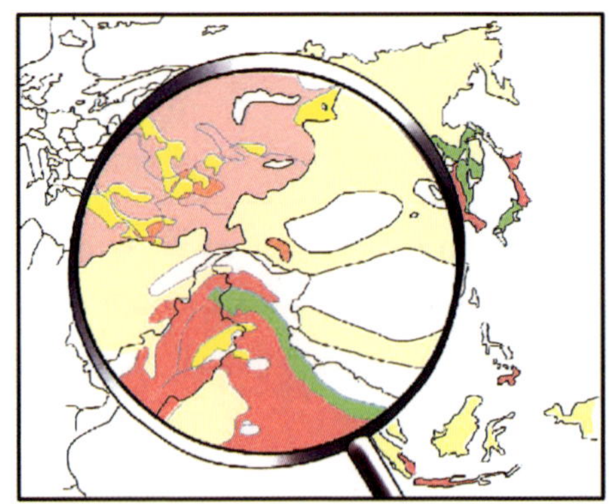

विषयगत मानचित्र: ये मानचित्र एक विशिष्ट वितरण विषय या पहलू का प्रतिनिधित्व करते हैं। इस एटलस में विषयगत मानचित्रों का बड़ा भाग विभिन्न विषयों पर महत्त्वपूर्ण सांख्यिकीय डेटा प्रस्तुत करता है।

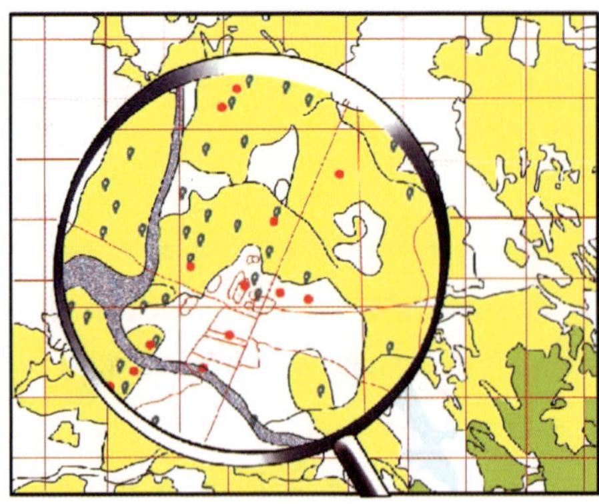

स्थलाकृतिक मानचित्र : ये मानचित्र मानवीय गतिविधियों द्वारा निर्मित सुविधाओं के साथ-साथ प्राकृतिक घटनाओं को चित्रित करते हैं, उदाहरण- बस्तियाँ, कुएँ, पुल। सतह की विशेषताओं को विस्तार से दिखाने के लिए इन मानचित्रों को आमतौर पर बड़े पैमाने पर खींचा जाता है।

स्केल

स्केल मानचित्र पर एक दूरी के बीच के अनुपात की अभिव्यक्ति है (जो हमेशा 1 के रूप में व्यक्त किया जाता है) और पृथ्वी की सतह पर संबंधित दूरी (यह मुद्रण के लिए उपलब्ध क्षेत्र और विषय वस्तु के फोकस के आधार पर बदल सकती है)। अनुपात के दोनों ओर दूरी की इकाई समान होनी चाहिए।

आर. ई. या प्रतिनिधि अंश व्यक्त करने का सामान्य तरीका है, उदाहरण **1: 5,000,000**

1 सेमी से 50 किमी की दूरी पर बयान भी माप की प्रणाली को व्यक्त करता है, अर्थात। सेंटीमीटर, ग्राम (CGS); मीटर, किलोग्राम, दूसरा (MKS)।

स्केल को पृष्ठ के बाएं/दाएं ऊपरी हिस्से में या लेजेंड में मैप पर रखी गई एक पंक्ति या बार द्वारा दिखाया जा सकता है।

0 50 100 किमी

प्रतीक

पारंपरिक प्रतीकों के अलावा, रंग पैटर्न हमें मानचित्रों को समझने में भी मदद करते हैं। सामान्य मानचित्रों में रंग एक समरूप पैटर्न का अनुसरण करते हैं। अनरिथमम एक ही मूल्य या मात्रा है - ऊंचाइयों (समोच्च में खींची गई, तापमान में, बैरोमीटर का दबाव में रंग बदलते मूल्यों के अनुरूप हैं। पूर्ण समोच्च पैटर्न भूमि की राह दर्शाते हैं। 3-आयामी स्थलाकृतिक विशेषताएं विमान की सतह पर रंग उन्नयन और समोच्च लाइनों में दिखाई देती हैं। आकृति के बीच की जगह की चौड़ाई भूमि के ढलान को इंगित करती हैं।
चौड़ाई जितनी कम होगी और लाइनों के करीब होगी, स्टेटर ढलान है।

कंट्रोवर्स में दिखाया गया राहत

सांख्यिकी की पुनरावृत्ति

भौगोलिक जानकारी को बार ग्राफ, लाइन ग्राफ और पाई ग्राफ के माध्यम से प्रस्तुत किया जा सकता है।

बार ग्राफ : बार को लंबवत और क्षैतिज रूप से सेट किया गया है। प्रत्येक बार की लंबाई उस श्रेणी की मात्रा के अनुपात का प्रतिनिधित्व करती है जिसके लिए वह खड़ा है। दोनों (एक्स और वाई) का उपयोग करके कई श्रेणियों की तुलना समय, दूरी, मात्रा आदि के साथ की जा सकती है।

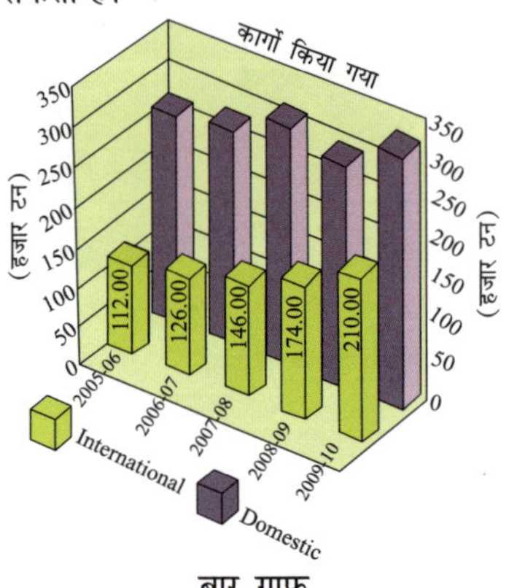

बार ग्राफ

रेखा ग्राफ : एक ही जानकारी या मात्रा या मात्राओं की कोई भिन्नता भी रेखा ग्राफ द्वारा इंगित की जा सकती है।

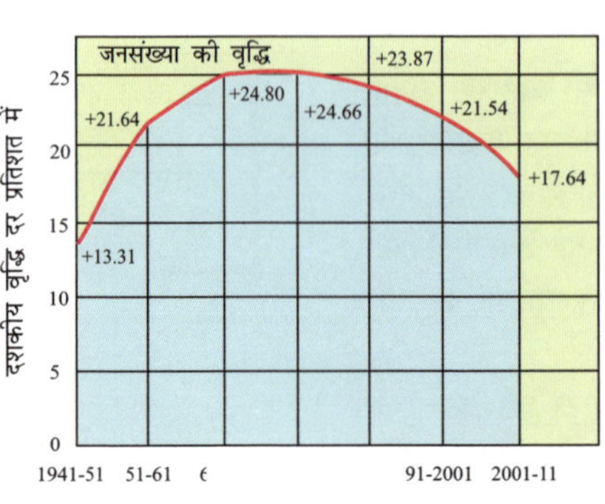

रेखा ग्राफ

पाई ग्राफ : पाई ग्राफ या विभाजित सर्कल आरेख वे हैं जिनमें किसी श्रेणी के मूल्यों के कुल का प्रतिनिधित्व करने वाले सर्कल को सेक्टरों में विभाजित किया जाता है। प्रत्येक क्षेत्र उसी श्रेणी की मात्रा या मान के अनुपात में होता है, जिसका वह प्रतिनिधित्व करता है।

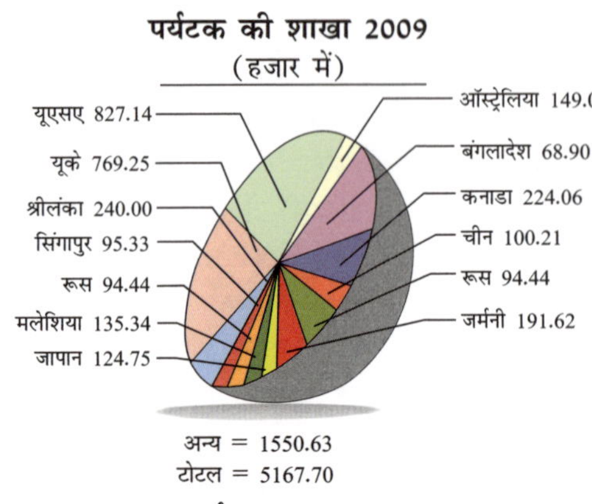

पाई ग्राफ

स्थान (Location)

पृथ्वी की सतह पर किसी स्थान की स्थिति का पता लगाने के लिए अक्षांश और देशांतर के एक ज्यामितीय ग्रिड का उपयोग किया जाता है। नक्शे पर जानकारी को प्रोजेक्ट करने के लिए गणितीय सूत्रों का उपयोग किया जाता है।

पृथ्वी की ग्रिड प्रणाली

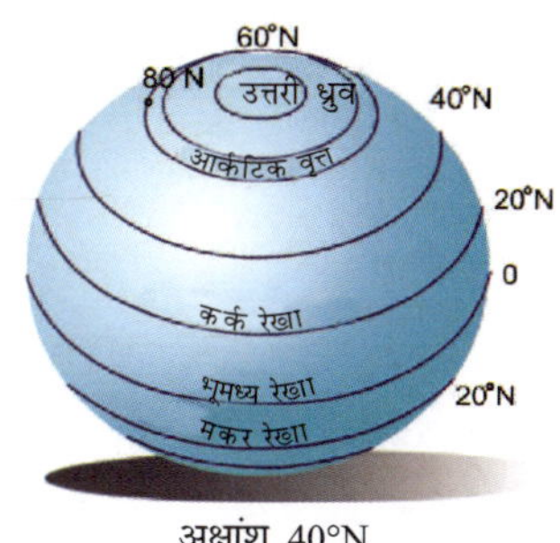

अक्षांश 40°N

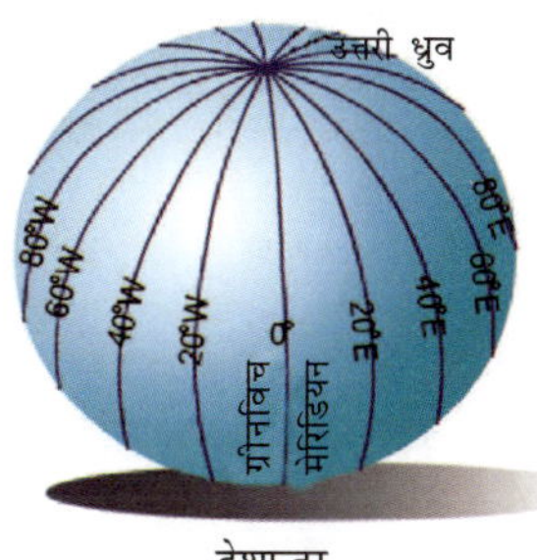

देशान्तर

एक ग्रिड एक ज्यामितीय नेटवर्क है, जो अक्षांश और देशांतर (मेरिडियन) की रेखाओं के समांतर चौराहे से बनता है, जो एक समतल सतह पर एक गोलाकार सतह को प्रक्षेपित करते हुए सुविधाजनक संदर्भ बिंदु प्रदान करता है। फिर इन बिंदुओं का उपयोग विमान के नक्शे पर किसी भी स्थान को सकारात्मक रूप से खोजने के लिए किया जाता है। ग्रिड लाइनों को एक विशिष्ट उद्देश्य के लिए उपयोग किए गए प्रक्षेपण के प्रकार के आधार पर सीधी रेखाओं के रूप में एक-दूसरे या घुमावदार रेखाओं के रूप में दिखाया जा सकता है।

लैटिट्यूड्स (समानताएं): लैटिट्यूड ग्रिड की एक्स अक्ष बनाते हैं। ये रेखाएं पृथ्वी की सतह के साथ पूर्व-पश्चिम में चलती हैं और समानांतर हैं, जिनके केंद्रों पर यह पृथ्वी की धुरी और उनके समतल कोण। भूमध्य रेखा वह वृत्त है जिसका तल पृथ्वी के केंद्र (0°) से होकर गुजरता है और पृथ्वी के अक्ष के लंबवत है। ध्रुवों से समान दूरी पर होने के कारण, यह पृथ्वी को उत्तरी और दक्षिणी गोलार्ध में विभाजित करता है। इसका अक्षांश 0° है। सबसे बड़ा अक्षांश 90° है, जो ध्रुवों का है।

देशान्तर (मेरिडियन): ग्रिड की वाई अक्ष बनाते हैं। ये पंक्तियाँ पृथ्वी की सतह के साथ उत्तर-दक्षिण में दौड़ें और दो ध्रुवों पर मिलें। केंद्र में एक अनुदैर्ध्य द्वारा बनाए गए कोण को देशांतर के रूप में व्यक्त किया जाता है, जो कि प्रधान मध्याह्न रेखा है, जो 0° है। इस प्रकार प्राइम मेरिडियन के पूर्व और पश्चिम में 180 अनुदैर्ध्य हैं।

नक्शा अनुमान (Map Projections)

एक ग्लोब पृथ्वी का सटीक मानचित्र है।

यद्यपि पृथ्वी का आकार एक गोलाकार है, यानी ध्रुवों पर सपाट और भूमध्य रेखा पर उभड़ा हुआ; सुविधा के लिए यह एक आदर्श क्षेत्र है। इस प्रकार ग्लोब सभी ज्यामितीय गुणों को बनाए रखती है। तीन-आयामी शरीर होने के कारण, किसी भी समय सतह का आधे से भी कम अवलोकन किया जाता है। इस तरह की व्यावहारिक कठिनाइयों को दूर करने के लिए, कार्टोग्राफर एक गोलाकार सतह का निर्माण करते हैं। सतह डेटा के परिवर्तन की वास्तविक प्रक्रिया को प्रक्षेपण कहा जाता है।

परिवर्तन के दौरान विकृतियाँ हैं, अपरिहार्य क्योंकि दो सतहें ज्यामितीय रूप से लागू नहीं होती हैं।

यहाँ कुछ विकृति

मानक समानांतर

यहां जीरो डिस्टॉर्शन

देशांतर की समान रेखा

विकृतियों को न्यूनतम रखने के लिए कई तरीके नियोजित हैं।

क्षेत्र के महत्त्वपूर्ण ज्यामितीय गुणों की अवधारण:

(i) कोणीय सम्बन्ध या वास्तविक आकार का प्रतिधारण
(ii) एक महान वृत्त के साथ दिशात्मक संबंध ठीक करें
(iii) समान क्षेत्र
(iv) समान दूरी
(v) महत्त्वपूर्ण रेखाएँ

गणितीय सूत्रों के कुछ समायोजन के साथ सरल चित्रमय अनुमान कार्टोग्राफर द्वारा भी उपयोग किया जाता है। गोले पर विवरण विमान की सतह पर अनुमानित हैं। जिन बिंदुओं पर समतल क्षेत्र स्पर्श करता है, वे विकृति से मुक्त होते हैं, जबकि अन्य जगहों पर आकार, क्षेत्र, स्केल आदि में हमेशा कुछ विकृति होती है, जिससे बनने वाले प्रोजेक्शन के प्रकार का निर्धारण होता है। इनमें से कुछ गुण परस्पर अनन्य भी हो सकते हैं।

विषय वस्तु (उदाहरण के लिए, राजनीतिक, भौतिक), फोकस (उदाहरण के लिए, विशेष अक्षांश, भू-आकृतियाँ) और कटौती के पैमाने ज्यामितीय गुणों के साथ भिन्न हो सकते हैं।

सरल प्रावधान (Simple Projections)

मानक समानांतर
(समानांतर में कम से कम विकृति)

शंकु

भूमध्य रेखा (मानक समानांतर)
(इस समानांतर में कम से कम विकृति)

बेलनाकार

एक बिंदु पर समानांतर को छूने वाला विमान (इस समानांतर के साथ कम से कम विकृति)

अजीमुथल

पृथ्वी के बारे में

कुल क्षेत्रफल : 510,000,000 वर्ग किमी.

भूमि की सतह (29.2%) : 149,000,000 वर्ग किमी.

पानी की सतह (70.28%) : 361,000,000 वर्ग किमी.

भूमध्य रेखा के निकट की परिधि : 40,077 किमी.

यामोन्तर रेखा की परिधि : 40,099 किमी.

ध्रुवीय व्यास : 12,713.8 किमी.

भूमध्य रेखा का व्यास : 12,756.8 किमी.

पृथ्वी का वजन : 5.9×10^{21} टन

भारत

क्षेत्रफल	3,287,280 वर्ग किमी.
आबादी	1,026,610,328
चौड़ाई	3000 किमी. पूर्व से पश्चिम
लम्बाई	3200 किमी. उत्तर से दक्षिण
तट रेखा	6,083 किमी.
अक्षांश	8°0'N–37°06'N
देशांतर	68°07'E–97°25'E
क्षेत्रफल	सातवाँ सबसे लम्बा
आबादी	दूसरी सबसे ऊँची

सबसे धनी आबादी वाला देश (करोड़ में)

देश	आबादी
चीन	1,368,853,362
भारत	1,236,344,631
अंतर्राष्ट्रीय राज्य	318,892,103
इंडोनेशिया	253,609,643
ब्राजील	202,656,788
पाकिस्तान	196,174,380
नाइजीरिया	177,155,754
बांग्लादेश	166,280,712
रूस	142,470,272
जापान	1227,103,388

सबसे गहरी खाई (मी. में गहराई)

मरिना खाई, प्रशांत महासागर	11022
टोंगा खाई, प्रशांत महासागर	110882
जापान खाई, प्रशांत महासागर	10,554
कुरि खाई, प्रशांत महासागर	10,542
मिंडनाओ खाई, प्रशांत महासागर	10,497
करमाढे खाई, प्रशांत महासागर	10047
पुएरतो रिको, प्रशांत महासागर	9220
पेरू चील खाई, प्रशांत महासागर	8050
एलुटियन खाई, प्रशांत महासागर	7822
केमार खाई, अटलांटिक महासागर	7680
जावा खाई, भारतीय महासागर	7450

सबसे लम्बी नदी (किमी. में लम्बाई)

नील–अफ्रीका	6670
अमेजन–अमेरिका	6450
यांगजे–एशिया	6380
मिस्सिपी–मिसौरी–उ. अमेरिका	6020
येनिसे–अंगारा–रूस	5550
हुआंग-हो, एशिया	5464
ओब–रूस	5410
कांगो–अफ्रीका	4670
मेकौंग–एशिया	4500
पाराना–दक्षिण अमेरिका	4500
लेना–रूस	4400
आमुर–एशिया	4400
इरतियास–रूस	4250
मकेंजी, कनाडा	4240
निजेर–अफ्रीका	4180
मिसीसिपी–अमेरिका	3780
मुरेय–डारिंग–आस्ट्रेलिया	3750
बोल्गा–रूस	3700
जामबेजी–अफ्रीका	3540
पुरूस–ब्राजील	3350
मदेरिया–ब्राजील	3200
युकोन–अमेरिका	3185
इंडस–एशिया	3100
डार्लिंग–आस्ट्रेलिया	3070

मुख्य द्वीप पानी (क्षेत्रफल वर्ग किमी में)

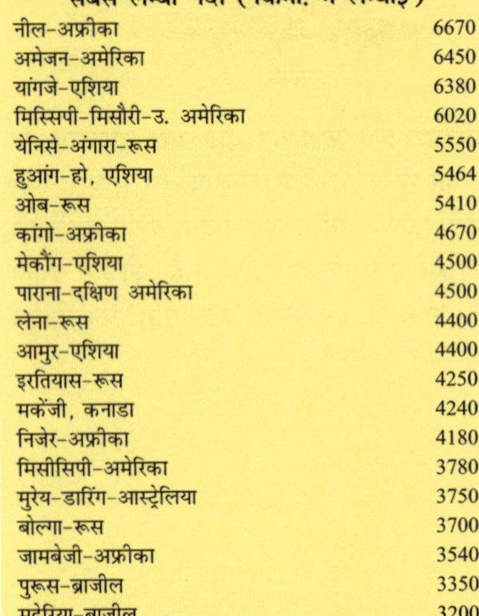

प्रमुख महासागर

नाम	समुद्र का क्षेत्रफल वर्ग किमी. में
प्रशांत महासागर	165,250,000 वर्ग किमी.
अटलांटिक महासागर	106,400,000 वर्ग किमी.
भारतीय महासागर	73,560,000 वर्ग किमी.
साउर्थेन (दक्षिणी) महासागर	20,330,000 वर्ग किमी.
आर्कटिक महासागर	13,990,000 वर्ग किमी.

महत्त्वपूर्ण समुद्र

नाम	वर्ग किमी. में क्षेत्रफल
दक्षिण चीन सागर	2,974,600
केरेबियन सागर	2,765,000
भूमध्य सागर	2,516,000
बेरिंग सागर	2,268,000
मैक्सिको की खाड़ी	1,543,000
ओखोस्तक का सागर	1,528,000
पूर्व चीन सागर	1,249,000
हडसन खाड़ी	1,232,000
जापान का सागर	1,008,000
पीला सागर	752,443
नार्थ सागर	575,000
काला सागर	462,000
लाल सागर	438,000
बाल्टिक सागर	422,000

सबसे ऊँचा जलप्रपात

एंजल–वेनेजुएला	979
तुजेला–अफ्रीका	850
युटिगोर्ड–नार्वे	800
मोंगे–नार्वे	774
मुताजी–जिम्बाब्वे	762
योसेमाइट–केलिफोर्निया	739
इस्पेएंड–नार्वे	703
मारा वैली–नार्वे	655
साल्तो कुकेनन–वेनेजुएला	610
दुधसागर–भारत	600
साउथरलैंड–न्यूजीलैंड	580
कजेल–नार्वे	561
रिबन–कैलिफोर्निया	491
सेराइमा–गुमाना	457
पायद्रा–वोलादा	453
डेला–कनाडा	448

महत्त्वपूर्ण बाँध (ऊँचाई मीटर में)

एशिया

नुरेक, वाखस नदी, सागर : 317

भाखड़ा, सतलज नदी, भारत : 226

कुरोबेगवा, कुरोवे नदी, जापान : 186

अफ्रीका

कावोरा वासा, जाम्बेजी नदी : 168

आखोसोम्बो मुख्य बाँध, वोल्टा नदी : 141

यूरोप

ग्रेंड डिसेंस, स्विट्ज़रलैंड : 284

बजोंट, बजोंट, आर इटली : 261

अमरीका

ओरोविल्ले, फेंदर नदी : 235

होवर, कोलाराडो नदी : 221

ऑस्ट्रेलिया

वाराजम्बा : 137

विश्व की चोटी (ऊँचाई मीटर में)

एशिया	
माउंट एवरेस्ट	8848
के-2 (गाडविन ऑस्टिन)	8611
कंचनजंगा	8586
लहोस्ते	8516
मकालु	8485
पो. ओयो	8188
धौलागिरी	8167
मनास्लु	8163
नंगा पर्वत	8126
अन्नपूर्णा	8091
अफ्रीका	
किलिमांजरो, तंजानिया	5895
केन्या, केन्या	5197
रूवेजोरी, युगांडा	5109
रूस दसन, युथोपिया	4533
यूरोप	
माउंट वालैंक-फ्रांस इटली	4807
उत्तरी अमेरिका	
मैककिनले, यू.एस.ए.	6194
लागेन, कनाडा	6050
सितालालेपेट, मैक्सिको	5700
सेंट इलियास, यू.एस.ए. (कनाडा)	5489
दक्षिण अमेरिका	
अकांकगुआ, अर्जेंटीना	6980
ओजोस डेल स्लाडो, अर्जेंटीना (चील)	6865
वोनेटो, अर्जेंटीना	6872
तुपुंगाटो, अर्जेंटीना (चील)	6800
ऑस्ट्रेलिया-न्यूजीलैंड	
कुक, न्यूजीलैंड	3764
अजप्रिंग, न्यूजीलैंड	3035
तुपुअनकुकु, न्यूजीलैंड	2885
कोस्कुलुस्को, ऑस्ट्रेलिया	2330

मुख्य द्वीप (क्षेत्रफल वर्ग किमी में)

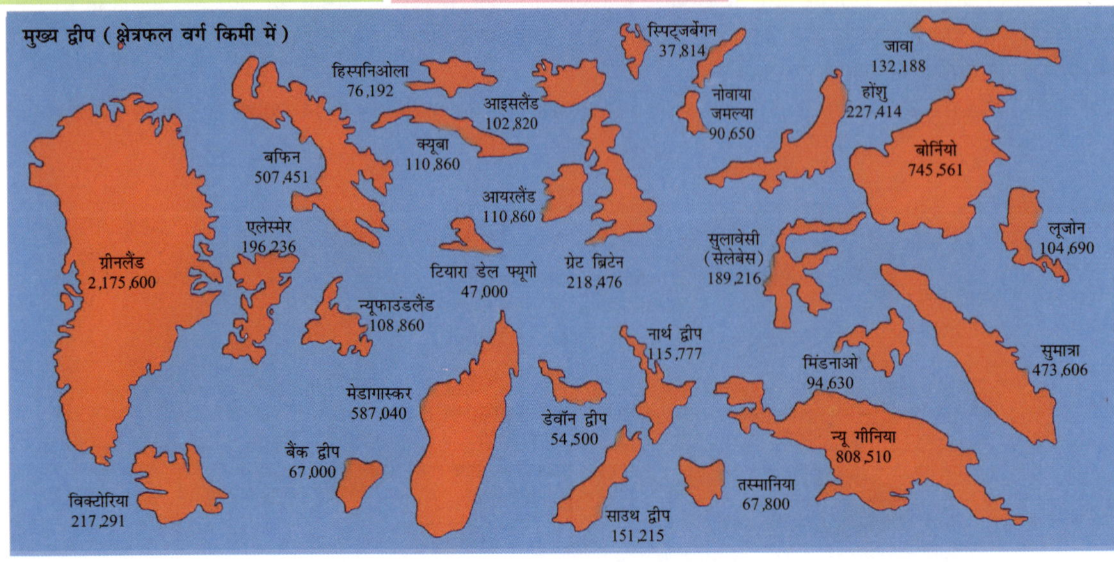

प्रतीक (Symbols)

सीमा रेखाएँ
अंतर्राष्ट्रीय सीमा रेखा ....
राज्य/देश का कोई प्रांत/ राज्यक्षेत्र........

संचार यातायात
राष्ट्रीय राज्यमार्ग..........
अन्य मार्ग.................
महत्त्वपूर्ण मार्ग....................................
रेलवे मार्ग...
समुद्री मार्ग...

हाइड्रोग्राफी
तटरेखा...
सिंचाई..
नदी : निरंतर; मौसमी..............................
झील/बड़ा जलाशय : निरंतर; मौसमी...........
दलदल/अनूप भूमि.................................
जलप्रपात...
बाँध...
स्थायी बर्फ चादर...................................
समुद्र गहराई (मीटर में).......................... ▼10920

समाधान

आबादी	देश की राजधानी	आश्रित दायित्वक्षेत्र राज्य धानी	राज्य/ यू.टी./ मुख्यालय	जिला मुख्यालय (पेज 12, 18 से संबंधित)	अन्य शहर
Over 1,000,000............	■	■	■	■	□
500,000-1,000,000............	●	●	●	●	○
100,000-500,000............	•	•	•	•	○
50,000-100,000............	·	·	·	·	·
10,000-50,000............	.	.	.	.	.
Under 10,000............	.	.	.	.	.

ऊँचाई मापक

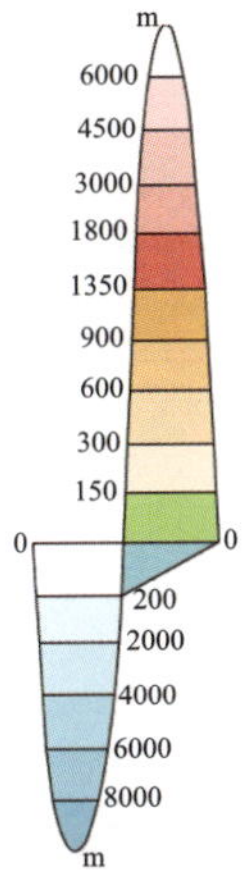

m 6000, 4500, 3000, 1800, 1350, 900, 600, 300, 150, 0, 0, 200, 2000, 4000, 6000, 8000 m

राहत
चोटी ऊंचाई (मीटर)... .... ▲10920
पास...
अवसाद.. ▼411

प्रशासन संबंधी नाम पुस्तक में प्रयोग में लाये गये उदाहरण स्वरूप
महाद्वीप के नाम....................................... एशिया
देश का नाम.. भारत
राज्य/राज्यक्षेत्र/देश के राज्य का नाम............. गुजरात
स्थायी राज्यक्षेत्र का नाम ग्रीनलैंड (डेनमार्क)
देश/स्थायी राज्यक्षेत्र
राजधानी/राज्य/ यू.टी. मुख्यालय.................. दिल्ली मुम्बई सिलवासा
जिला मुख्यालय/ अन्य शहर....................... कुरनूल जगशियल

महत्त्वपूर्ण हाइड्रोग्राफी
महासागर का नाम .... प्रशांत महासागर
खाड़ी / समुद्र का नाम .... बंगाल की खाड़ी
खाड़ी/ जलडमरूमध्य/ गलियारा/ स्टेशन
मुहाना/ डेल्टा/ झील/ बड़ा जलाशय
जलप्रपात/ नदी का नाम .... मन्नार की खाड़ी, पलक जलडमरू मध्य
बाँध का नाम .... गुधा बाँध

भौतिक रूप से महत्त्वपूर्ण
दो सीमाओं/पर्वत/पहाड.......................... ग्रेट हिमालय
समतल/पठार/प्रायद्वीप/क्षेत्र
खाई/तटरेखा/मरूस्थल .... गंगा का सपाटा, डेक्कन मैदान
केप प्वाईंट .... कोमोरिन अंतरीप, इंद्र सम्मति (पाइंट)
अंतरीप/सम्मति .... बफीन-1, मेरगु आर्क, कैरवानियानी जलशैल
द्वीप/द्वीपसमूह/जलशैल .... एमटी. मेरगु आर्क

विश्व के भौगोलिक चरम सीमाएँ (Geographic Extremes of the World)

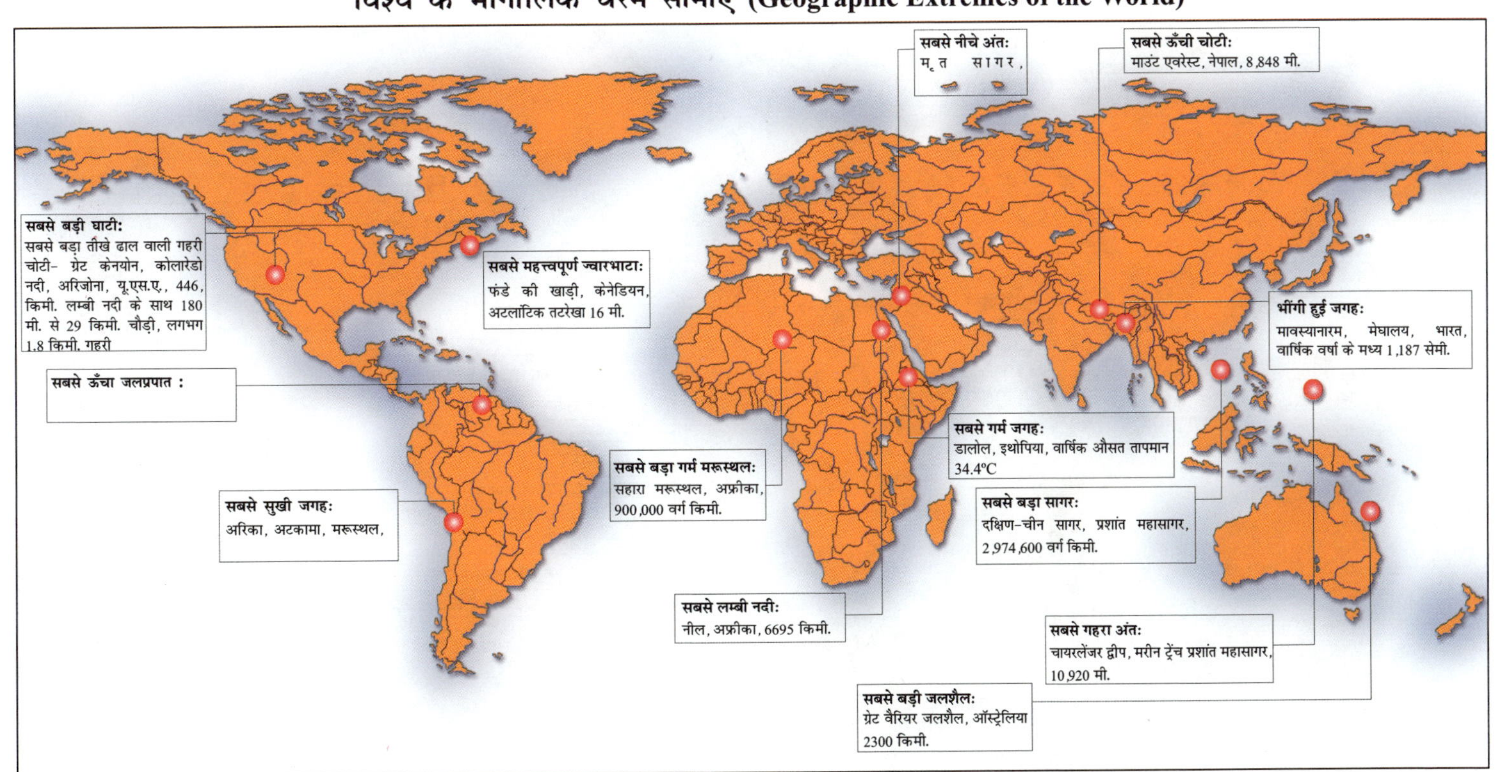

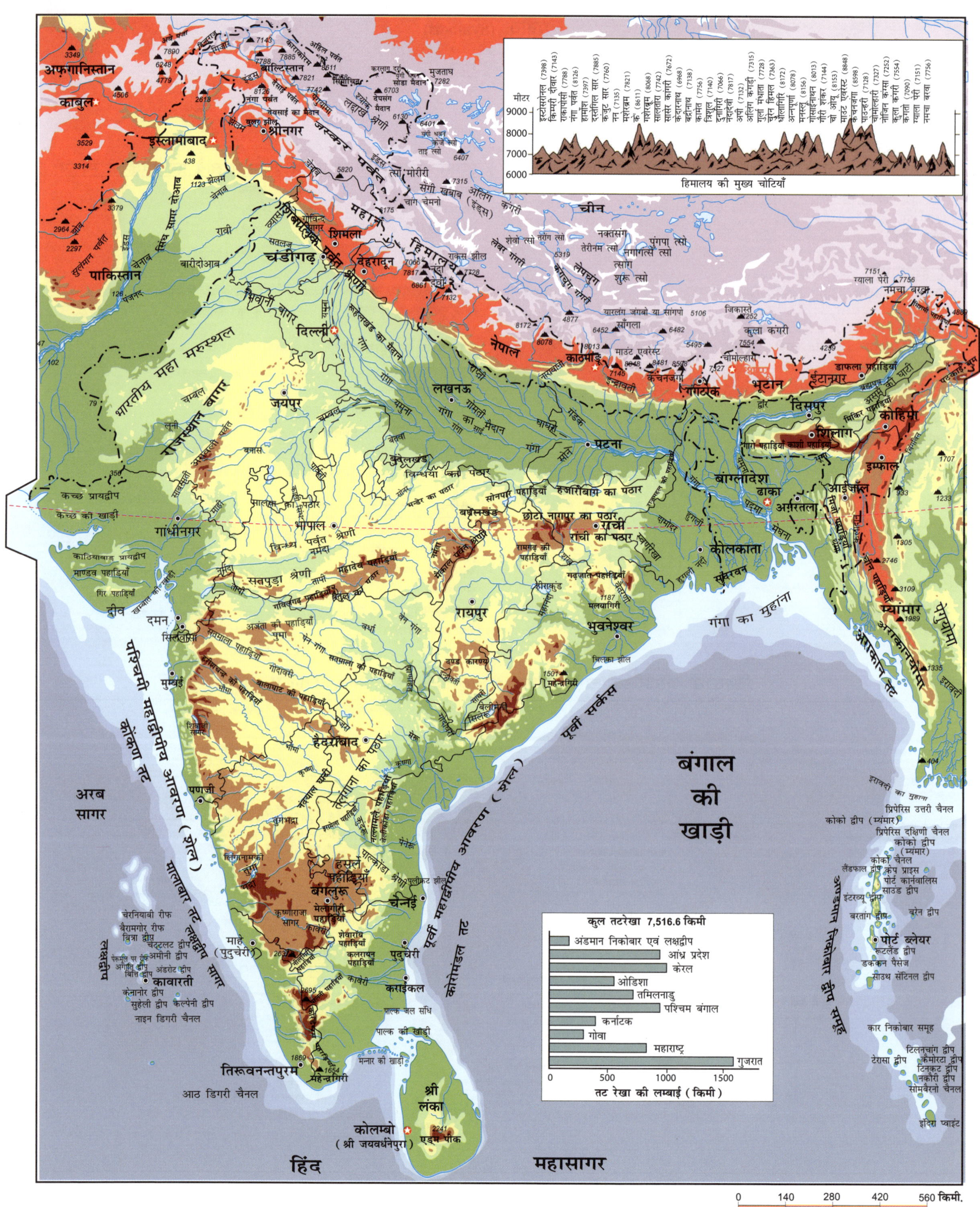

मीटर
9000
8000
7000
6000
हिमालय की मुख्य चोटियाँ
अफ़ग़ानिस्तान
काबुल
इस्लामाबाद
श्रीनगर
पाकिस्तान
सुलेमान पर्वत
चीन
शिमला
चंडीगढ़
देहरादून
दिल्ली
भारतीय महा मरुस्थल
राजस्थान बागर
जयपुर
लखनऊ
नेपाल
काठमांडू
माउंट एवरेस्ट
कंचनजंगा
गंगटोक
भूटान
थिम्पू
ईटानगर
डाफला पहाड़ियाँ
दिसपुर
शिलांग
कोहिमा
इम्फाल
पटना
बांग्लादेश
ढाका
आईज़ॉल
अगरतला
कोलकाता
सुंदरवन
म्यांमार
छोटा नागपुर का पठार
राँची
राँची का पठार
हज़ारीबाग का पठार
बघेलखंड
बुंदेलखंड
मालवा का पठार
भोपाल
गांधीनगर
कच्छ प्रायद्वीप
कच्छ की खाड़ी
काठियावाड़ प्रायद्वीप
विन्ध्य पर्वत श्रेणी
सतपुड़ा श्रेणी
महादेव पहाड़ियाँ
रायपुर
भुवनेश्वर
चिल्का झील
दमन
सिलवासा
मुंबई
अजंता की पहाड़ियाँ
बालाघाट की पहाड़ियाँ
हैदराबाद
पणजी
बंगाल की खाड़ी
अरब सागर
पूर्वी सर्कस
गंगा का मुहाना
पश्चिमी महाद्वीपीय आवरण (शेल्फ)
पूर्वी महाद्वीपीय आवरण (शेल्फ)
कोंकण तट
मालाबार तट
कोरोमंडल तट
बेंगलूरु
चेन्नई
पुदुचेरी
कराईकल
माहे (पुदुचेरी)
कावारत्ती
लक्षद्वीप सागर
नाइन डिगरी चैनल
आठ डिगरी चैनल
तिरूवनन्तपुरम
पाल्क जल संधि
पाल्क की खाड़ी
मन्नार की खाड़ी
श्री लंका
कोलम्बो (श्री जयवर्धनेपुरा)
एडम पीक
हिंद महासागर
पोर्ट ब्लेयर
अंडमान निकोबार द्वीप समूह
कार निकोबार समूह
इंदिरा प्वाइंट
कुल तटरेखा 7,516.6 किमी
अंडमान निकोबार एवं लक्षद्वीप
आंध्र प्रदेश
केरल
ओडिशा
तमिलनाडु
पश्चिम बंगाल
कर्नाटक
गोवा
महाराष्ट्र
गुजरात
0
500
1000
1500
तट रेखा की लम्बाई (किमी)
0 140 280 420 560 किमी.
मापक 1:14,000,000

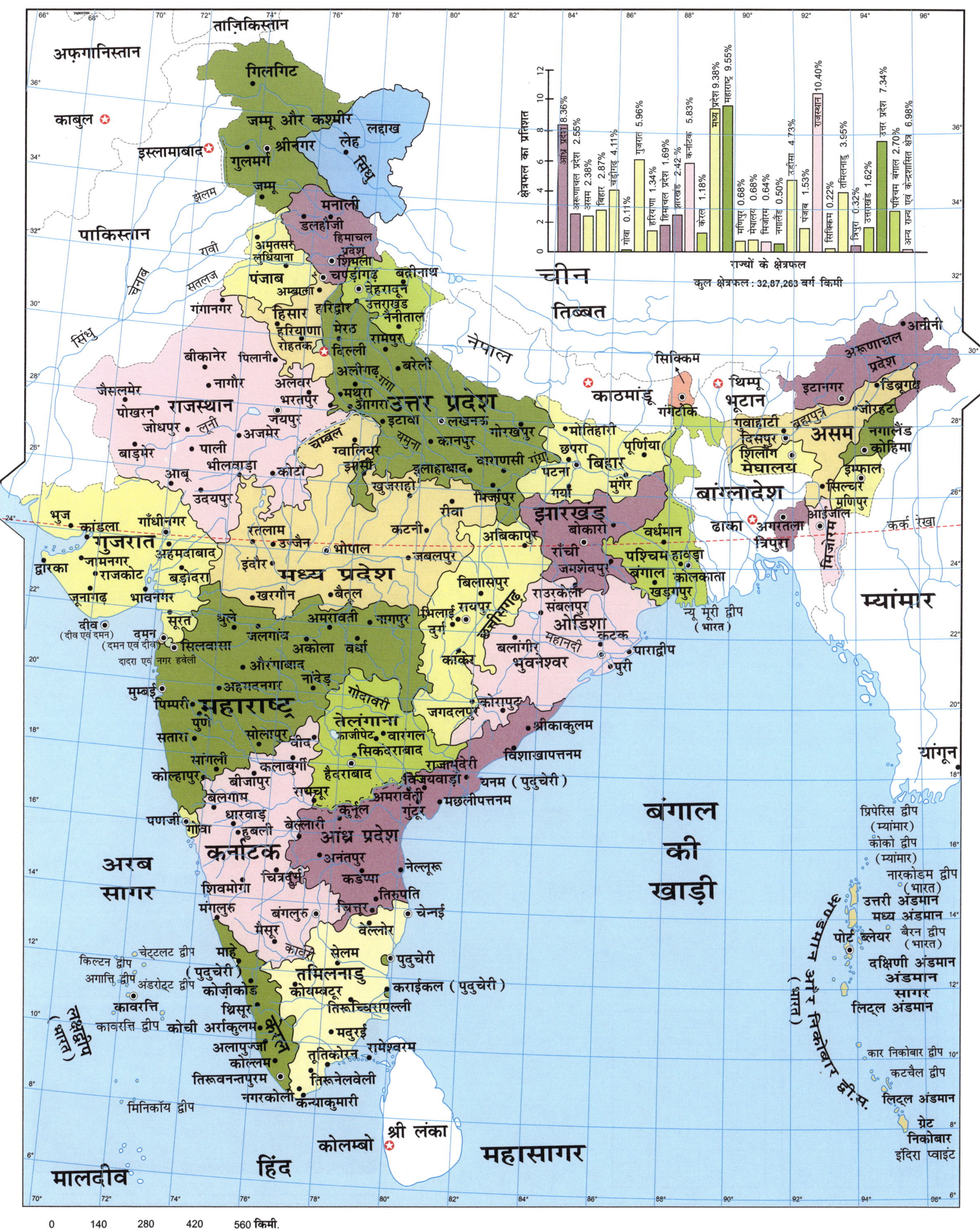

ताजिकिस्तान
अफ़गानिस्तान
काबुल
इस्लामाबाद
पाकिस्तान
गिलगिट
जम्मू और कश्मीर
लद्दाख
लेह
श्रीनगर
गुलमर्ग
सिंधु
जम्मू
झेलम
मनाली
डलहौजी
हिमाचल प्रदेश
शिमला
रावी
अमृतसर
लुधियाना
पंजाब
चण्डीगढ़
बद्रीनाथ
देहरादून
उत्तराखंड
नैनीताल
सतलज
चेनाब
अम्बाला
हरिद्वार
गंगानगर
हिसार
हरियाणा
मेरठ
रामपुर
सिंधु
रोहतक
दिल्ली
बीकानेर
पिलानी
नागौर
अलवर
भरतपुर
अलीगढ़
बरेली
मथुरा
आगरा
जैसलमेर
पोखरन
राजस्थान
जोधपुर
लूनी
अजमेर
जयपुर
उत्तर प्रदेश
लखनऊ
इटावा
गोरखपुर
चम्बल
ग्वालियर
यमुना
कानपुर
बाड़मेर
पाली
भीलवाड़ा
कोटा
झाँसी
इलाहाबाद
वाराणसी
आबू
उदयपुर
खजुराहो
मिर्जापुर
भुज
कांडला
गाँधीनगर
रतलाम
रीवा
कटनी
गुजरात
उज्जैन
भोपाल
अहमदाबाद
इंदौर
जबलपुर
द्वारका
जामनगर
राजकोट
बड़ोदरा
मध्य प्रदेश
जूनागढ़
भावनगर
खरगौन
बैतूल
दीव
(दीव एवं दमन)
दमन
(दमन एवं दीव)
सूरत
धुले
जलगांव
अमरावती
नागपुर
सिलवासा
दादरा एवं नगर हवेली
अकोला
वर्धा
औरंगाबाद
नांदेड़
मुम्बई
अहमदनगर
पिम्परी
महाराष्ट्र
पुणे
गोदावरी
तेलंगाना
सतारा
सोलापुर
बीद
काजीपेट
वारंगल
सिकंदराबाद
सांगली
कलाबुर्गी
हैदराबाद
कोल्हापुर
बीजापुर
बेलगाम
रायचूर
पणजी
गोवा
धारवाड़
हुबली
बेल्लारी
कुर्नूल
आंध्र प्रदेश
कर्नाटक
अनंतपुर
चित्रदुर्ग
कडप्पा
नेल्लूरू
तिरुपति
शिवमोगा
मंगलुरु
बंगलुरु
चित्तूर
चेन्नई
मैसूर
वेल्लोर
माहे
(पुदुचेरी)
कावेरी
सेलम
पुदुचेरी
कोज़ीकोड
तमिलनाडु
कोयम्बटूर
कराईकल (पुदुचेरी)
थ्रिसूर
तिरूच्चिरापल्ली
कोची
अर्नाकुलम
मदुरई
अलापुज्झा
रामेश्वरम
कोल्लम
तूतिकोरन
तिरूवनन्तपुरम
तिरूनेलवेली
नगरकोली
कन्याकुमारी
चेट्टलट द्वीप
किल्टन द्वीप
अगाति द्वीप
अंडरोट्ट द्वीप
कावरत्ति
कावरत्ति द्वीप
लक्षद्वीप (भारत)
मिनिकॉय द्वीप
मालदीव
अरब सागर
हिंद
महासागर
श्री लंका
कोलम्बो
चीन
तिब्बत
नेपाल
काठमांडू
सिक्किम
गंगटोक
थिम्पू
भूटान
अरूणाचल प्रदेश
अनीनी
इटानगर
डिब्रूगढ़
ब्रह्मपुत्र
जोरहट
गुवाहाटी
दिसपुर
असम
नगालैंड
कोहिमा
शिलांग
मेघालय
इम्फाल
मणिपुर
सिल्चर
आईजॉल
मिजोरम
त्रिपुरा
अगरतला
बांग्लादेश
ढाका
कर्क रेखा
म्यांमार
मोतिहारी
छपरा
पटना
बिहार
पूर्णिया
मुंगेर
गया
गंगा
झारखण्ड
बोकारो
राँची
अंबिकापुर
जमशेदपुर
वर्धमान
पश्चिम बंगाल
हावड़ा
कोलकाता
खड़गपुर
न्यू मूरी द्वीप (भारत)
बिलासपुर
छत्तीसगढ़
राउरकेला
संबलपुर
भिलाई
रायपुर
दुर्ग
ओडिशा
महानदी
कटक
पाराद्वीप
बलांगीर
भुवनेश्वर
पुरी
कांकेर
जगदलपुर
कोरापुट
श्रीकाकुलम
विशाखापत्तनम
राजामुंद्री
यनम (पुदुचेरी)
विजयवाड़ा
अमरावती
मछलीपत्तनम
गुंटूर
बंगाल की खाड़ी
यांगून
प्रिपेरिस द्वीप (म्यांमार)
कोको द्वीप (म्यांमार)
नारकोडम द्वीप (भारत)
उत्तरी अंडमान
मध्य अंडमान
पोर्ट ब्लेयर
बैरन द्वीप (भारत)
दक्षिणी अंडमान
अंडमान सागर
लिट्ल अंडमान
अंडमान और निकोबार द्वी.स. (भारत)
कार निकोबार द्वीप
कटचैल द्वीप
लिट्ल अंडमान
ग्रेट निकोबार
इंदिरा प्वाइंट
क्षेत्रफल का प्रतिशत
आंध्र प्रदेश 8.36%
अरुणाचल प्रदेश 2.55%
असम 2.38%
बिहार 2.87%
छत्तीसगढ़ 4.11%
गोवा 0.11%
गुजरात 5.96%
हरियाणा 1.34%
हिमाचल प्रदेश 1.69%
झारखंड 2.42 %
कर्नाटक 5.83%
केरल 1.18%
मध्य प्रदेश 9.38%
महाराष्ट्र 9.55%
मणिपुर 0.68%
मेघालय 0.68%
मिजोरम 0.64%
नागालैंड 0.50%
ओडीसा 4.73%
पंजाब 1.53%
राजस्थान 10.40%
सिक्किम 0.22%
तमिलनाडु 3.95%
त्रिपुरा 0.32%
उत्तराखंड 1.62%
उत्तर प्रदेश 7.34%
पश्चिम बंगाल 2.70%
अन्य राज्य एवं केन्द्रशासित क्षेत्र 6.98%
राज्यों के क्षेत्रफल
कुल क्षेत्रफल : 32,87,263 वर्ग किमी
0 140 280 420 560 किमी.
मापक : 1:14,000,000

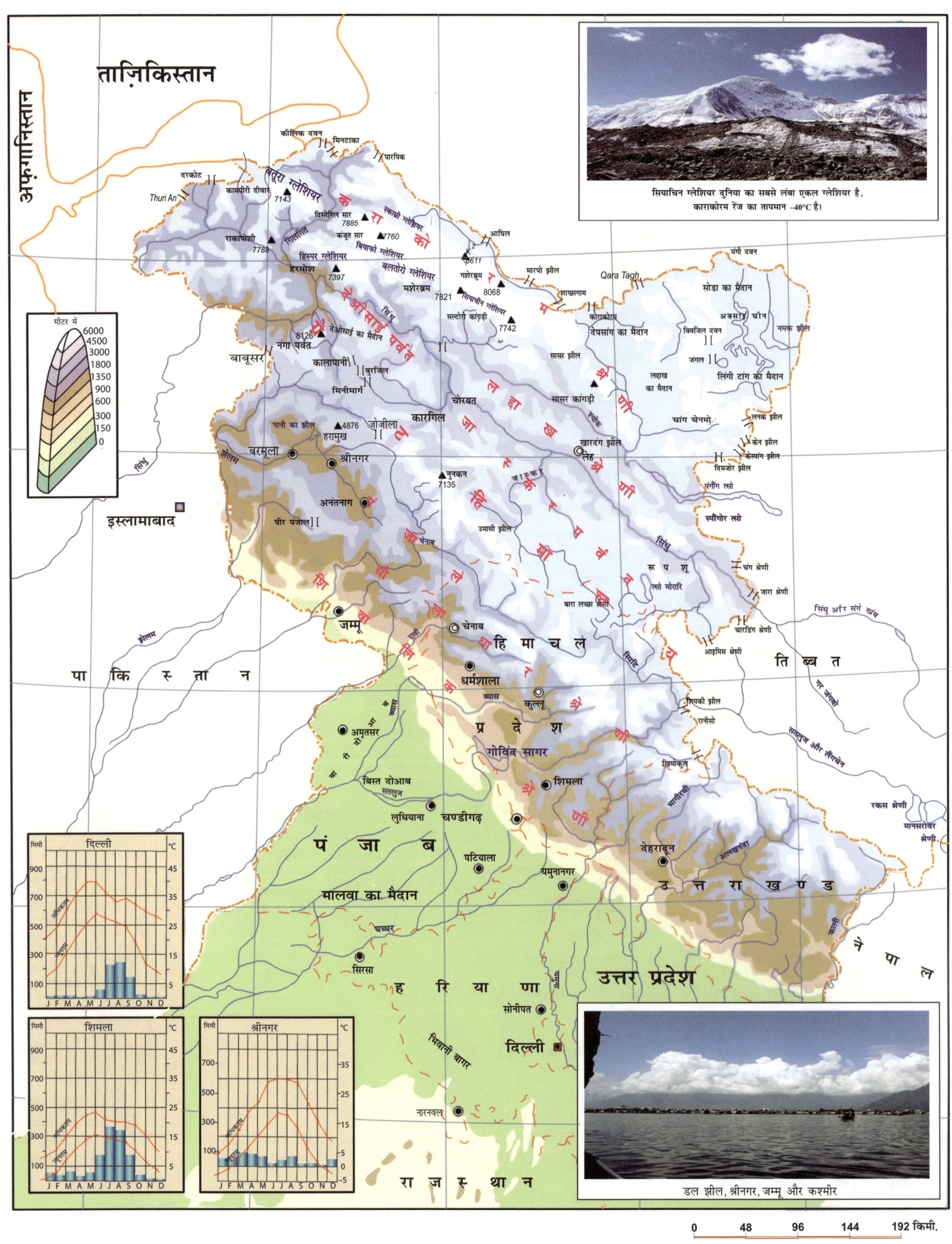

0 48 96 144 192 किमी.

मापक 1:4,850,000 (लगभग)

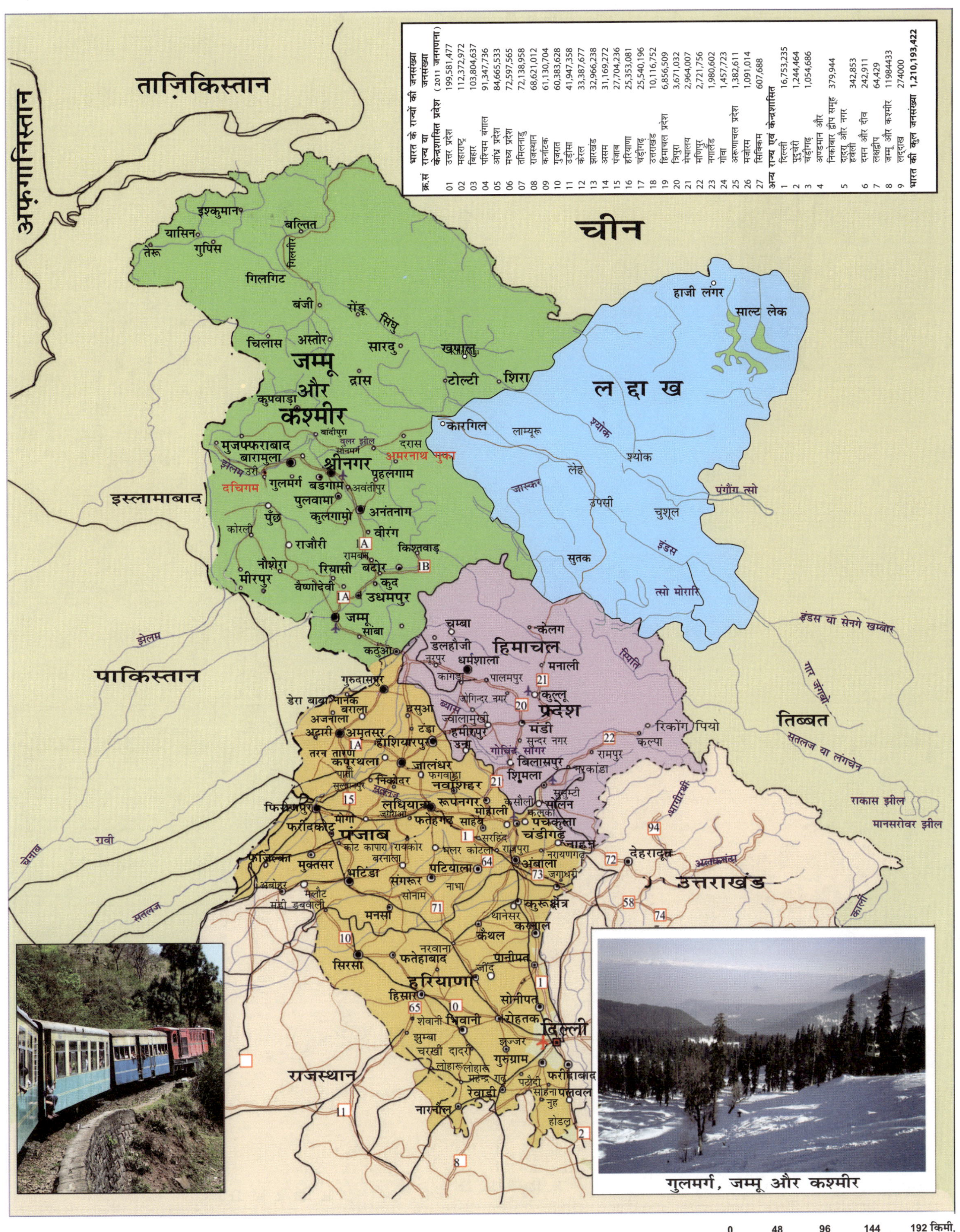

क्र.सं	राज्य या केन्द्रशासित प्रदेश	जनसंख्या (2011 जनगणना)
01	उत्तर प्रदेश	199,581,477
02	महाराष्ट्र	112,372,972
03	बिहार	103,804,637
04	पश्चिम बंगाल	91,347,736
05	आंध्र प्रदेश	84,665,533
06	मध्य प्रदेश	72,597,565
07	तमिलनाडु	72,138,958
08	राजस्थान	68,621,012
09	कर्नाटक	61,130,704
10	गुजरात	60,383,628
11	उड़ीसा	41,947,358
12	केरल	33,387,677
13	झारखंड	32,966,238
14	असम	31,169,272
15	पंजाब	27,704,236
16	हरियाणा	25,353,081
17	चंड़ीगढ़	25,540,196
18	उत्तराखंड	10,116,752
19	हिमाचल प्रदेश	6,856,509
20	त्रिपुरा	3,671,032
21	मेघालय	2,964,007
22	मणिपुर	2,721,756
23	नगालैंड	1,980,602
24	गोवा	1,457,723
25	अरूणाचल प्रदेश	1,382,611
26	मजोरम	1,091,014
27	सिक्किम	607,688
अन्य राज्य एवं केन्द्रशासित		
1	दिल्ली	16,753,235
2	पुदुचेरी	1,244,464
3	चंड़ीगढ़	1,054,686
4	अण्डमान और निकोबार द्वीप समूह	379,944
5	दादरा और नगर हवेली	342,853
6	दमन और दीव	242,911
7	लक्षद्वीप	64,429
8	जम्मू और कश्मीर	11984433
9	लद्दाख	274000
भारत की कुल जनसंख्या		**1,210,193,422**

गुलमर्ग, जम्मू और कश्मीर

0 48 96 144 192 किमी.

मापक 1:4,850,000 (लगभग)

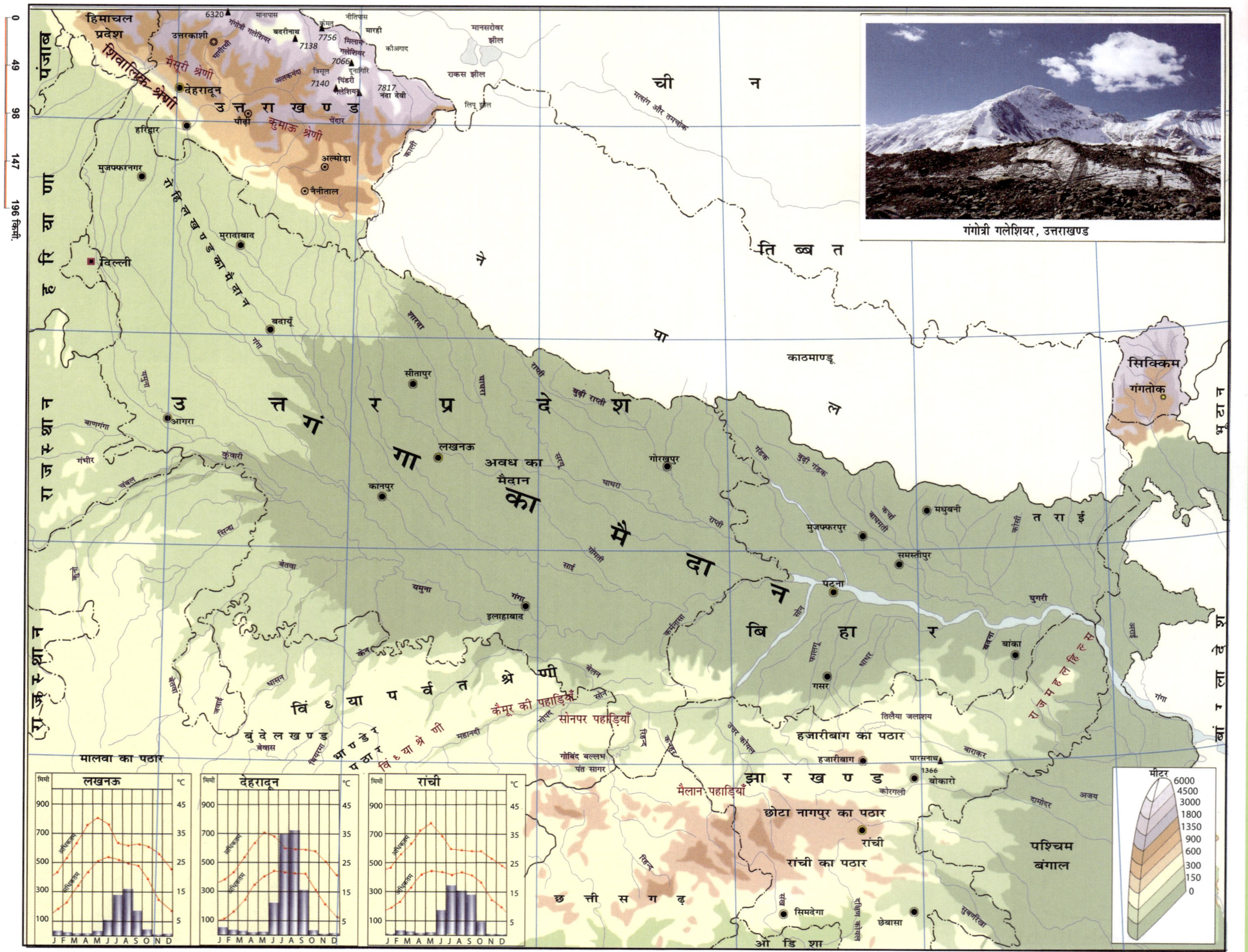
गंगोत्री गलेशियर, उत्तराखण्ड
हिमाचल प्रदेश
पंजाब
हरियाणा
राजस्थान
शिवालिक श्रेणी
मसूरी श्रेणी
कुमाऊ श्रेणी
उत्तराखण्ड
उत्तरकाशी
देहरादून
पौड़ी
हरिद्वार
अल्मोड़ा
नैनीताल
बदरीनाथ
7138
7756
7066
7140
7817
नंदा देवी
6320
चीन
तिब्बत
मानसरोवर झील
राकस झील
नेपाल
काठमाण्डू
सिक्किम
गंगतोक
भूटान
बांग्ला देश
दिल्ली
मुजफ्फरनगर
मुरादाबाद
बदायूँ
रोहिलखण्ड का मैदान
उत्तर प्रदेश
गंगा का मैदान
अवध का मैदान
आगरा
लखनऊ
सीतापुर
कानपुर
गोरखपुर
इलाहाबाद
बिहार
पटना
मुजफ्फरपुर
मधुबनी
समस्तीपुर
गया
बांका
तराई
राजमहल पहाड़ियाँ
विंध्याचल श्रेणी
विंध्य पर्वत श्रेणी
बुंदेलखण्ड
भाण्डेर पठार
कैमूर की पहाड़ियाँ
सोनपर पहाड़ियाँ
मालवा का पठार
हज़ारीबाग का पठार
हज़ारीबाग
तिलैया जलाशय
पारसनाथ
1366
बोकारो
झारखण्ड
मैलान पहाड़ियाँ
छोटा नागपुर का पठार
रांची
रांची का पठार
सिमडेगा
छेबासा
छत्तीसगढ़
ओडिशा
पश्चिम बंगाल
गोबिंद बल्लभ पंत सागर
गंगा
यमुना
घाघरा
गोमती
गंडक
कोसी
सोन
बेतवा
चंबल
शारदा
राप्ती
सरयू
लखनऊ
देहरादून
रांची
मिमी
°C
J F M A M J J A S O N D
मीटर
6000
4500
3000
1800
1350
900
600
300
150
0
0 49 98 147 196 किमी.
मापक 1:4,900,000 (लगभग)

दिवान-ए-खास, फतेहपुर सिकरी, उत्तर प्रदेश

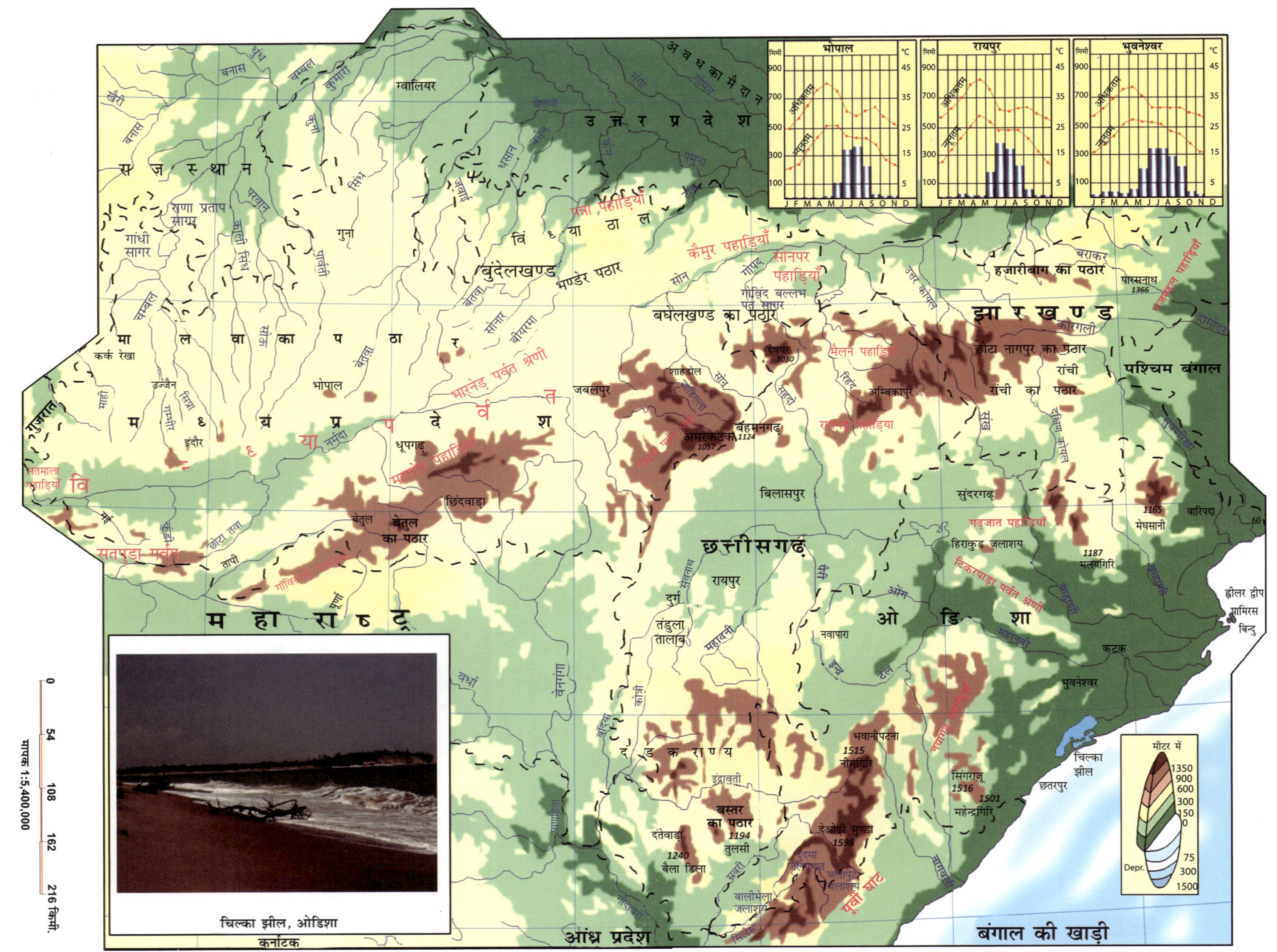
भोपाल
रायपुर
भुवनेश्वर
मिमी
°C
अधिकतम
न्यूनतम
J F M A M J J A S O N D
मीटर में
1350
900
600
300
150
0
75
300
1500
Depr.
उत्तर प्रदेश
अवध का मैदान
राजस्थान
गुजरात
मालवा का पठार
मध्य प्रदेश
महाराष्ट्र
छत्तीसगढ़
झारखण्ड
पश्चिम बंगाल
ओडिशा
आंध्र प्रदेश
कर्नाटक
बंगाल की खाड़ी
ग्वालियर
गुना
भोपाल
उज्जैन
इंदौर
जबलपुर
छिंदवाड़ा
धूपगढ़
बेतुल
बेतुल का पठार
बुंदेलखण्ड
भण्डेर पठार
विंध्याचल
पन्ना पहाड़ियाँ
कैमुर पहाड़ियाँ
सोनपर पहाड़ियाँ
बघेलखण्ड का पठार
भारनेर पर्वत श्रेणी
महादेव पहाड़ियाँ
सतपुड़ा पर्वत
सतमाला पहाड़ियाँ
कर्क रेखा
राणा प्रताप सागर
गांधी सागर
गोविंद बल्लभ पंत सागर
शाहडोल
अमरकंटक 1057
बैहमनगढ़ 1124
देवगढ़ 1030
मैलन पहाड़ियाँ
अम्बिकापुर
हजारीबाग का पठार
पारसनाथ 1366
छोटा नागपुर का पठार
राँची
राँची का पठार
बिलासपुर
रायपुर
दुर्ग
तंदुला तालाब
नवापारा
सुंदरगढ़
गढ़जात पहाड़ियाँ
हिराकुड जलाशय
1165 मेघसानी
बारिपदा
1187 मलयगिरि
ह्वीलर द्वीप
प्यामिरस बिन्दु
कटक
भुवनेश्वर
चिल्का झील
छतरपुर
सिंगराजू 1516
1501 महेन्द्रगिरि
भवानीपटना
1515 नीमगिरि
देओढी मुण्डा 1598
पूर्वी घाट
दंडकारण्य
इंद्रावती
बस्तर का पठार
1194 तुलसी
दंतेवाड़ा
1240 बैला डिला
बालीमेला जलाशय
नर्मदा
ताप्ती
चम्बल
बेतवा
सोन
महानदी
ब्राह्मणी
वैनगंगा
वर्धा
गंगा
यमुना
0 54 108 162 216 किमी.
मापक 1:5,400,000

चिल्का झील, ओडिशा

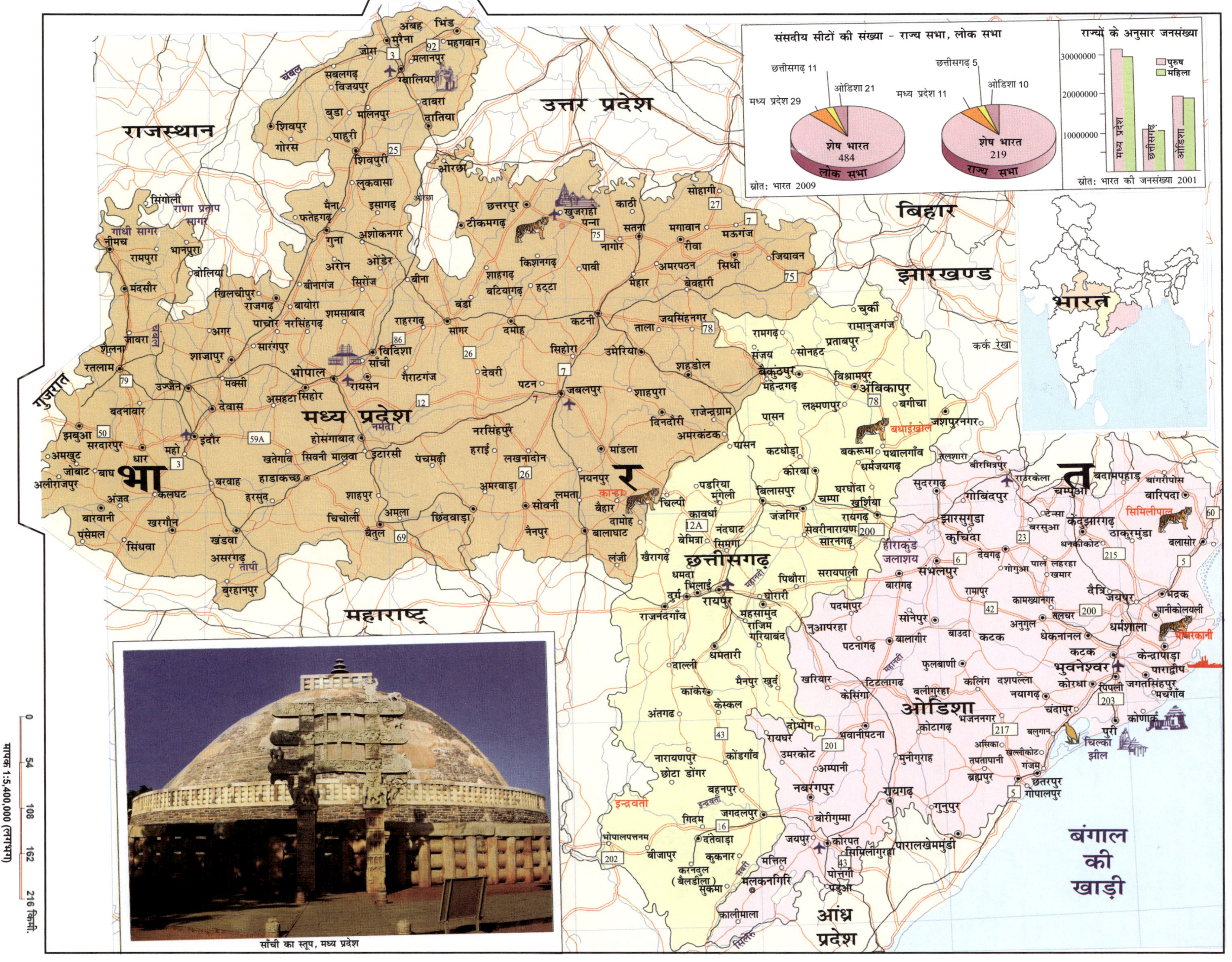
संसदीय सीटों की संख्या - राज्य सभा, लोक सभा
मध्य प्रदेश 29
छत्तीसगढ़ 11
ओडिशा 21
शेष भारत 484
लोक सभा
मध्य प्रदेश 11
छत्तीसगढ़ 5
ओडिशा 10
शेष भारत 219
राज्य सभा
स्रोत: भारत 2009
राज्यों के अनुसार जनसंख्या
30000000
20000000
10000000
पुरुष
महिला
मध्य प्रदेश
छत्तीसगढ़
ओडिशा
स्रोत: भारत की जनसंख्या 2001
भारत
कर्क रेखा
राजस्थान
उत्तर प्रदेश
बिहार
झारखण्ड
गुजरात
महाराष्ट्र
आंध्र प्रदेश
मध्य प्रदेश
छत्तीसगढ़
ओडिशा
बंगाल की खाड़ी
ग्वालियर
भोपाल
इंदौर
उज्जैन
सागर
जबलपुर
कटनी
रीवा
सतना
खजुराहो
साँची
विदिशा
होशंगाबाद
मांडला
रायपुर
भिलाई
दुर्ग
बिलासपुर
कोरबा
अंबिकापुर
जगदलपुर
राउरकेला
संभलपुर
कटक
भुवनेश्वर
पुरी
कोणार्क
चिल्का झील
बालासोर
पारादीप
साँची का स्तूप, मध्य प्रदेश
0 54 108 162 216 किमी.
मापक 1:5,400,000 (लगभग)

0 50 100 150 200 किमी

मापक 1:5,000,000

0 50 100 150 200 किमी.

मापक 1:5,000,000 (लगभग)

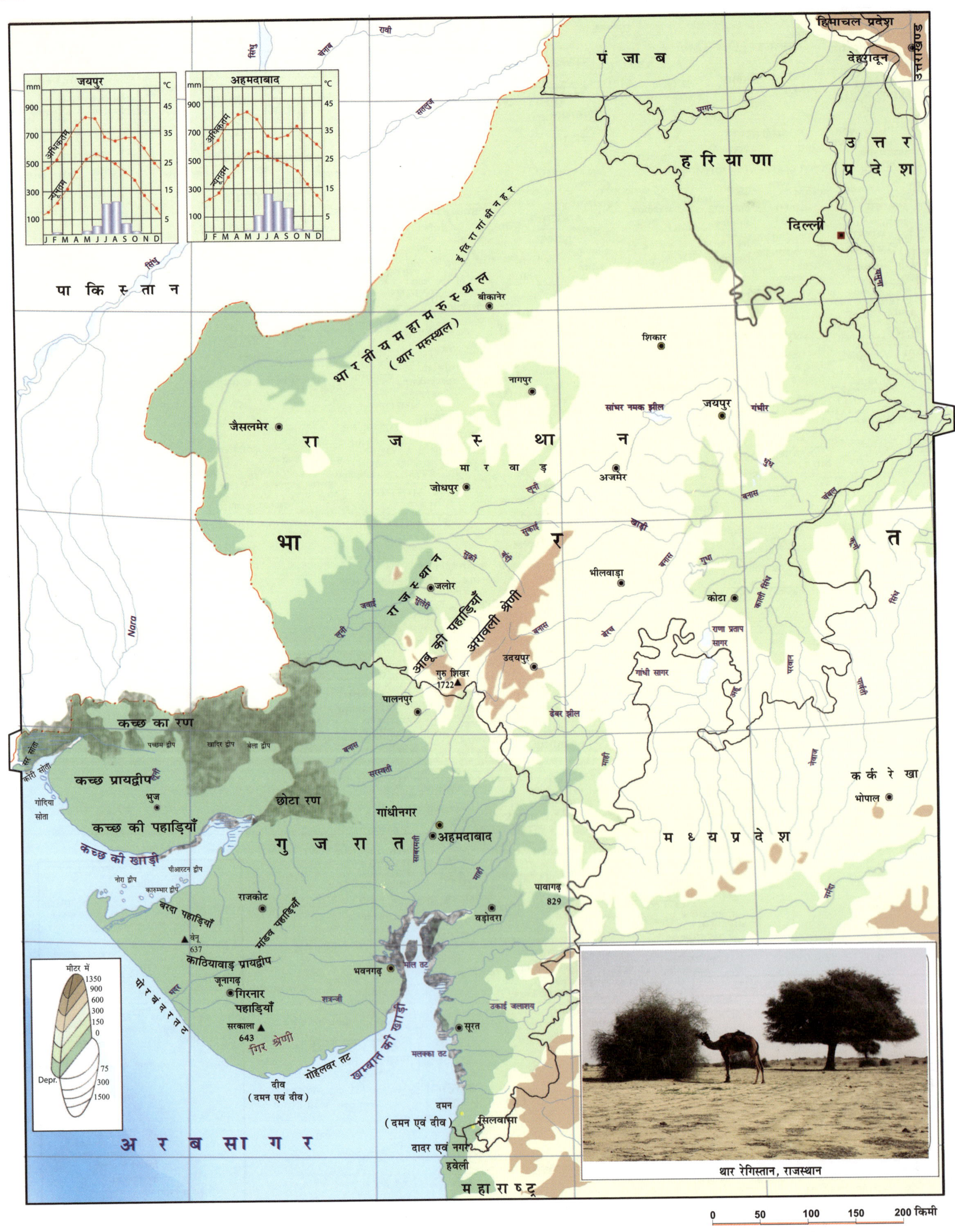

जयपुर
अहमदाबाद
पंजाब
हरियाणा
उत्तर प्रदेश
दिल्ली
पाकिस्तान
भारतीय महामरुस्थल (थार मरुस्थल)
बीकानेर
शिकार
नागपुर
जैसलमेर
राजस्थान
मारवाड़
जोधपुर
अजमेर
जयपुर
सांभर नमक झील
भारत
भीलवाड़ा
कोटा
जलोर
राजस्थान
आबू की पहाड़ियाँ
अरावली श्रेणी
उदयपुर
गुरु शिखर 1722
पालनपुर
राणा प्रताप सागर
गांधी सागर
ढेबर झील
कच्छ का रण
कच्छ प्रायद्वीप
भुज
कच्छ की पहाड़ियाँ
कच्छ की खाड़ी
छोटा रण
गांधीनगर
अहमदाबाद
गुजरात
राजकोट
बरदा पहाड़ियाँ
माण्डव पहाड़ियाँ
काठियावाड़ प्रायद्वीप
जूनागढ़
गिरनार पहाड़ियाँ
सरकाला 643
गिर श्रेणी
दीव (दमन एवं दीव)
खम्भात की खाड़ी
भवनगढ़
वड़ोदरा
पावागढ़ 829
सूरत
दमन (दमन एवं दीव)
सिलवासा
दादर एवं नगर हवेली
महाराष्ट्र
मध्य प्रदेश
भोपाल
कर्क रेखा
अरब सागर
मीटर में
थार रेगिस्तान, राजस्थान
0 50 100 150 200 किमी
मापक 1:4,700,000

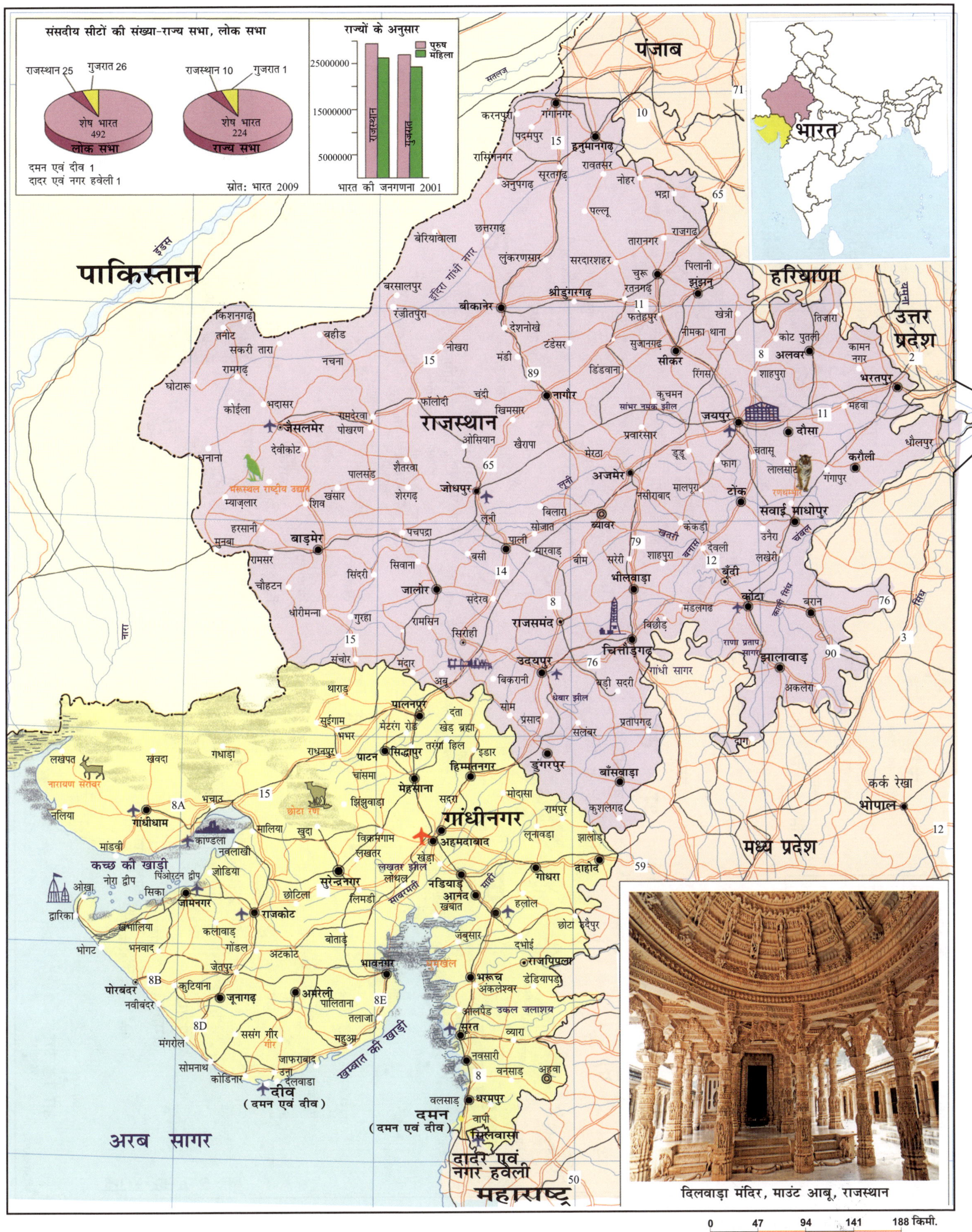

दिलवाड़ा मंदिर, माउंट आबू, राजस्थान

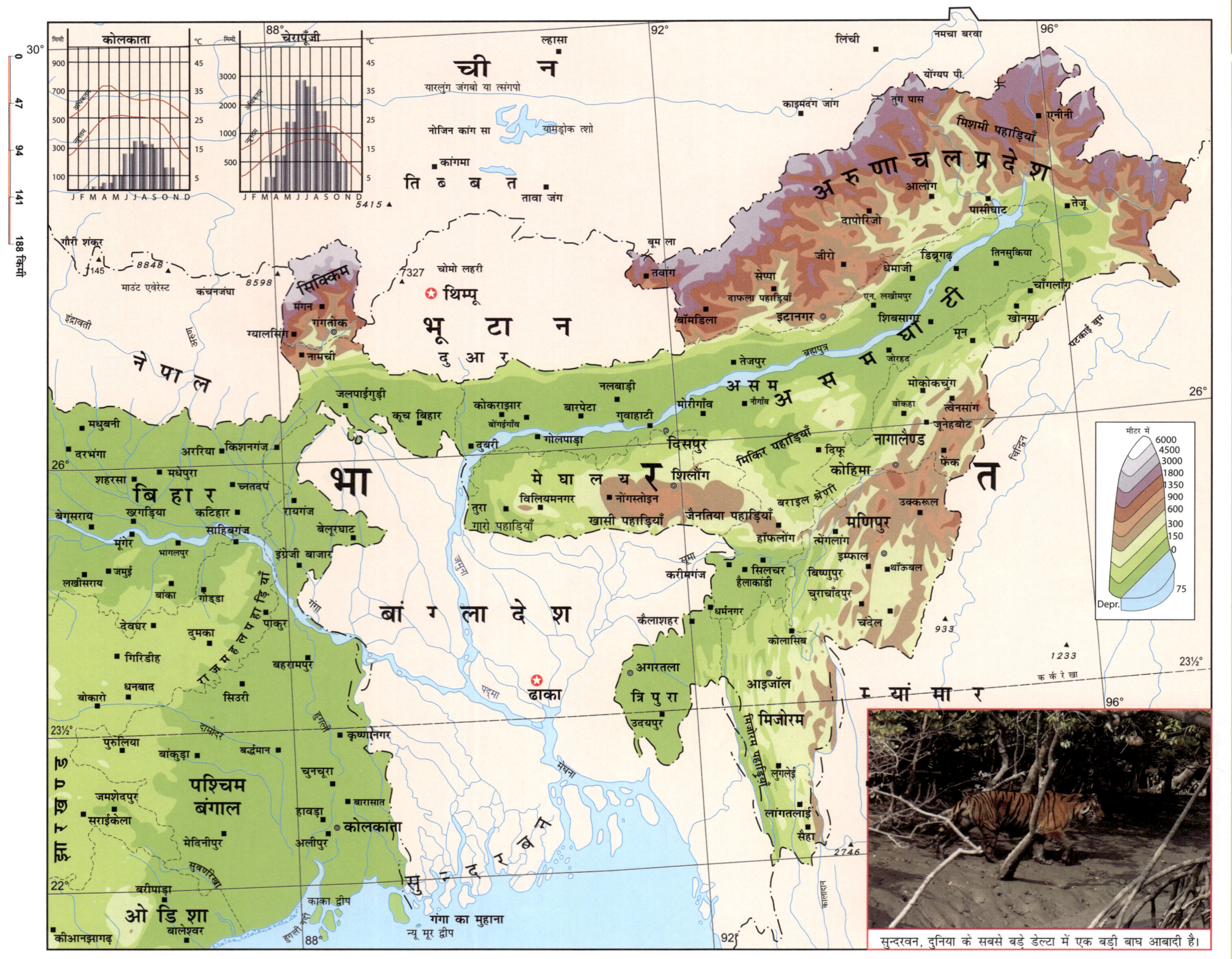

सुन्दरवन, दुनिया के सबसे बड़े डेल्टा में एक बड़ी बाघ आबादी है।

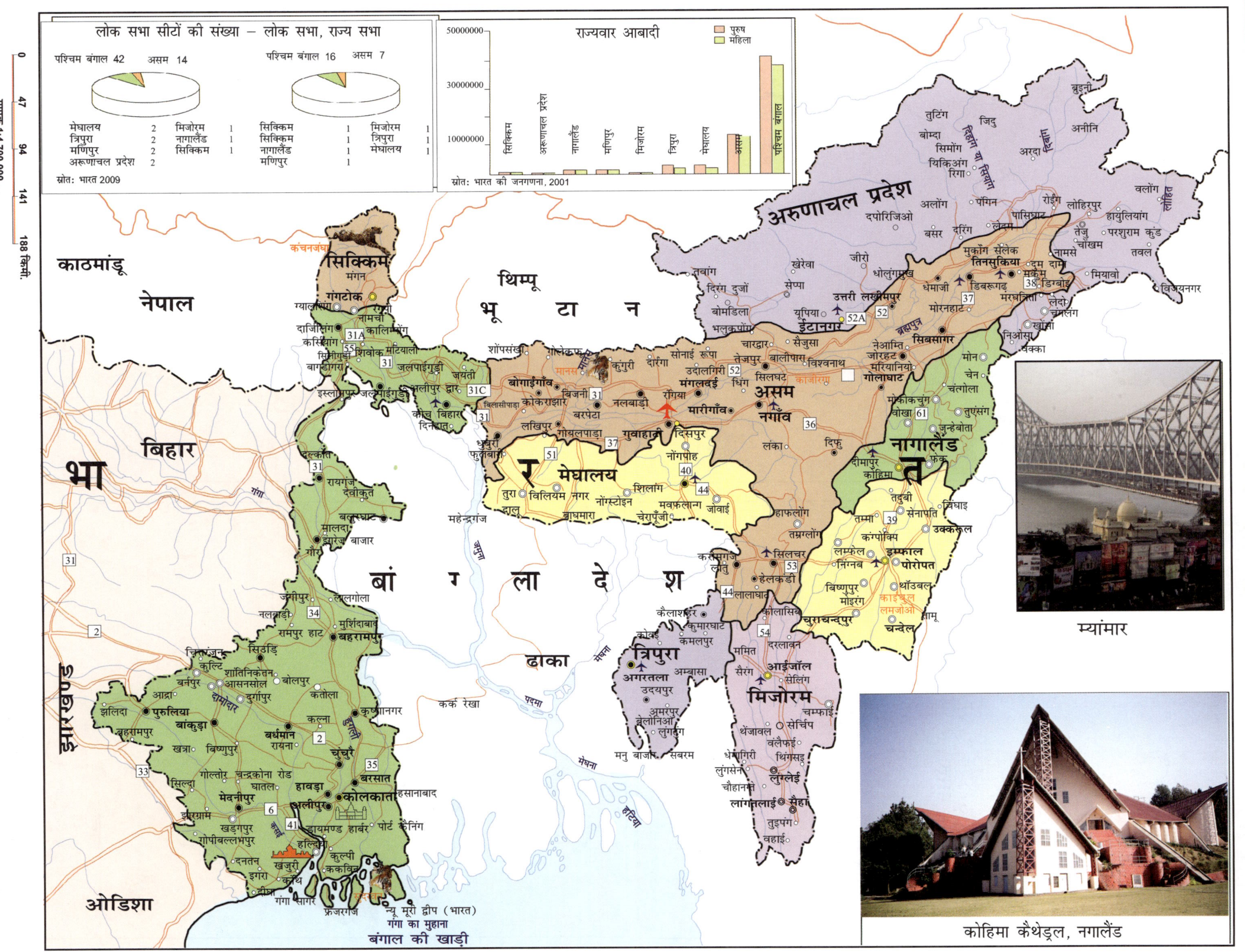

म्यांमार

कोहिमा कैथेड्रल, नागालैंड

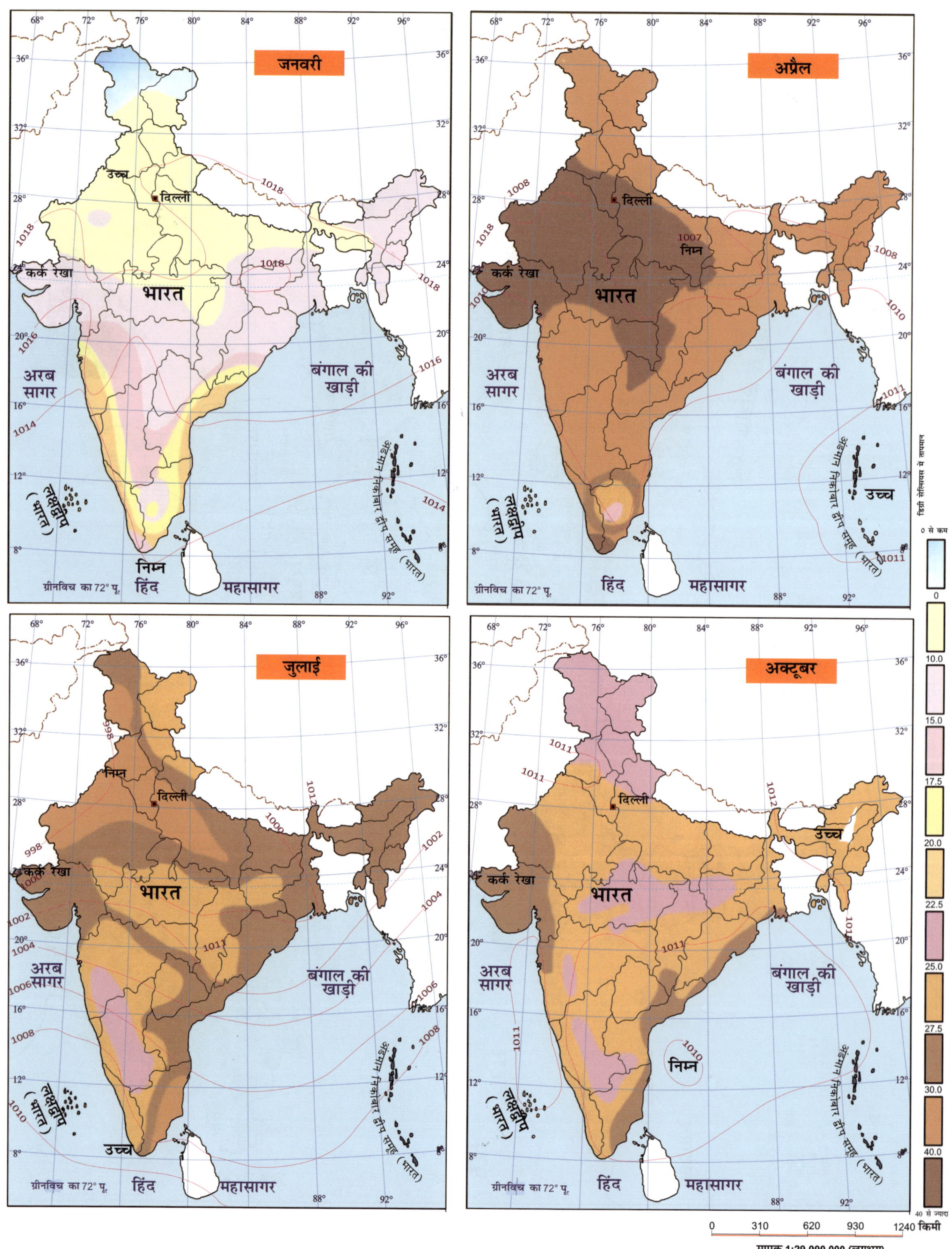
जनवरी
अप्रैल
जुलाई
अक्टूबर
दिल्ली
भारत
कर्क रेखा
अरब सागर
बंगाल की खाड़ी
हिंद महासागर
लक्षद्वीप (भारत)
अंडमान निकोबार द्वीप समूह (भारत)
उच्च
निम्न
ग्रीनविच का 72° पू.
डिग्री सेल्सियस में तापमान
0 से कम
0
10.0
15.0
17.5
20.0
22.5
25.0
27.5
30.0
40.0
40 से ज्यादा
0 310 620 930 1240 किमी
मापक 1:29,000,000 (लगभग)

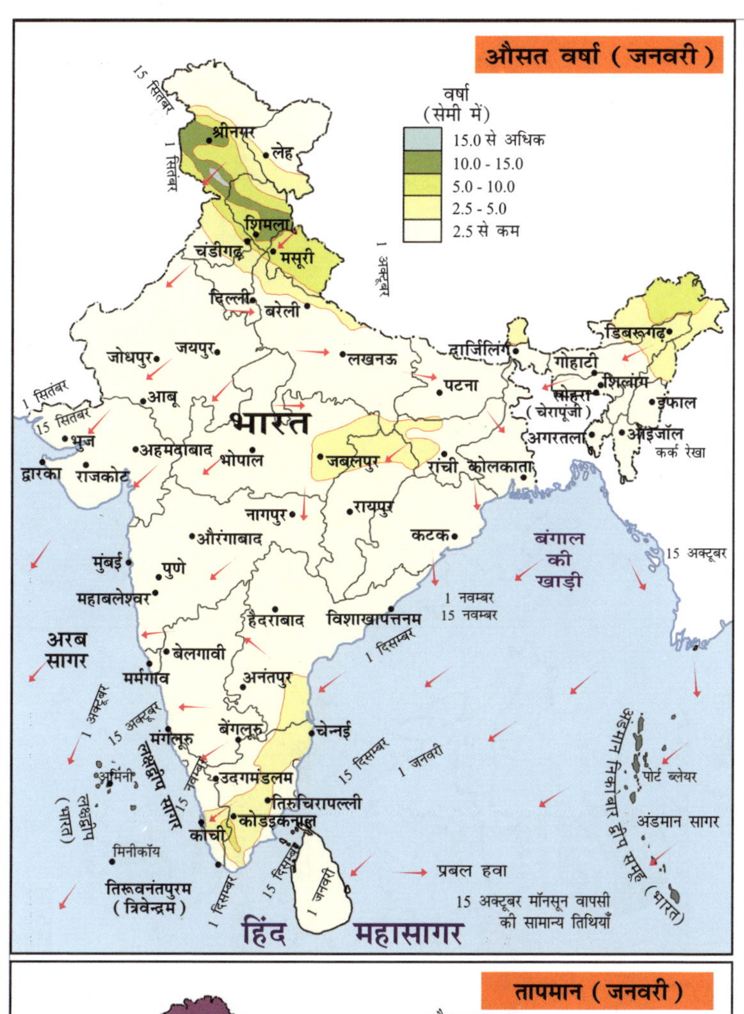

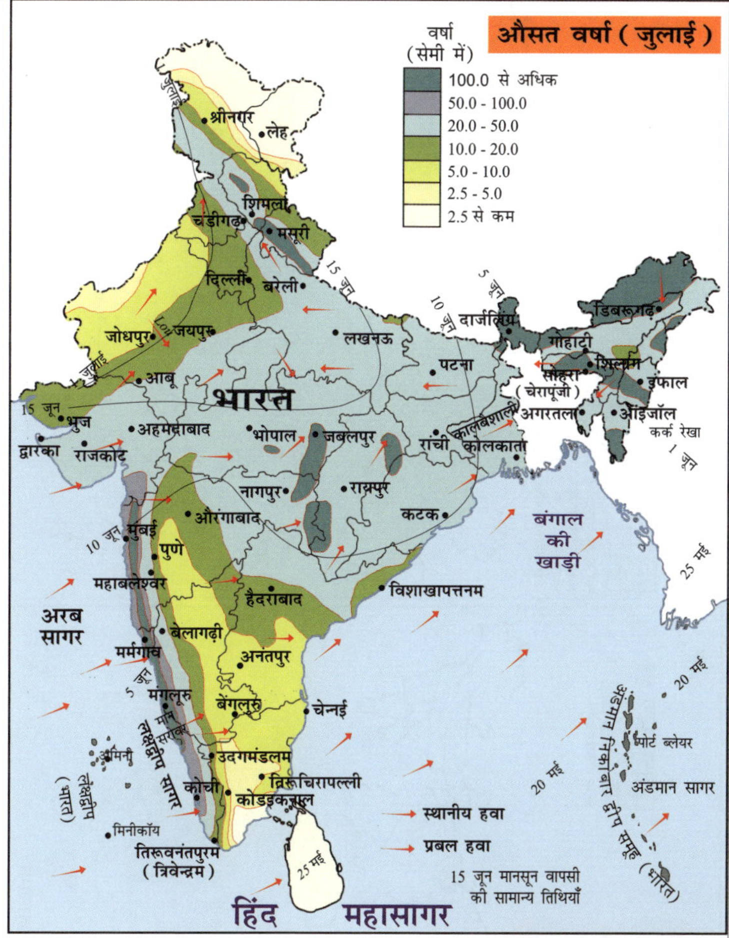

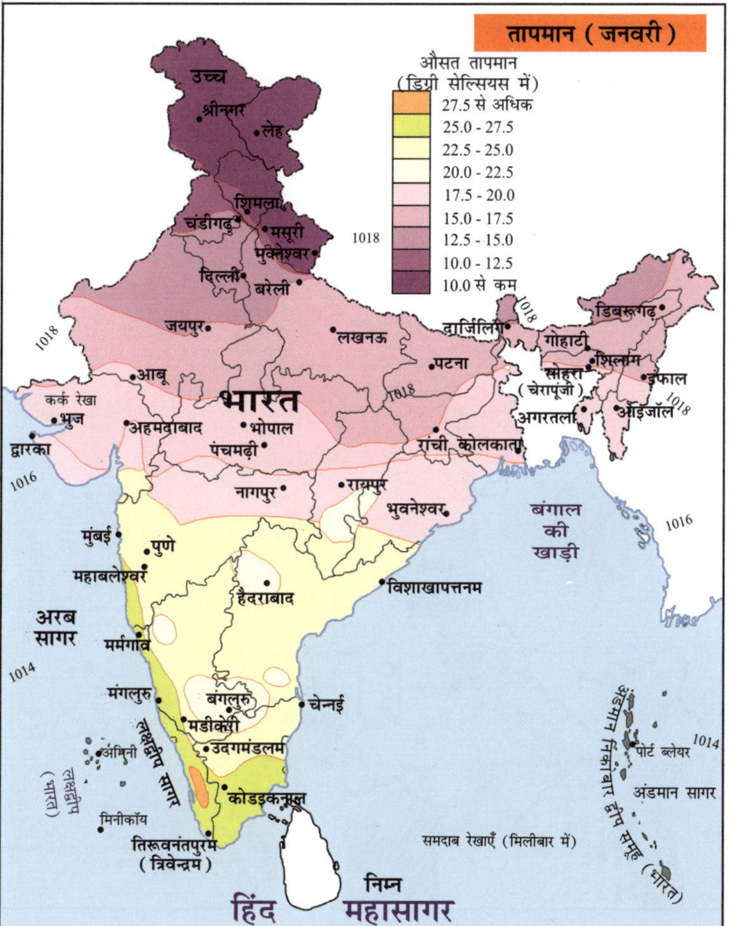

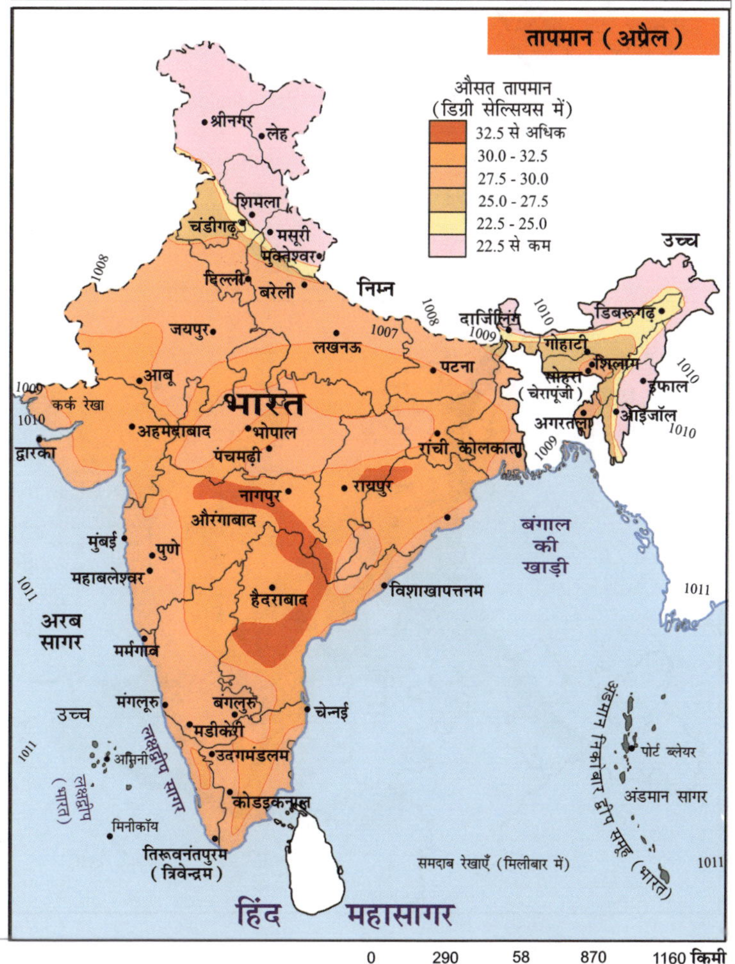

0 290 58 870 1160 किमी

मापक 1:29,000,000

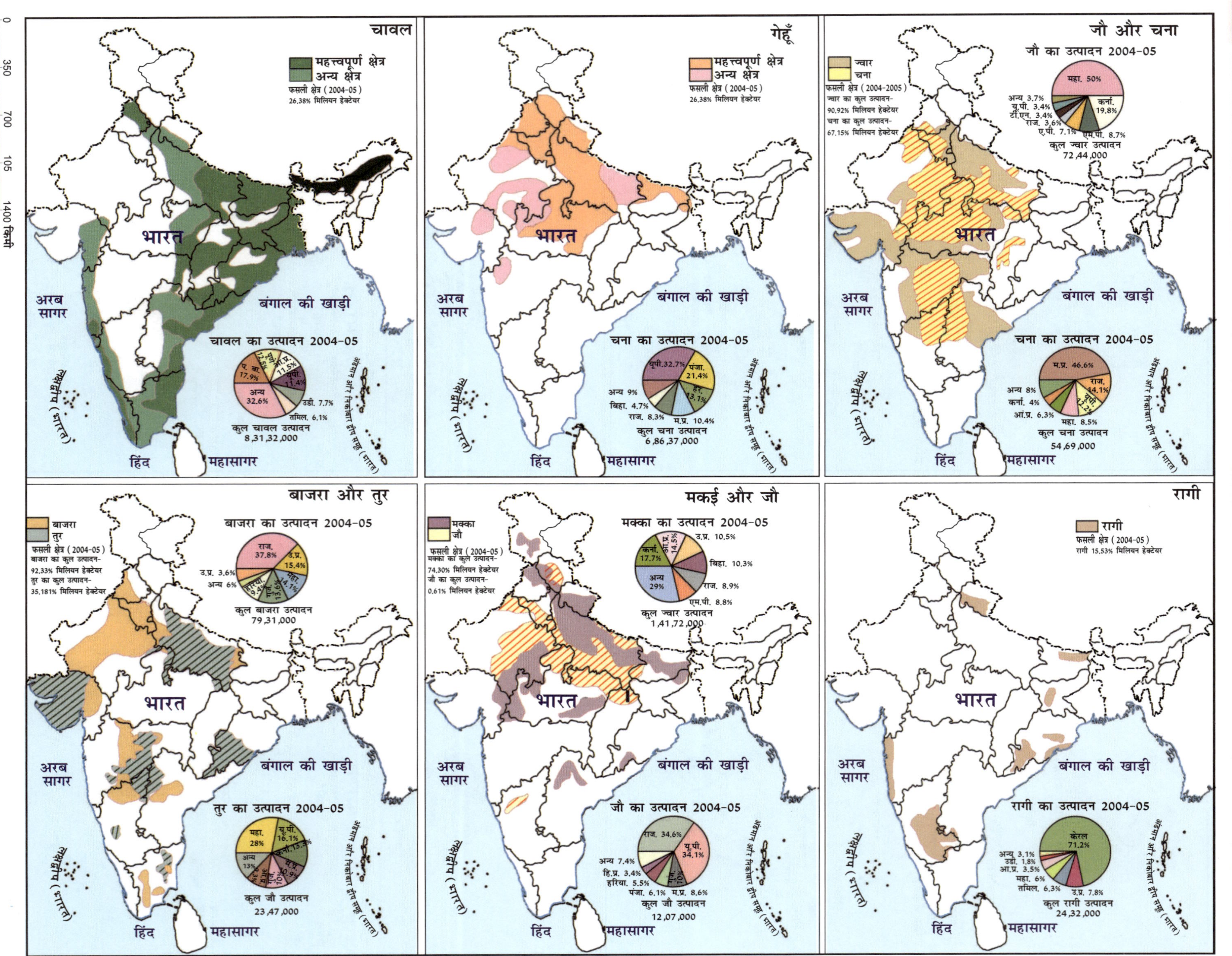
चावल
महत्त्वपूर्ण क्षेत्र
अन्य क्षेत्र
फसली क्षेत्र (2004-05)
26.38% मिलियन हेक्टेयर
भारत
अरब सागर
बंगाल की खाड़ी
चावल का उत्पादन 2004-05
प. बं. 17.9%
अन्य 32.6%
उड़ी. 7.7%
तमिल. 6.1%
कुल चावल उत्पादन
8,31,32,000
हिंद महासागर
गेहूँ
महत्त्वपूर्ण क्षेत्र
अन्य क्षेत्र
फसली क्षेत्र (2004-05)
26.38% मिलियन हेक्टेयर
भारत
अरब सागर
बंगाल की खाड़ी
चना का उत्पादन 2004-05
यूपी.32.7%
पंजा. 21.4%
अन्य 9%
बिहा. 4.7%
राज. 8.3%
म.प्र. 10.4%
कुल चना उत्पादन
6,86,37,000
हिंद महासागर
जौ और चना
ज्वार
चना
फसली क्षेत्र (2004-2005)
ज्वार का कुल उत्पादन-
90.92% मिलियन हेक्टेयर
चना का कुल उत्पादन-
67.15% मिलियन हेक्टेयर
जौ का उत्पादन 2004-05
महा. 50%
अन्य 3.7%
यू.पी. 3.4%
टी.एन. 3.4%
राज. 3.6%
ए.पी. 7.1%
एम.पी. 8.7%
कर्ना. 19.8%
कुल ज्वार उत्पादन
72,44,000
भारत
अरब सागर
बंगाल की खाड़ी
चना का उत्पादन 2004-05
म.प्र. 46.6%
राज. 14.1%
अन्य 8%
कर्ना. 4%
आं.प्र. 6.3%
महा. 8.5%
कुल चना उत्पादन
54,69,000
हिंद महासागर
बाजरा और तुर
बाजरा
तुर
फसली क्षेत्र (2004-05)
बाजरा का कुल उत्पादन-
92.33% मिलियन हेक्टेयर
तुर का कुल उत्पादन-
35.181% मिलियन हेक्टेयर
बाजरा का उत्पादन 2004-05
राज. 37.8%
उ.प्र. 15.4%
उ.प्र. 3.6%
अन्य 6%
कुल बाजरा उत्पादन
79,31,000
भारत
अरब सागर
बंगाल की खाड़ी
तुर का उत्पादन 2004-05
महा. 28%
यू.पी. 16.1%
अन्य 13%
कुल जौ उत्पादन
23,47,000
हिंद महासागर
मकई और जौ
मक्का
जौ
फसली क्षेत्र (2004-05)
मक्का का कुल उत्पादन-
74.30% मिलियन हेक्टेयर
जौ का कुल उत्पादन-
0.61% मिलियन हेक्टेयर
मक्का का उत्पादन 2004-05
कर्ना. 17.7%
आं.प्र. 14.5%
उ.प्र. 10.5%
बिहा. 10.3%
राज. 8.9%
एम.पी. 8.8%
अन्य 29%
कुल ज्वार उत्पादन
1,41,72,000
भारत
अरब सागर
बंगाल की खाड़ी
जौ का उत्पादन 2004-05
राज. 34.6%
यू.पी. 34.1%
अन्य 7.4%
हि.प्र. 3.4%
हरिया. 5.5%
पंजा. 6.1%
म.प्र. 8.6%
कुल जौ उत्पादन
12,07,000
हिंद महासागर
रागी
रागी
फसली क्षेत्र (2004-05)
रागी 15.53% मिलियन हेक्टेयर
भारत
अरब सागर
बंगाल की खाड़ी
रागी का उत्पादन 2004-05
केरल 71.2%
अन्य 3.1%
उड़ी. 1.8%
आं.प्र. 3.5%
महा. 6%
तमिल. 6.3%
उ.प्र. 7.8%
कुल रागी उत्पादन
24,32,000
हिंद महासागर
0 350 700 105 1400 किमी
मापक 1:35,000,000 (लगभग)

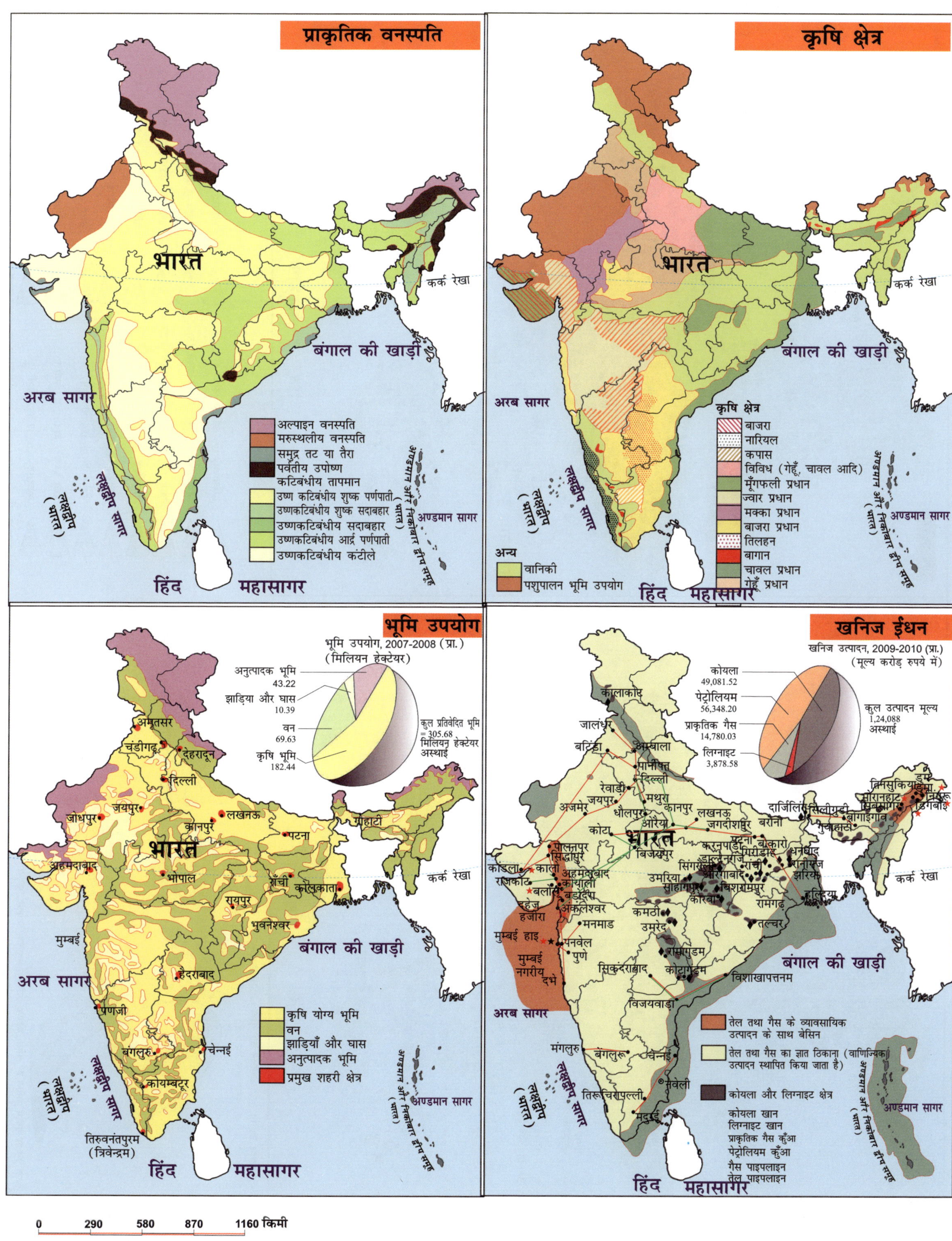
प्राकृतिक वनस्पति
भारत
कर्क रेखा
बंगाल की खाड़ी
अरब सागर
अल्पाइन वनस्पति
मरुस्थलीय वनस्पति
समुद्र तट या तैरा
पर्वतीय उपोष्ण कटिबंधीय तापमान
उष्ण कटिबंधीय शुष्क पर्णपाती
उष्णकटिबंधीय शुष्क सदाबहार
उष्णकटिबंधीय सदाबहार
उष्णकटिबंधीय आर्द्र पर्णपाती
उष्णकटिबंधीय कंटीले
लक्षद्वीप (भारत)
लक्षद्वीप सागर
अण्डमान और निकोबार द्वीप समूह (भारत)
अण्डमान सागर
हिंद महासागर
कृषि क्षेत्र
भारत
कर्क रेखा
बंगाल की खाड़ी
अरब सागर
कृषि क्षेत्र
बाजरा
नारियल
कपास
विविध (गेहूँ, चावल आदि)
मूँगफली प्रधान
ज्वार प्रधान
मक्का प्रधान
बाजरा प्रधान
तिलहन
बागान
चावल प्रधान
गेहूँ प्रधान
अन्य
वानिकी
पशुपालन भूमि उपयोग
लक्षद्वीप (भारत)
लक्षद्वीप सागर
अण्डमान और निकोबार द्वीप समूह (भारत)
अण्डमान सागर
हिंद महासागर
भूमि उपयोग
भूमि उपयोग, 2007-2008 (प्रा.)
(मिलियन हेक्टेयर)
अनुत्पादक भूमि 43.22
झाड़िया और घास 10.39
वन 69.63
कृषि भूमि 182.44
कुल प्रतिवेदित भूमि = 305.68 मिलियन हेक्टेयर अस्थाई
अमृतसर
चंडीगढ़
देहरादून
दिल्ली
जोधपुर
जयपुर
लखनऊ
कानपुर
पटना
गोहाटी
भारत
अहमदाबाद
भोपाल
राँची
कोलकाता
रायपुर
भुवनेश्वर
मुम्बई
हैदराबाद
पणजी
चेन्नई
बंगलुरु
कोयम्बटूर
तिरुवनंतपुरम (त्रिवेन्द्रम)
कर्क रेखा
बंगाल की खाड़ी
अरब सागर
कृषि योग्य भूमि
वन
झाड़ियाँ और घास
अनुत्पादक भूमि
प्रमुख शहरी क्षेत्र
लक्षद्वीप (भारत)
लक्षद्वीप सागर
अण्डमान और निकोबार द्वीप समूह (भारत)
अण्डमान सागर
हिंद महासागर
खनिज ईंधन
खनिज उत्पादन, 2009-2010 (प्रा.)
(मूल्य करोड़ रुपये में)
कोयला 49,081.52
पेट्रोलियम 56,348.20
प्राकृतिक गैस 14,780.03
लिग्नाइट 3,878.58
कुल उत्पादन मूल्य 1,24,088 अस्थाई
कालाकोट
जालंधर
बटिंडा
अम्बाला
पानीपत
दिल्ली
रेवाड़ी
जयपुर
मथुरा
अजमेर
धौलपुर
कानपुर
लखनऊ
औरैया
जगदीशपुर
बरौनी
कोटा
भारत
विजयपुर
दार्जिलिंग
सिलीगुड़ी
बोंगाईगांव
गुवाहाटी
डिगबोई
सिबसागर
नाहरकटिया
पालनपुर
सिद्धपुर
कांडला
काली
राजकोट
अहमदाबाद
कलोल
बलाद
बड़ौदा
दहेज
हजीरा
अंकलेश्वर
मनमाड
मुम्बई हाइ
पनवेल
पुणे
मुम्बई नगरीय दभे
सिंगरौली
उमरिया
सोहागपुर
कोरबा
बोकारो
धनबाद
रानीगंज
झरिया
रांची
हल्दिया
रामगढ़
तल्चर
कमठी
उमरेड
रामागुंडम
सिकंदराबाद
कोठागुडम
विशाखापत्तनम
विजयवाड़ा
मंगलुरु
बेंगलुरु
चेन्नई
नेवेली
तिरूचिरापल्ली
मदुरई
कर्क रेखा
बंगाल की खाड़ी
अरब सागर
तेल तथा गैस के व्यावसायिक उत्पादन के साथ बेसिन
तेल तथा गैस का ज्ञात ठिकाना (वाणिज्यिक उत्पादन स्थापित किया जाता है)
कोयला और लिग्नाइट क्षेत्र
कोयला खान
लिग्नाइट खान
प्राकृतिक गैस कुँआ
पेट्रोलियम कुँआ
गैस पाइपलाइन
तेल पाइपलाइन
लक्षद्वीप (भारत)
लक्षद्वीप सागर
अण्डमान और निकोबार द्वीप समूह (भारत)
अण्डमान सागर
हिंद महासागर
0 290 580 870 1160 किमी
मापक 1:25,000,000

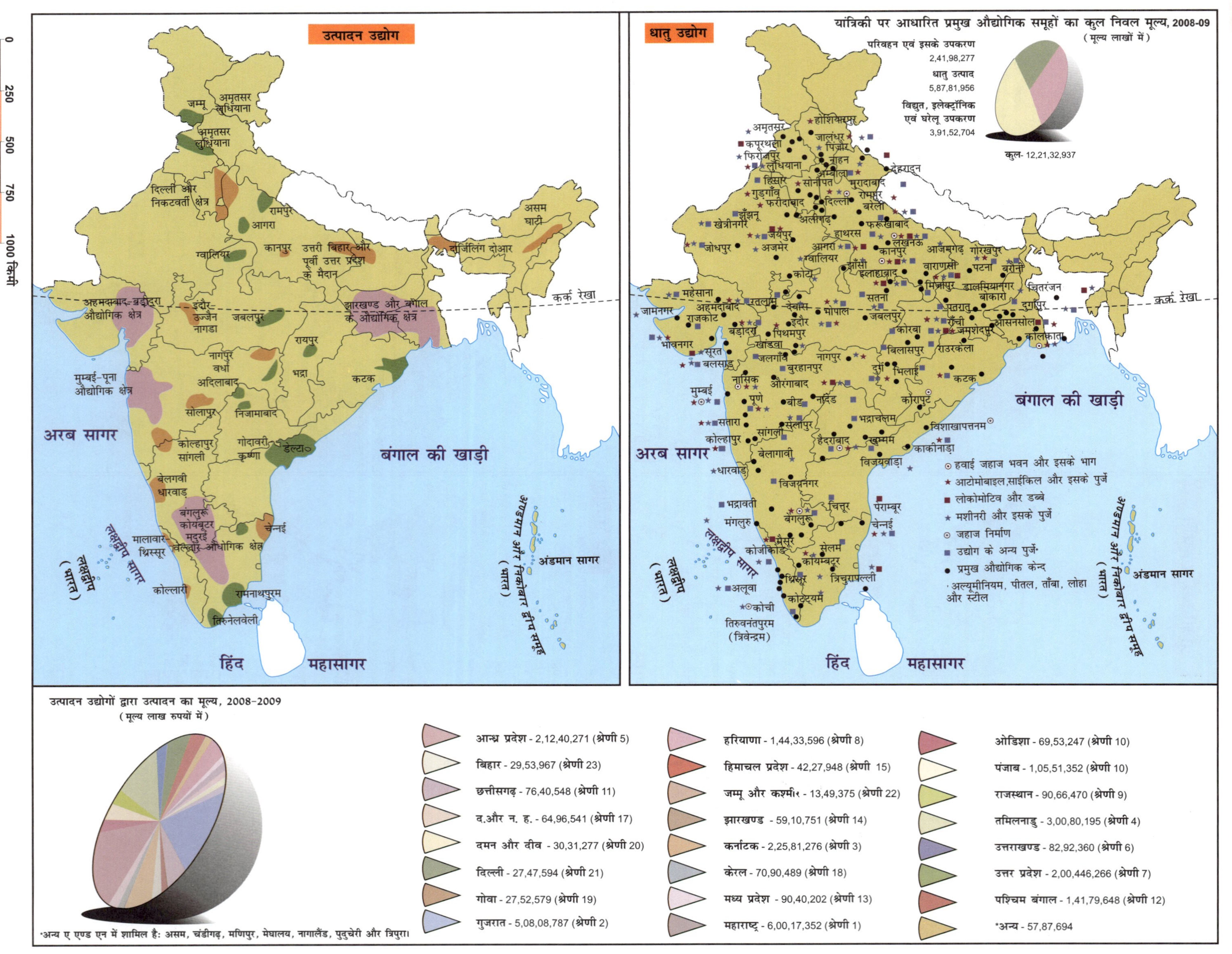

0 250 500 750 1000 किमी

मापक 1:25,000,000

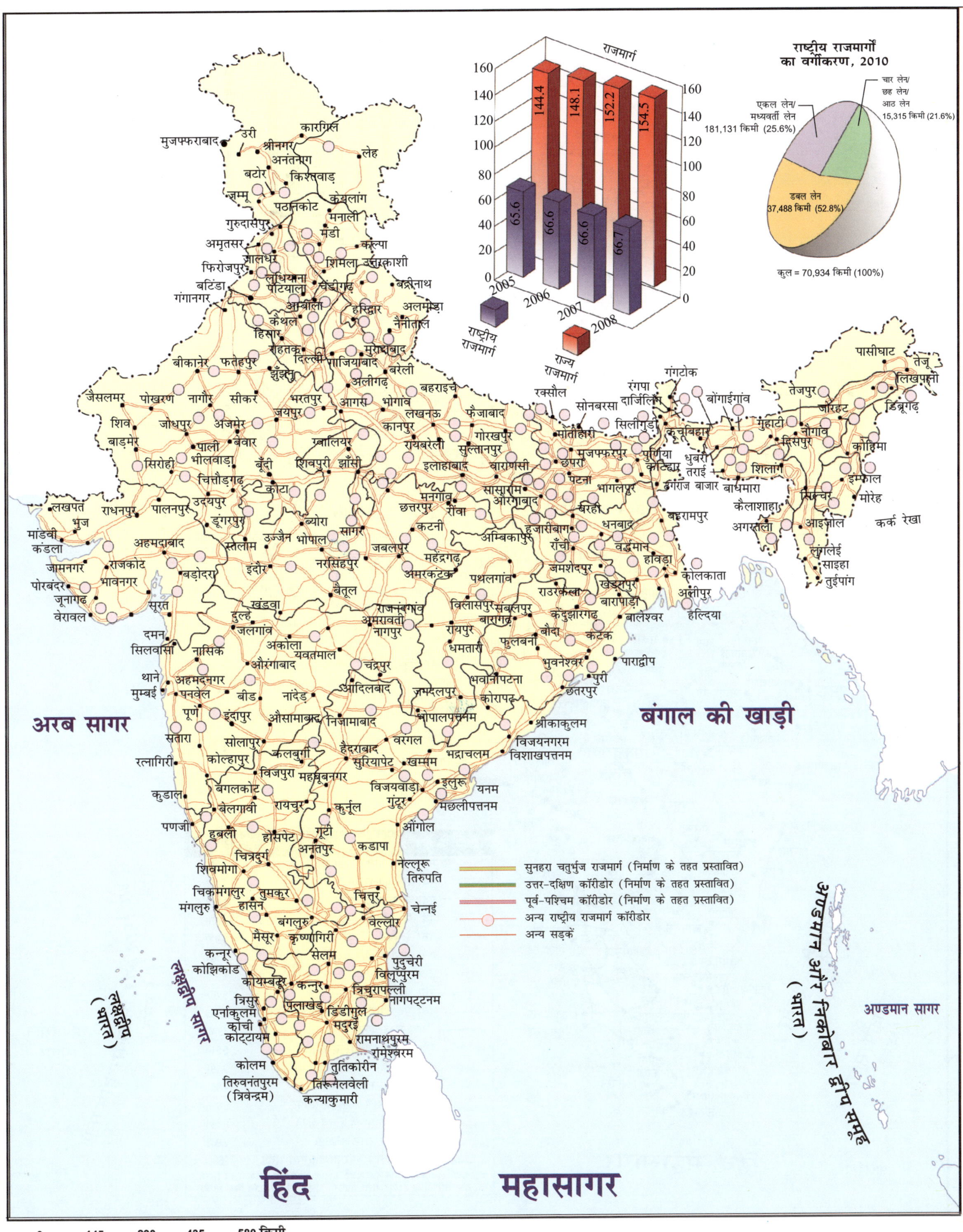

0 145 290 435 580 किमी

मापक 1:14,500,000 (लगभग)

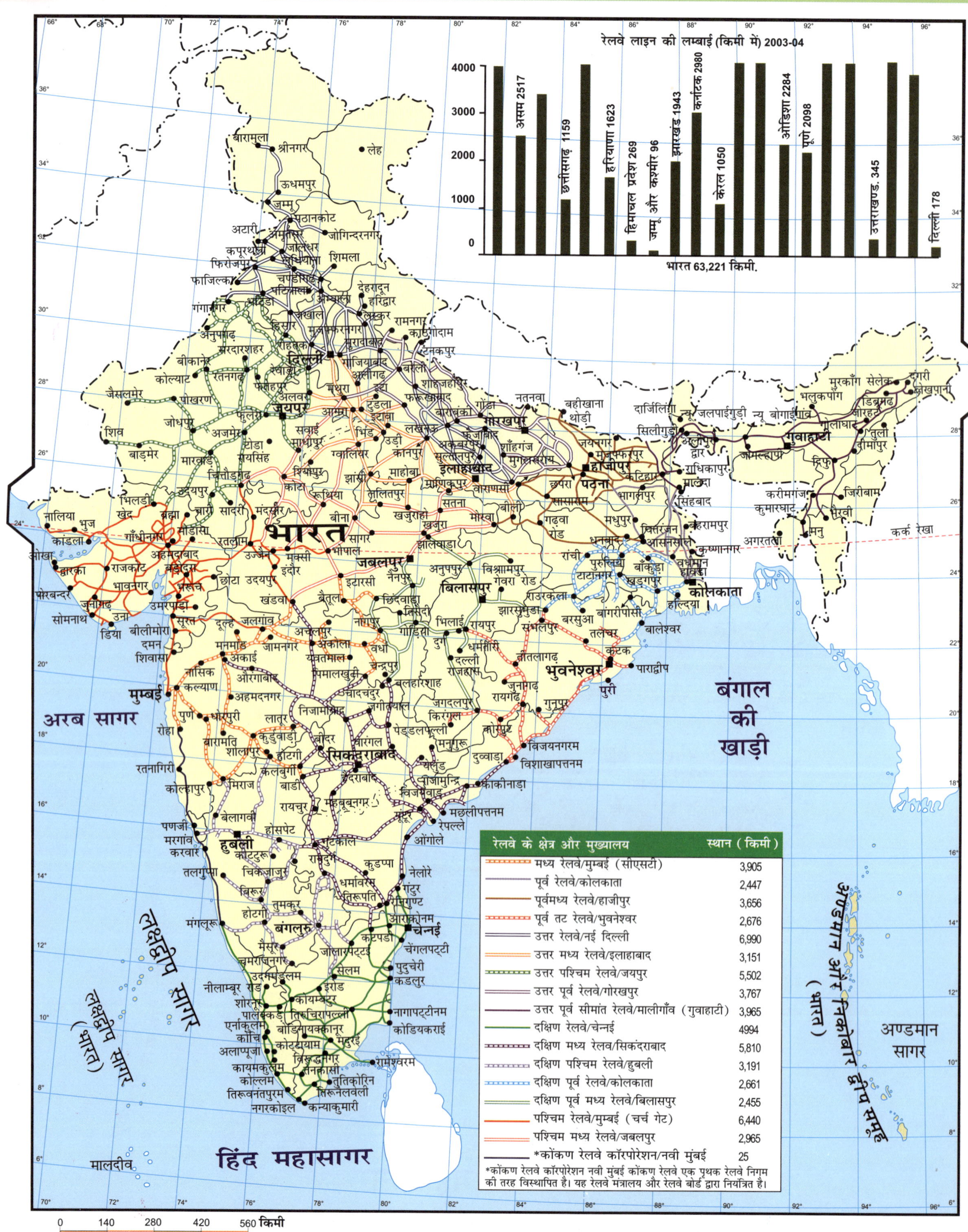

रेलवे के क्षेत्र और मुख्यालय	स्थान (किमी)
मध्य रेलवे/मुम्बई (सीएसटी)	3,905
पूर्व रेलवे/कोलकाता	2,447
पूर्वमध्य रेलवे/हाजीपुर	3,656
पूर्व तट रेलवे/भुवनेश्वर	2,676
उत्तर रेलवे/नई दिल्ली	6,990
उत्तर मध्य रेलवे/इलाहाबाद	3,151
उत्तर पश्चिम रेलवे/जयपुर	5,502
उत्तर पूर्व रेलवे/गोरखपुर	3,767
उत्तर पूर्व सीमांत रेलवे/मालीगाँव (गुवाहाटी)	3,965
दक्षिण रेलवे/चेन्नई	4994
दक्षिण मध्य रेलव/सिकंदराबाद	5,810
दक्षिण पश्चिम रेलवे/हुबली	3,191
दक्षिण पूर्व रेलवे/कोलकाता	2,661
दक्षिण पूर्व मध्य रेलवे/बिलासपुर	2,455
पश्चिम रेलवे/मुम्बई (चर्च गेट)	6,440
पश्चिम मध्य रेलवे/जबलपुर	2,965
*कोंकण रेलवे कॉरपोरेशन/नवी मुंबई	25

*कोंकण रेलवे कॉरपोरेशन नवी मुंबई कोंकण रेलवे एक पृथक रेलवे निगम की तरह विस्थापित है। यह रेलवे मंत्रालय और रेलवे बोर्ड द्वारा नियंत्रित है।

0 140 280 420 560 किमी

मापक : 1:14,500,000

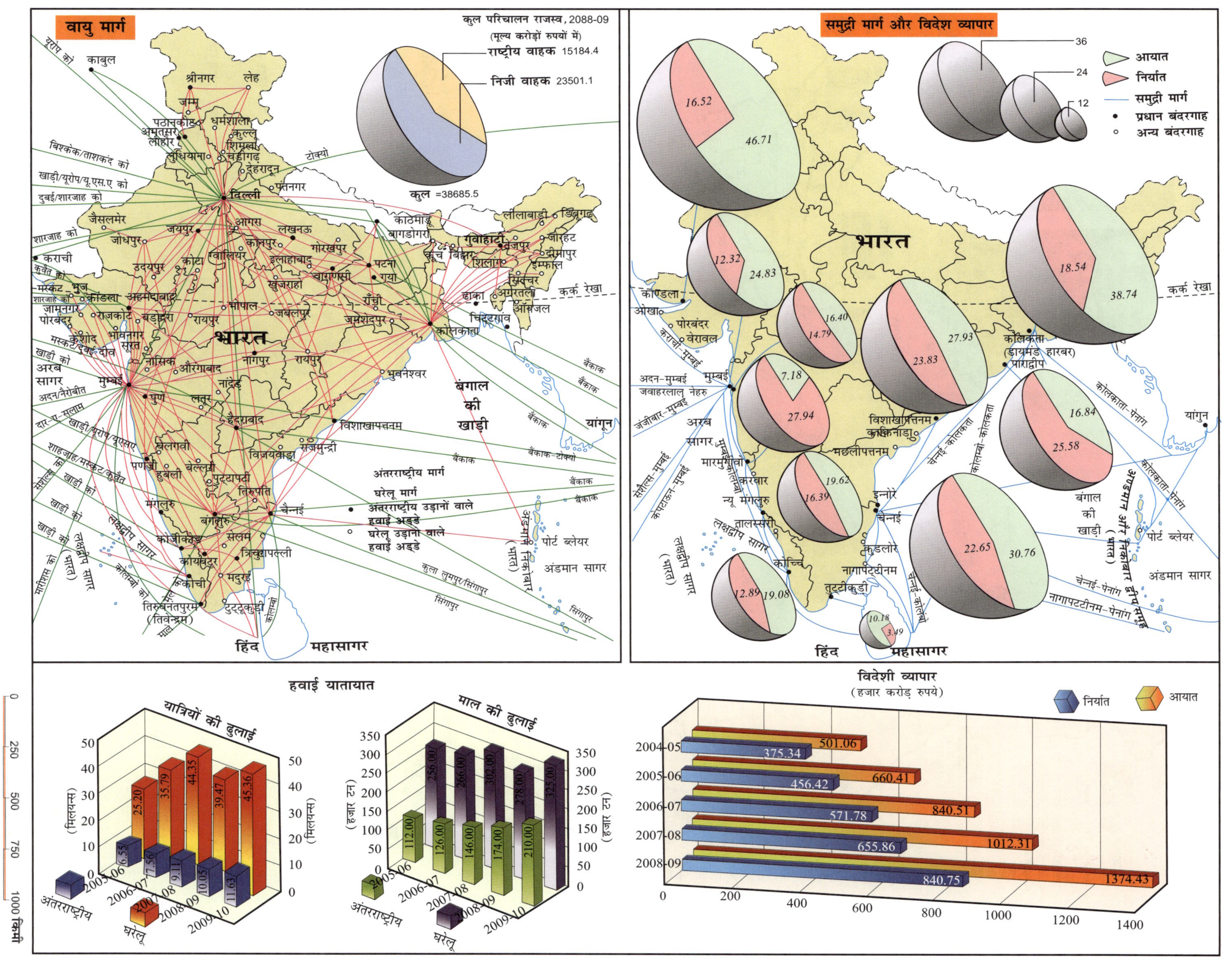
वायु मार्ग
कुल परिचालन राजस्व, 2088-09
(मूल्य करोड़ों रुपयों में)
राष्ट्रीय वाहक 15184.4
निजी वाहक 23501.1
कुल =38685.5
अंतरराष्ट्रीय मार्ग
घरेलू मार्ग
अंतरराष्ट्रीय उड़ानों वाले हवाई अड्डे
घरेलू उड़ानों वाले हवाई अड्डे
भारत
बंगाल की खाड़ी
अरब सागर
हिंद महासागर
कर्क रेखा
समुद्री मार्ग और विदेश व्यापार
आयात
निर्यात
समुद्री मार्ग
प्रधान बंदरगाह
अन्य बंदरगाह
16.52 46.71
12.32 24.83
14.79 16.40
7.18 27.94
23.83 27.93
18.54 38.74
25.58 16.84
16.39 19.62
22.65 30.76
12.89 19.08
10.18 3.49
हवाई यातायात
यात्रियों की ढुलाई (मिलयन्स)
2005-06 6.55 25.20
2006-07 7.56 35.79
2007-08 9.11 44.35
2008-09 10.05 39.47
2009-10 11.63 45.36
माल की ढुलाई (हजार टन)
2005-06 112.00 256.00
2006-07 126.00 266.00
2007-08 146.00 302.00
2008-09 174.00 278.00
2009-10 210.00 325.00
अंतरराष्ट्रीय
घरेलू
विदेशी व्यापार
(हजार करोड़ रुपये)
निर्यात
आयात
2004-05 375.34 501.06
2005-06 456.42 660.41
2006-07 571.78 840.51
2007-08 655.86 1012.31
2008-09 840.75 1374.43
0 250 500 750 1000 किमी
मापक 1:25,000,000 (लगभग)

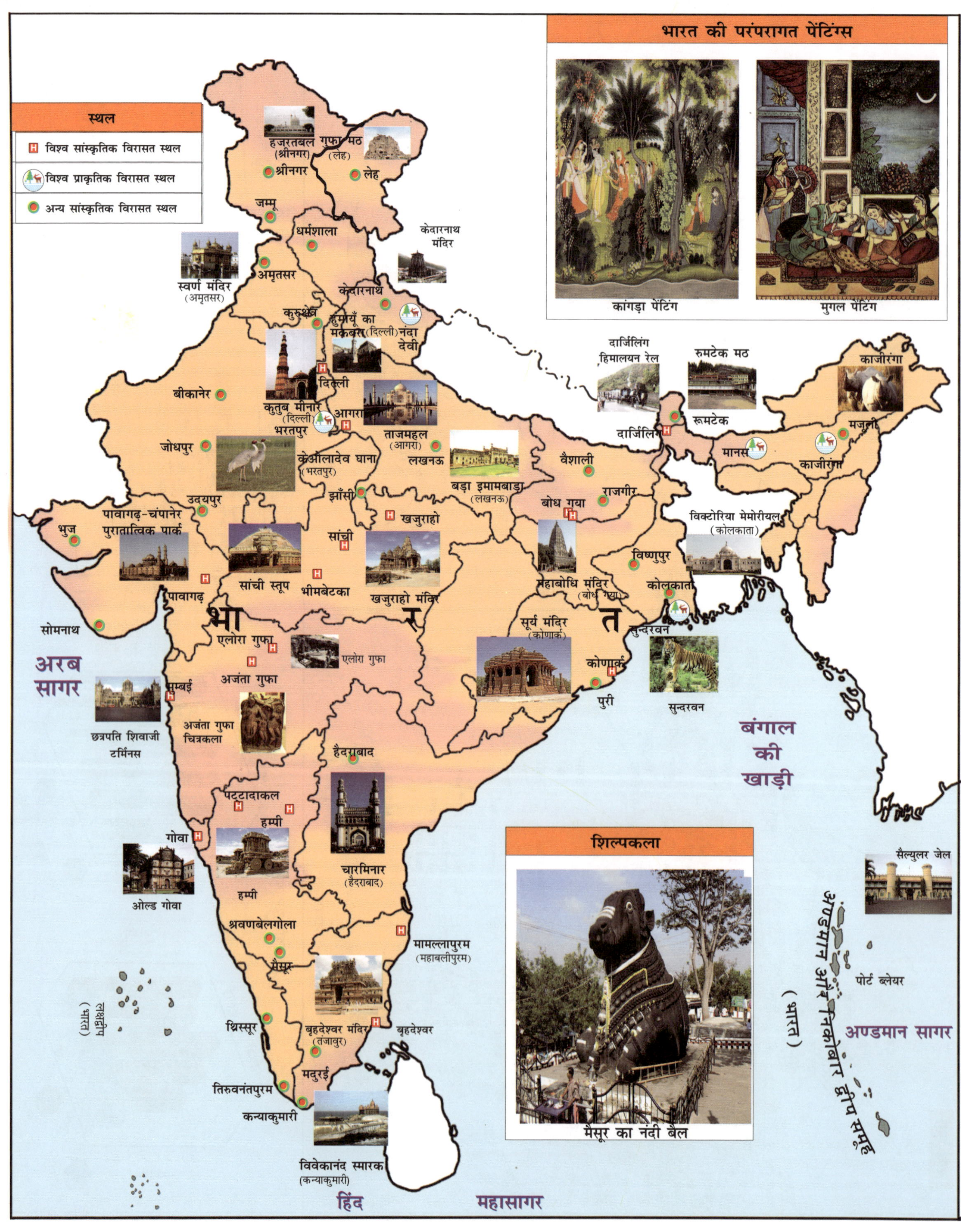
स्थल
विश्व सांस्कृतिक विरासत स्थल
विश्व प्राकृतिक विरासत स्थल
अन्य सांस्कृतिक विरासत स्थल
भारत की परंपरागत पेंटिंग्स
कांगड़ा पेंटिंग
मुगल पेंटिंग
हजरतबल (श्रीनगर)
गुफा मठ (लेह)
श्रीनगर
लेह
जम्मू
धर्मशाला
केदारनाथ मंदिर
अमृतसर
स्वर्ण मंदिर (अमृतसर)
केदारनाथ
कुरुक्षेत्र
हुमायूँ का मकबरा (दिल्ली)
नंदा देवी
दिल्ली
बीकानेर
कुतुब मीनार (दिल्ली)
आगरा
भरतपुर
ताजमहल (आगरा)
लखनऊ
जोधपुर
केओलादेव घाना (भरतपुर)
बड़ा इमामबाड़ा (लखनऊ)
दार्जिलिंग हिमालयन रेल
रुमटेक मठ
रूमटेक
दार्जिलिंग
काजीरंगा
मजुली
मानस
वैशाली
राजगीर
बोध गया
झाँसी
खजुराहो
उदयपुर
पावागढ़-चंपानेर पुरातात्विक पार्क
भुज
सांची
सांची स्तूप
भीमबेटका
खजुराहो मंदिर
महाबोधि मंदिर (बोध गया)
विष्णुपुर
विक्टोरिया मेमोरीयल (कोलकाता)
कोलकाता
सुन्दरवन
पावागढ़
सोमनाथ
भा र त
एलोरा गुफा
अजंता गुफा
सूर्य मंदिर (कोणार्क)
कोणार्क
पुरी
अरब सागर
मुम्बई
छत्रपति शिवाजी टर्मिनस
अजंता गुफा चित्रकला
हैदराबाद
बंगाल की खाड़ी
पट्टादाकल
हम्पी
गोवा
ओल्ड गोवा
चारमिनार (हैदराबाद)
शिल्पकला
मैसूर का नंदी बैल
सैल्युलर जेल
श्रवणबेलगोला
मामल्लापुरम (महाबलीपुरम)
मैसूर
अंडमान और निकोबार द्वीप समूह (भारत)
पोर्ट ब्लेयर
लक्षद्वीप (भारत)
थ्रिस्सूर
बृहदेश्वर मंदिर (तंजावुर)
बृहदेश्वर
अण्डमान सागर
मदुरई
तिरुवनंतपुरम
कन्याकुमारी
विवेकानंद स्मारक (कन्याकुमारी)
हिंद महासागर
0 250 500 750 1000 किमी
मापक 1:25,000,000 (लगभग)

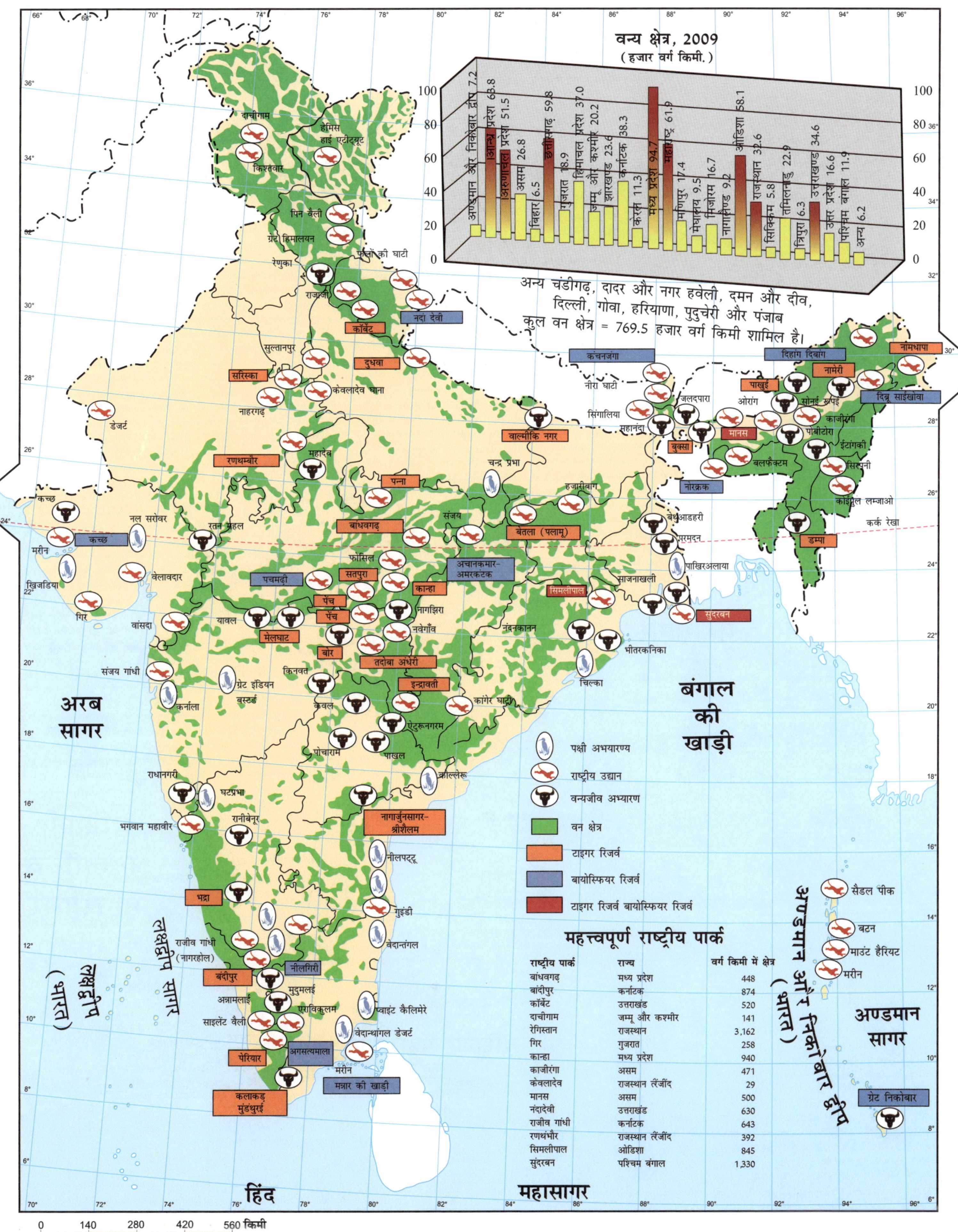

महत्त्वपूर्ण राष्ट्रीय पार्क

राष्ट्रीय पार्क	राज्य	वर्ग किमी में क्षेत्र
बांधवगढ़	मध्य प्रदेश	448
बांदीपुर	कर्नाटक	874
कॉर्बेट	उत्तराखंड	520
दाचीगाम	जम्मू और कश्मीर	141
रेगिस्तान	राजस्थान	3,162
गिर	गुजरात	258
कान्हा	मध्य प्रदेश	940
काजीरंगा	असम	471
केवलादेव	राजस्थान तैंजींद	29
मानस	असम	500
नंदादेवी	उत्तराखंड	630
राजीव गांधी	कर्नाटक	643
रणथंभौर	राजस्थान तैंजींद	392
सिमलीपाल	ओडिशा	845
सुंदरबन	पश्चिम बंगाल	1,330

आर्कटिक महासागर
ब्यूफोर्ट सागर
विक्टोरिया द्वीप
बैफिन की खाड़ी
ग्रीनलैंड
बेरिंग सागर
मिकिन्ले पर्वत (दनाली)
ग्रेट बेयर झील
ग्रेट स्लेव झील
हडसन की खाड़ी
आलस्का की खाड़ी
कोडियेक द्वीप
अलूशियन द्वीप समूह
वैंकूवर द्वीप
मिसौरी
विनिपेग झील
सुपीरियर झील
ग्रेट झील
ह्यूरन झील
मिचिगन झील
ओंटारी झील
एरिक झील
मिशेल पर्वत 2037
न्यू फाउंडलैंड
केप रेस
आइसलैंड
केप फेयरवेल
पश्चिमी यूरोपियन का बेसिन
हिवटनी पर्वत 4418
4399 इल्बर्ट पर्वत
डेथ वैली
कोलोराडो
अरकांसास
मिसिसिपी
केप हत्तेरस
बरमूडा
अजोरे
जिब्राल्टर की खाड़ी
मदेरा द्वीप
कनेरी द्वीप
अमेरिका
मिडवे द्वीप
हवाई द्वीप
कर्क रेखा
ओवाहू
हवाई 4205
मोउनो किया
मैक्सिको की खाड़ी
बहामास
हिस्पनियोला
युकेटन
पॉपकेटेपेटल 5452
5700
सिटलालतेपेटल
ग्रेटर एंटिलीज
जमैका
मिल्वॉकी द्वीप
वेस्ट इंडीज
लेजर एनीलीज
कैरेबियन सागर
उत्तर अटलांटिक महासागर
केप वर्डे बेसिन
केप वर्डे घाटी
पनामा का मुहाना
ओरिनाको
गुयाना उच्च भूमि
गुयाना बेसिन
2810 रोरैमा पर्वत
निग्रो
अमेजन
सेल्वास
6267 चिम्बोजा
दक्षिण अमेरिका
मोटो ग्रासा का प्लेटो
टिटिकाना झील
गालापेगोस द्वीप
पलमायरा द्वीप
किर्तीम्ति
प्रशांत महासागर
विषुवत रेखा
फोनिक्स द्वीप
तकेल्यु द्वीप
मरक्वीज द्वीप
समोया द्वीप
सोसाइटी द्वीप
कुक द्वीप
तहीति
टोंगा द्वीप
मकर रेखा
तुबाई द्वीप
पिटकेयर्न द्वीप
ईस्टर द्वीप
पेरू घाटी
पूर्व प्रशांत उभार
रापा
केरमाडक द्वीप
दक्षिण पश्चिम प्रशांत बेसिन
साओ पाउलो
फर्नाण्डो डी नोरम्बा
केप डी साओ रिको
एसिन्शन
ब्राजील का बेसिन
त्रिनिदाद
केप फ्रियो
6863 ओजोस डेल सलाडो
7020 अकोंकागुआ
पाराना
रियो डी ला प्लाजा
दक्षिणी अटलांटिक महासागर
त्रिस्तान दा
अर्जेंटिना घाटी
चाथम द्वीप
फाकलैंड द्वीप (यू.के.)
केप हॉर्न
ड्रेक पैसेज
स्कोटिया सागर
दक्षिण जार्जिया
साउथ सैंडविच द्वीप
दक्षिण पूर्व प्रशांत घाटी
दक्षिणी महासागर
आर्कटिक वृत्त
दक्षिणी शेटलैंड द्वीप
दक्षिणी आर्कनी द्वीप
अंटार्कटिक प्रायद्वीप
बेलिंग शासेन सागर
विडेल सागर
आमंडसन सागर
रॉस सागर
बेयर्ड लैंड
इल्सवर्थ लैंड
पलमेर लैंड
मी. आइस-केप
5000
3000
2000
1000
500
200
0
200
2000
4000
Depr.
मी.

आर्कटिक महासागर
बेरेंट सागर
सेवेर्नाया जेमल्या
लप्टेव सागर
न्यू साइबेरियन द्वीप समूह
पूर्व साइबेरियन सागर
उत्तरी अंतरीप
निम्न टंगस्का
मध्य साइबेरिया
पश्चिम साइबेरिया का मैदान
लडोगा झील
साइबेरिया का पठार
स्टेनोवॉय पर्वत श्रेणी
ओखोट्स्क सागर
वैकाल झील
सयान पर्वत
आयरिश
यूरोप
उत्तर यूरोप का मैदान
बल्खश झील
अल्ताई
एशिया
गोबी मरुस्थल
सखालीन द्वीप
होक्काइडो
इल्बुर्ज पर्वत 5642
अरल सागर
काला सागर
तरिम बेसिन
जापान सागर
जापान
5165 अरारत पर्वत
दमावेन्द 5604
कुनलुन शान
फ़ूजी पर्वत
भूमध्य सागर
हिन्दुकुश
K^2 8611
काराकोरम
तिब्बत का पठार
शिकोकु
क्युशु
जापान ट्रेंच 10554
ईरान का पठार
हिमालय
कुटुन शान 7556
पूर्व चीन सागर
रिक्यू द्वीप
लिबिया का मरुस्थल
माउंट एवरेस्ट 8848
8598 कचनजुंगा
प्रशांत महासागर
भारतीय मरुभूमि
सेंट कियांग
अरब का प्रायद्वीप
ओमान की खाड़ी
ताइवान
सहारा
गोदावरी
अरबियन सागर
बंगाल की खाड़ी
हैनान
वेक
मरीना द्वीप
भारत चीन प्रायद्वीप
फिलिपींस द्वीप
गुयाम
अदन की खाड़ी
सोकोत्रा
मरीना खाई
चाड झील
गार्डफुई अंतरीप
मार्शल द्वीप
इथोपिया आइलैंड
सोमाली झील
पाक जलसंधि
केरोलिन द्वीप
कोमोरिन अंतरीप
श्रीलंका
4070 कैमरून पर्वत
मालद्वीप
4101 किंडबालू
कांगो
कांगो घाटी
माउंट केनिया 5199
मलाया प्रायद्वीप
बोर्नियो
गिल्बर्ट द्वीप
नॉरू
विक्टोरिया झील
किलीमंजारो 5895
सीशेल्स
जावा सागर
बांदा सागर
न्यू गिनी
बिस्मार्क आर्किपैलागो
टैंगनाइका झील
चागो आर्किपैलागो
सोलोमन द्वीप
एलिस द्वीप
कोमोरोस
जावा खाई
कोकस
मलावी झील
हिंद महासागर
कोरल सागर
मॉरीशस
बृहत ऑस्ट्रेलियन खाड़ी
ग्रेट सिंडी मरुस्थल
न्यू हाइब्रिड्स
फिजी द्वीप
कालाहारी मरुस्थल
लिमपोपा
पिक बॉबी 2658
रीयूनियन
मैकडोनाल
ऑस्ट्रेलिया
न्यू कैलोडोनिया
ग्रेट विक्टोरिया मरुस्थल
डार्लिंग
केप ऑफ गुड होप
ल्युविन अंतरीप
ग्रेट ऑस्ट्रेलियन बाइट
माउन्ट ऑसुकिलुजस्का
दक्षिण द्वीप
एमस्टरडम द्वीप
सेंट पॉल
तस्मानिया सागर
माउट युपेहु 2797
तस्मानिया
प्रिंस एडवर्ड द्वीप
क्रोजेट द्वीप
करगुलेन द्वीप
हेयर्ड द्वीप
मैकडोनाल्ड द्वीप
स्टीवार्ट द्वीप
आकलैंड द्वीप
एंटी पोडर्स द्वीप
कैम्पबेल द्वीप
मरक्वीसस द्वीप
दक्षिणी महासागर
इंडरबे द्वीप
क्वीन मैरी लैंड
विल्केस लैंड
विक्टोरिया लैंड
दक्षिण मैग्नेटिक ध्रुव
रॉस सागर
मौड लैंड
अंटार्कटिक
ग्रीनविच
कि.मी. 800 0 800 1600 2400 कि.मी.
1 : 80 000 000
महाद्वीपों और महासागरों के क्षेत्रफलों का तुलनात्मक अध्ययन
भूमि का क्षेत्रफल 29%
अफ्रीका
एशिया
आर्कटिक
प्रशांत
भारतीय
अटलांटिक
जल का क्षेत्रफल 71%

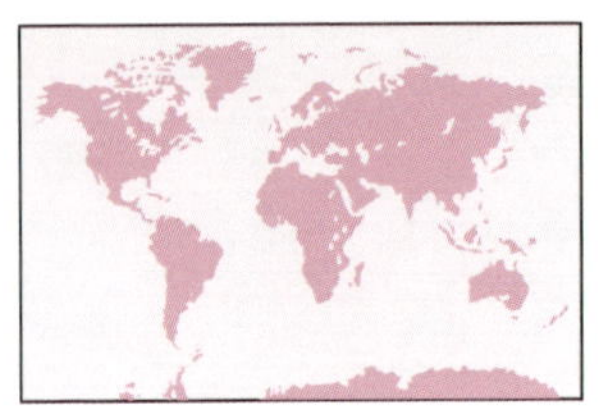

तथ्य सूची

महाद्वीप	देशों की संख्या	बड़े देश	छोटे देश	बड़े शहर
एशिया	47	रूस	मालदीव	टोक्यो
यूरोप	50	रूस	वेटिकन सिटी	पेरिस
अफ्रीका	54	सूडान	सीशेल्स	कैरा
उत्तर अमेरिका	23	कनाडा	सेंट किट्स और नेविस	मैक्सिको
दक्षिण अमेरिका	12	ब्राजील	सूरीनाम	साओ पाउलो
ओसीनिया	15	ऑस्ट्रेलिया	नौरु	सिडनी

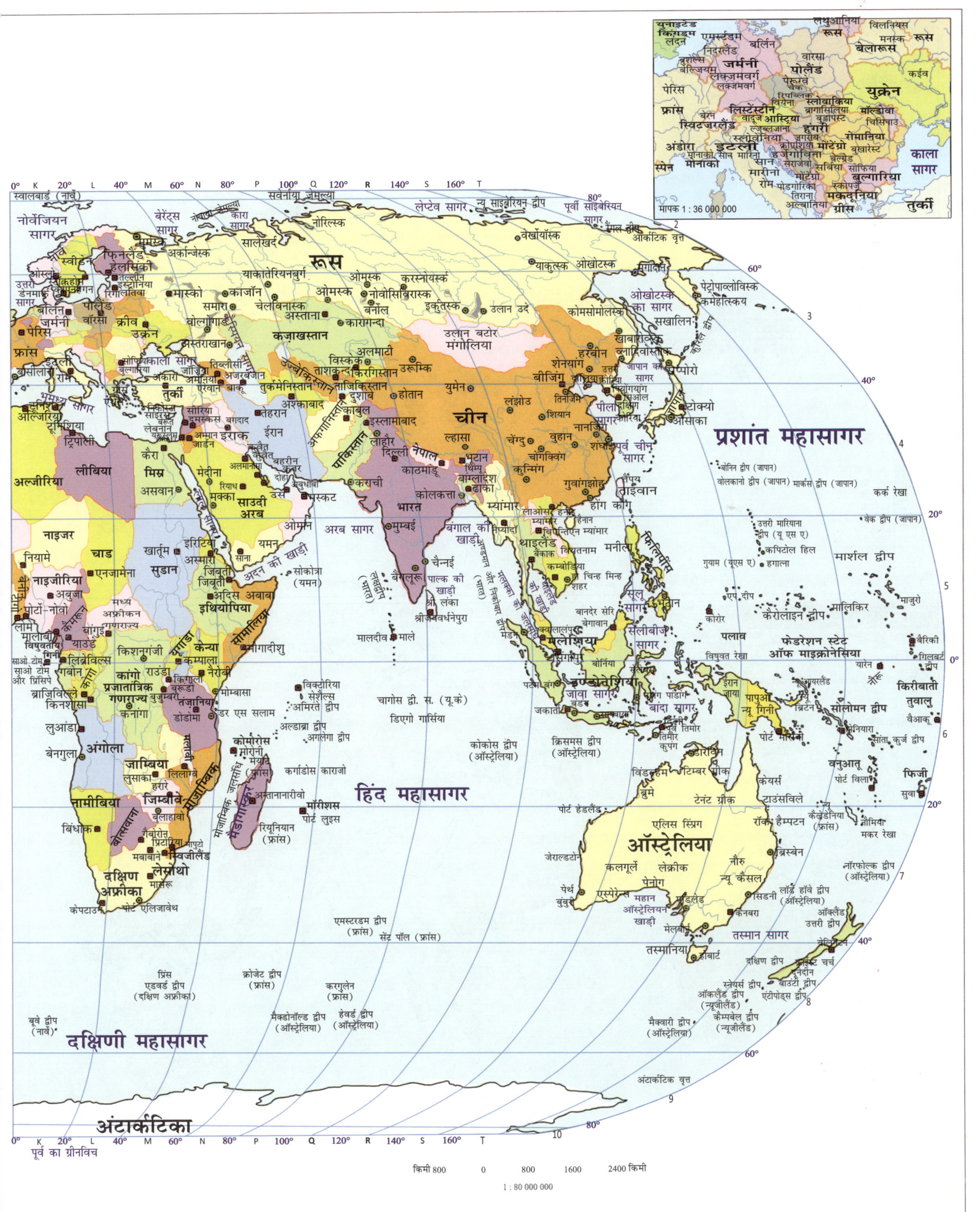

यूनाइटेड किंगडम
लंदन
एम्सटर्डम
बर्लिन
लिथुआनिया
विलनियस
रूस
मनस्क
बेलारूस
निदरलैंड
बेल्जियम
जर्मनी
वारसा
पोलैंड
कईव
पेरिस
फ्रांस
यूक्रेन
स्लोवाकिया
मॉल्डोवा
चिसिनाउ
स्विट्जरलैंड
ऑस्ट्रिया
बुडापेस्ट
हंगरी
रोमानिया
अंडोरा
इटली
बुखारेस्ट
काला सागर
स्पेन
मोनाको
सर्बिया
सोफिया
बुल्गारिया
रोम
मकदूनिया
ग्रीस
तुर्की
अल्बानिया
मापक 1 : 36 000 000
स्वालबार्ड (नार्वे)
नोर्वेजियन सागर
बेरेंट्स सागर
कारा सागर
नोरिल्स्क
सालेखर्द
लेप्टेव सागर
न्यू साइबेरियन द्वीप
पूर्वी साइबेरियन सागर
आर्कटिक वृत्त
वेर्खोयांस्क
रूस
फिनलैंड
हेलसिंकी
अर्कान्जेस्क
याकातेरियनबुर्ग
ओम्स्क
करस्नोयर्स्क
याकुत्स्क
ओखोटस्क
पेट्रोपाव्लोविस्क
ओखोटस्क का सागर
मास्को
काजॉन
नोवोसिबिरास्क
इर्कुत्स्क
उलान उदे
कोमसोमोलस्क
सखालिन
समारा
चेलबिनास्क
बर्नोल
अस्ताना
कारागन्दा
पोलैंड
जर्मनी
वारसा
क्रीव
उक्रेन
वोल्गोग्राड
कज़ाखस्तान
उलान बटोर
मंगोलिया
पेरिस
फ्रांस
अस्त्राखान
खाबारोव्स्क
व्लादिवोस्तोक
हरबीन
शेनयांग
बीजिंग
जापान का सागर
सप्पोरो
अलमाटी
बिस्केक
किरगिस्तान
उरुम्कि
ताशकंद
तुर्कमेनिस्तान
ताजिकिस्तान
दुशाबे
होतान
युमेन
लंझोउ
टोक्यो
ओसाका
अश्काबाद
तुर्की
तेहरान
ईरान
काबुल
इस्लामाबाद
चीन
शियान
बगदाद
इराक
अम्मान
जार्डन
लाहौर
दिल्ली
नेपाल
काठमाडू
भुटान
ल्हासा
चेंगदु
वुहान
शंघाई
पूर्व चीन सागर
प्रशांत महासागर
कैरा
मिस्र
मेदीना
रियाध
मक्का
साउदी अरब
बहरीन
दोहा
अबूधाबी
मस्कट
पाकिस्तान
कराची
भारत
कोलकत्ता
ढाका
बांग्लादेश
चोंगकिंग
कुन्मिंग
ग्वांगझोउ
ताईवान
हांग कांग
अल्जीरिया
लीबिया
त्रिपोली
असवान
ओमान
अरब सागर
मुम्बई
बंगाल की खाड़ी
म्यांमार
हैनान
बोनिन द्वीप (जापान)
वोलकानो द्वीप (जापान)
मार्कस द्वीप (जापान)
कर्क रेखा
वेक द्वीप (जापान)
उत्तरी मारियाना द्वीप (यू एस ए)
कपिटोल हिल
गुआम (यूएस ए)
हगात्ना
मार्शल द्वीप
नाइजर
चाड
नियामे
खार्तूम
सुडान
इरिट्रिया
अस्मारा
यमन
सना
अदन की खाड़ी
सोकोत्रा (यमन)
चेन्नई
थाइलैंड
बैंकाक
वियतनाम
मनीला
फिलीपींस
कम्बोडिया
हो चि मिन्ह शहर
नाइजीरिया
अबुजा
एनजामेना
जिबूती
अदिस अबाबा
इथियोपिया
मध्य अफ्रीकन गणराज्य
बेंगलूरू
पाल्क की खाड़ी
श्री लंका
श्रीजयवर्धनपुरा
सूलू सागर
मालदीव
माले
बानदर सेरि बेगावान
सेलीबीज़ सागर
क्वालालंपुर
मलेशिया
सिंगापुर
बोर्नियो
कोरोर
पलाव
कैरोलाइन द्वीप
फेडरेशन स्टेट ऑफ माइक्रोनेशिया
विषुवत रेखा
मालिकिर
माजुरो
बैरिकी
गिलबर्ट द्वीप
यारेन
किरीबाती
केन्या
कम्पाला
नैरोबी
सोमालिया
मोगादीशु
किशनगंजी
काम्पाला
कांगो
प्रजातांत्रिक गणराज्य
किन्शासा
गबॉन
लिब्रेविल्ले
याउंडे
मोम्बासा
विक्टोरिया
सेशैल्स
अमिरंते द्वीप
चागोस द्वी. स. (यू.के)
डिएगो गार्सिया
इण्डोनेशिया
जावा सागर
जकार्ता
बांदा सागर
पापुआ न्यू गिनी
सोलोमन द्वीप
तुवालु
तंजानिया
डोडोमा
डर एस सलाम
अल्डाब्रा द्वीप
अगलेगा द्वीप
लुआंडा
अंगोला
बेनगुला
कोमोरोस
मोरोनी
कर्गाडोस काराजो
कोकोस द्वीप (ऑस्ट्रेलिया)
क्रिसमस द्वीप (ऑस्ट्रेलिया)
तिमोर
डारविन
पोर्ट मोरेस्बी
होनियारा
सांता क्रुज द्वीप
वनुआतू
पोर्ट विला
फिजी
सुवा
जाम्बिया
लुसाका
लिलोंग्वे
मोजाम्बिक
हरारे
जिम्बाब्वे
मेडागास्कर
अन्तानानारिवो
मॉरीशस
पोर्ट लुइस
हिंद महासागर
टिम्बर क्रीक
केयर्न्स
टाउंसविले
टेनेंट क्रीक
पोर्ट हेडलैंड
नामीबिया
विंडोक
बोत्सवाना
गैबोरोन
प्रिटोरिया
मापुटो
रियूनियान (फ्रांस)
एलिस स्प्रिंग
ऑस्ट्रेलिया
रॉक हैम्प्टन
न्यू कैलेडोनिया (फ्रांस)
नौमिया
मकर रेखा
ब्रिस्बेन
स्वाजीलैंड
मबाबाने
लेसोथो
मासेरू
दक्षिण अफ्रीका
केपटाउन
पोर्ट एलिजाबेथ
जेराल्डटोन
कलगूर्ले
लेक्रीक
नौरु
पेनोग
न्यू कैसल
पर्थ
बुंबरी
एस्पेरेंस
महान ऑस्ट्रेलियन खाड़ी
एडिलेड
सिडनी
कैनबरा
लॉर्ड हॉवे द्वीप (ऑस्ट्रेलिया)
नॉरफोल्क द्वीप (ऑस्ट्रेलिया)
ऑकलैंड
उत्तरी द्वीप
वेलिंगटन
एमस्टरडम द्वीप (फ्रांस)
सेंट पॉल (फ्रांस)
मेलबोर्न
तस्मान सागर
तस्मानिया
होबार्ट
दक्षिण द्वीप
क्राइस्ट चर्च
डुनेदीन
प्रिंस एडवर्ड द्वीप (दक्षिण अफ्रीका)
क्रोजेट द्वीप (फ्रांस)
करगुलेन (फ्रांस)
स्नेयर्स द्वीप
बाउंटी द्वीप
ऑकलैंड द्वीप (न्यूजीलैंड)
एंटीपोड्स द्वीप
मैक्डोनॉल्ड द्वीप (ऑस्ट्रेलिया)
हेवर्ड द्वीप (ऑस्ट्रेलिया)
बूवे द्वीप (नार्वे)
मैक्वारी द्वीप (ऑस्ट्रेलिया)
कैम्पबेल द्वीप (न्यूजीलैंड)
दक्षिणी महासागर
अंटार्कटिक वृत्त
अंटार्कटिका
0° K 20° L 40° M 60° N 80° P 100° Q 120° R 140° S 160° T
पूर्व का ग्रीनविच
किमी 800 0 800 1600 2400 किमी
1 : 80 000 000

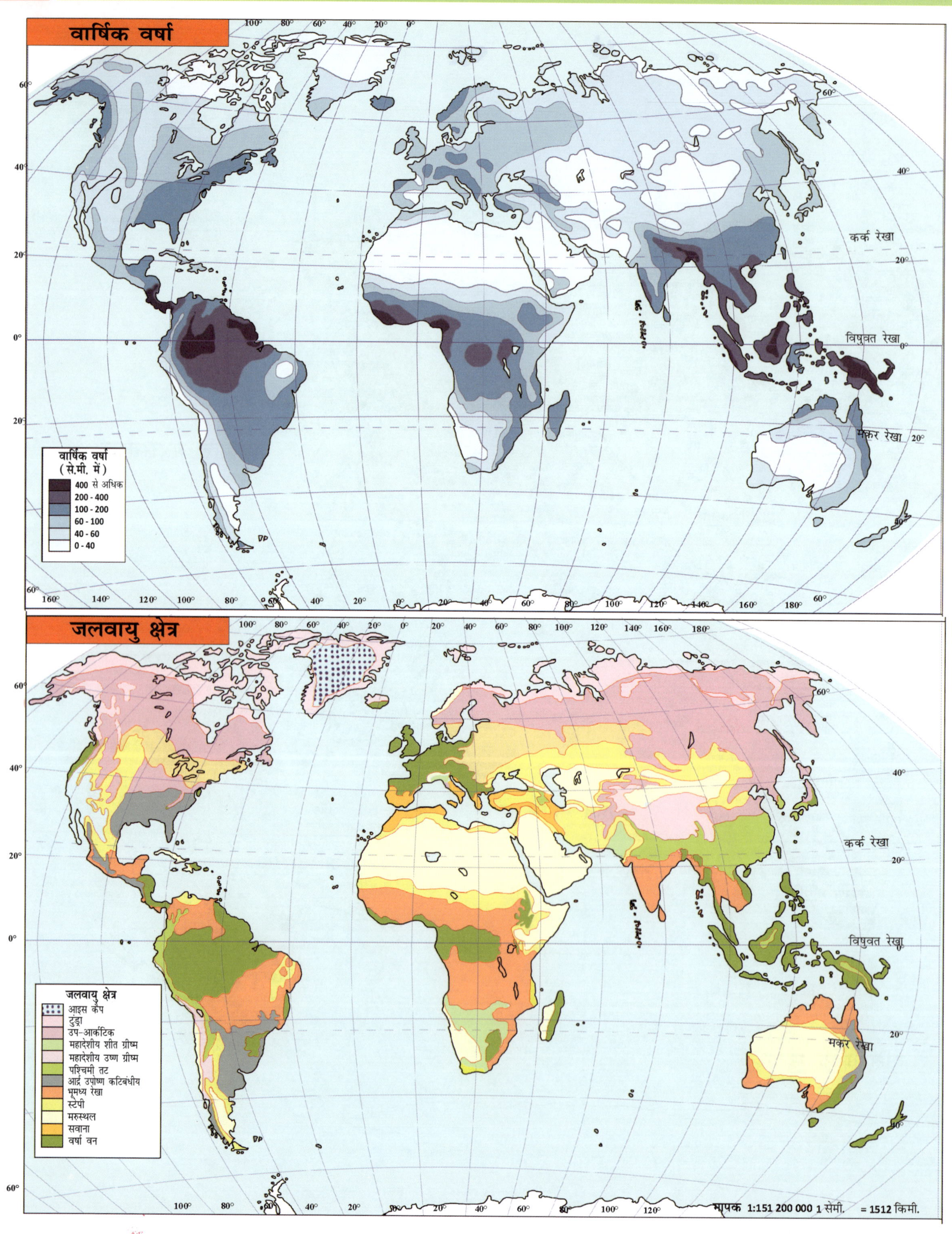

वार्षिक वर्षा
कर्क रेखा
विषुवत रेखा
मकर रेखा
वार्षिक वर्षा (से.मी. में)
400 से अधिक
200 - 400
100 - 200
60 - 100
40 - 60
0 - 40
जलवायु क्षेत्र
कर्क रेखा
विषुवत रेखा
मकर रेखा
जलवायु क्षेत्र
आइस कैप
टुंड्रा
उप-आर्कटिक
महादेशीय शीत ग्रीष्म
महादेशीय उष्ण ग्रीष्म
पश्चिमी तट
आर्द्र उपोष्ण कटिबंधीय
भूमध्य रेखा
स्टेपी
मरुस्थल
सवाना
वर्षा वन
मापक 1:151 200 000 1 सेमी. = 1512 किमी.

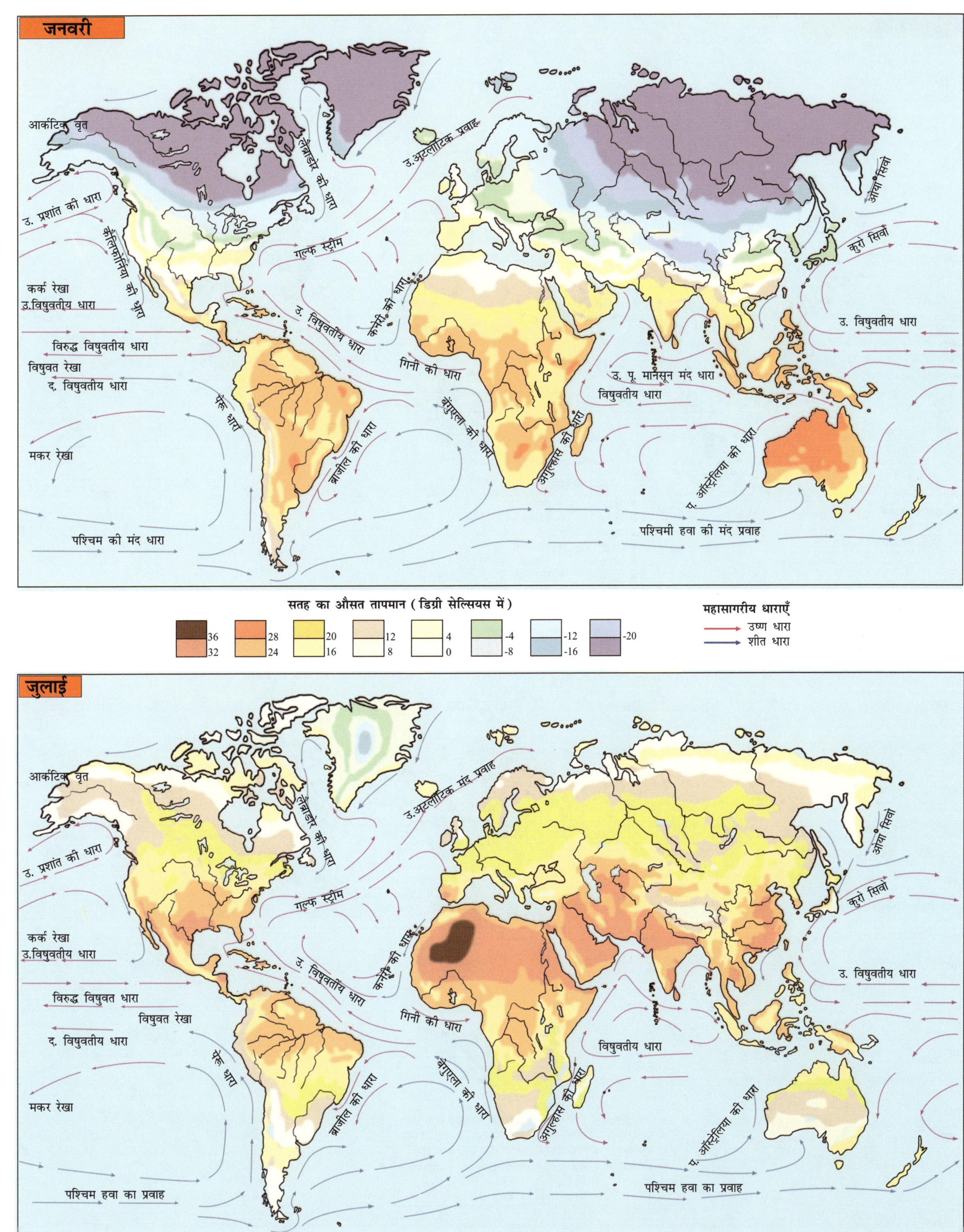

जनवरी
आर्कटिक वृत
उ. प्रशांत की धारा
कैलिफोर्निया की धारा
लैब्राडोर की धारा
उ.अटलांटिक प्रवाह
ओया सिवो
गल्फ स्ट्रीम
कुरो सिवो
कर्क रेखा
उ.विषुवतीय धारा
कनेरी की धारा
उ. विषुवतीय धारा
उ. विषुवतीय धारा
विरुद्ध विषुवतीय धारा
विषुवत रेखा
द. विषुवतीय धारा
गिनी की धारा
उ. पू. मानसून मंद धारा
विषुवतीय धारा
पेरू धारा
बेंगुएला की धारा
ब्राजील की धारा
अगुल्हास की धारा
प. ऑस्ट्रेलिया की धारा
मकर रेखा
पश्चिम की मंद धारा
पश्चिमी हवा की मंद प्रवाह
सतह का औसत तापमान (डिग्री सेल्सियस में)
36
32
28
24
20
16
12
8
4
0
-4
-8
-12
-16
-20
महासागरीय धाराएँ
उष्ण धारा
शीत धारा
जुलाई
आर्कटिक वृत
उ. प्रशांत की धारा
लैब्राडोर की धारा
उ.अटलांटिक मंद प्रवाह
ओया सिवो
गल्फ स्ट्रीम
कुरो सिवो
कर्क रेखा
उ.विषुवतीय धारा
कनेरी की धारा
उ. विषुवतीय धारा
उ. विषुवतीय धारा
विरुद्ध विषुवत धारा
विषुवत रेखा
द. विषुवतीय धारा
गिनी की धारा
विषुवतीय धारा
पेरू धारा
बेंगुएला की धारा
ब्राजील की धारा
अगुल्हास की धारा
प. ऑस्ट्रेलिया की धारा
मकर रेखा
पश्चिम हवा का प्रवाह
पश्चिम हवा का प्रवाह

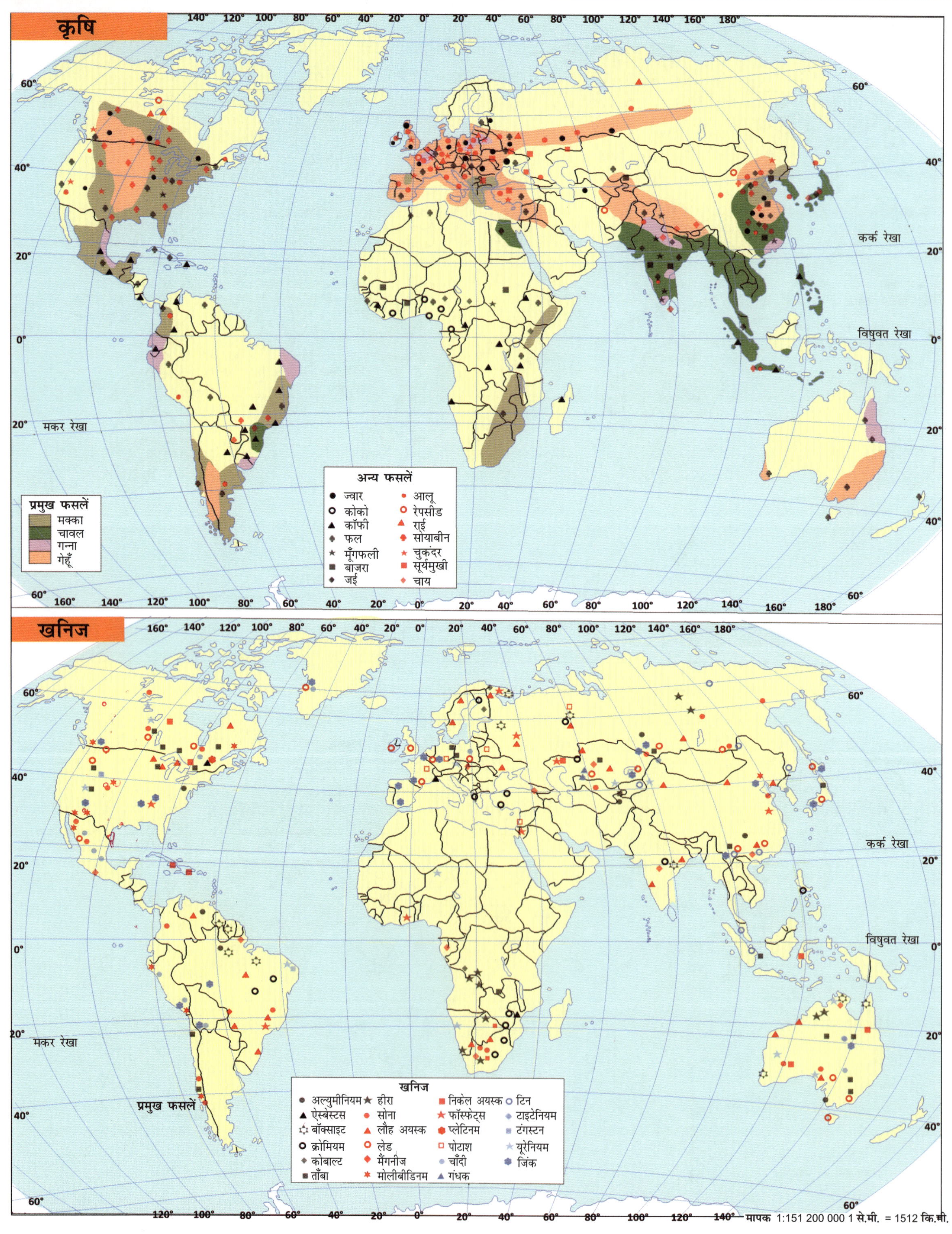
कृषि
अन्य फसलें
ज्वार
कोको
कॉफी
फल
मूँगफली
बाजरा
जई
आलू
रेपसीड
राई
सोयाबीन
चुकंदर
सूर्यमुखी
चाय
प्रमुख फसलें
मक्का
चावल
गन्ना
गेहूँ
कर्क रेखा
विषुवत रेखा
मकर रेखा
खनिज
अल्युमीनियम
ऐस्बेस्टस
बॉक्साइट
क्रोमियम
कोबाल्ट
ताँबा
हीरा
सोना
लौह अयस्क
लेड
मैंगनीज
मोलीबीडिनम
निकेल अयस्क
फॉस्फेट्स
प्लेटिनम
पोटाश
चाँदी
गंधक
टिन
टाइटेनियम
टंगस्टन
यूरेनियम
जिंक
प्रमुख फसलें
मापक 1:151 200 000 1 से.मी. = 1512 कि.मी.

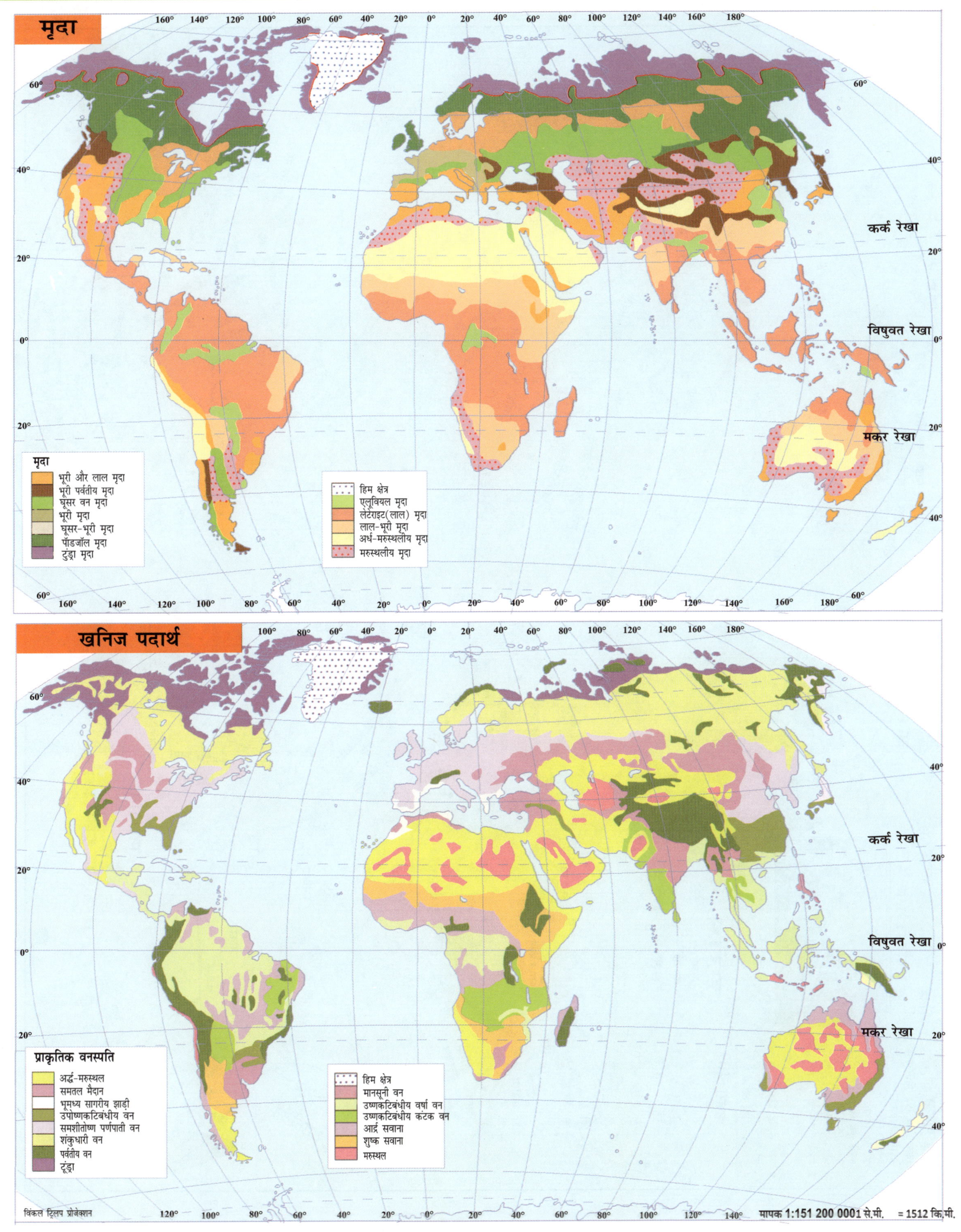

मृदा
कर्क रेखा
विषुवत रेखा
मकर रेखा
मृदा
भूरी और लाल मृदा
भूरी पर्वतीय मृदा
घूसर वन मृदा
भूरी मृदा
घूसर-भूरी मृदा
पॉडजॉल मृदा
टुंड्रा मृदा
हिम क्षेत्र
एलूवियल मृदा
लेटेराइट(लाल) मृदा
लाल-भूरी मृदा
अर्ध-मरुस्थलीय मृदा
मरुस्थलीय मृदा
खनिज पदार्थ
कर्क रेखा
विषुवत रेखा
मकर रेखा
प्राकृतिक वनस्पति
अर्द्ध-मरुस्थल
समतल मैदान
भूमध्य सागरीय झाड़ी
उपोष्णकटिबंधीय वन
समशीतोष्ण पर्णपाती वन
शंकुधारी वन
पर्वतीय वन
टूंड्रा
हिम क्षेत्र
मानसूनी वन
उष्णकटिबंधीय वर्षा वन
उष्णकटिबंधीय कंटक वन
आर्द्र सवाना
शुष्क सवाना
मरुस्थल
विंकल ट्रिपल प्रोजेक्शन
मापक 1:151 200 0001 से.मी. = 1512 कि.मी.

तथ्य
क्षेत्रफल: 44 391 000 किमी.²
सबसे बड़ी झील
कैस्पियन सागर
371,000 किमी.²
सबसे लंबी नदी
यांग्से (चांग जियांग)
चीन 6300 किमी.²
▲ सबसे ऊँची जगह
माउन्ट एवरेस्ट नेपाल
8,848 मी.
▼ सर्वाधिक बड़ी झील
मृत सागर
403 मी. (समुद्र तल से नीचे)
आर्कटिक महासागर
यूरोप
उत्तरी यूरोप का मैदान
पश्चिम साइबेरिया का पठार
मध्य साइबेरिया का पठार
मंगोलिया का पठार
गोबी मरुस्थल
तिब्बत का पठार
गंगा का मैदान
अरब सागर
बंगाल की खाड़ी
श्रीलंका
मालदीव
हिंद महासागर
प्रशांत महासागर
अफ्रीका
ऑस्ट्रेलिया
प्रोजेक्शन : बोने
East of Greenwich
0 450 450 900 1350 किमी
मापक 1:45,000,000

आर्कटिक महासागर
रूस
यूरोप
कजाखस्तान
तुर्की
जार्जिया
आर्मेनिया
तुर्कमेनिस्तान
उज़्बेकिस्तान
किरगिस्तान
ताजिकिस्तान
ईरान
इराक
सीरिया
जार्डन
कुवैत
बहरीन
कतार
यूएई
ओमान
सऊदी अरब
यमन
अफगानिस्तान
पाकिस्तान
भारत
नेपाल
भूटान
बांग्लादेश
म्यांमार
थाइलैंड
कम्बोडिया
वियतनाम
मलेशिया
सिंगापुर
ब्रुनेई
फिलिपींस
इंडोनेशिया
सुमात्रा
बोर्नियो
चीन
उलान बटोर
बीजिंग
प्योंगयांग
उत्तरी कोरिया
दक्षिणी कोरिया
जापान
ताइवान
श्री लंका
मालदीव
अफ्रीका
मिस्र
सूडान
इथोपिया
सोमालिया
केन्या
तंजानिया
अरब सागर
बंगाल की खाड़ी
हिंद महासागर
प्रशांत महासागर
ओखोट्स्क सागर
जापान सागर
पूर्व चीन सागर
कैस्पियन सागर
काला सागर
लाल सागर
बेरिंग सागर
बेरन्ट सागर
कारा सागर
आर्कटिक वृत
कर्क रेखा
विषुवत रेखा
ऑस्ट्रेलिया
किमी 450 0 450 900 1350 किमी
मापक 1:45,000,000
प्रोजेक्शन : बोने
ग्रीनविच पूर्व

चीन की महान दीवार

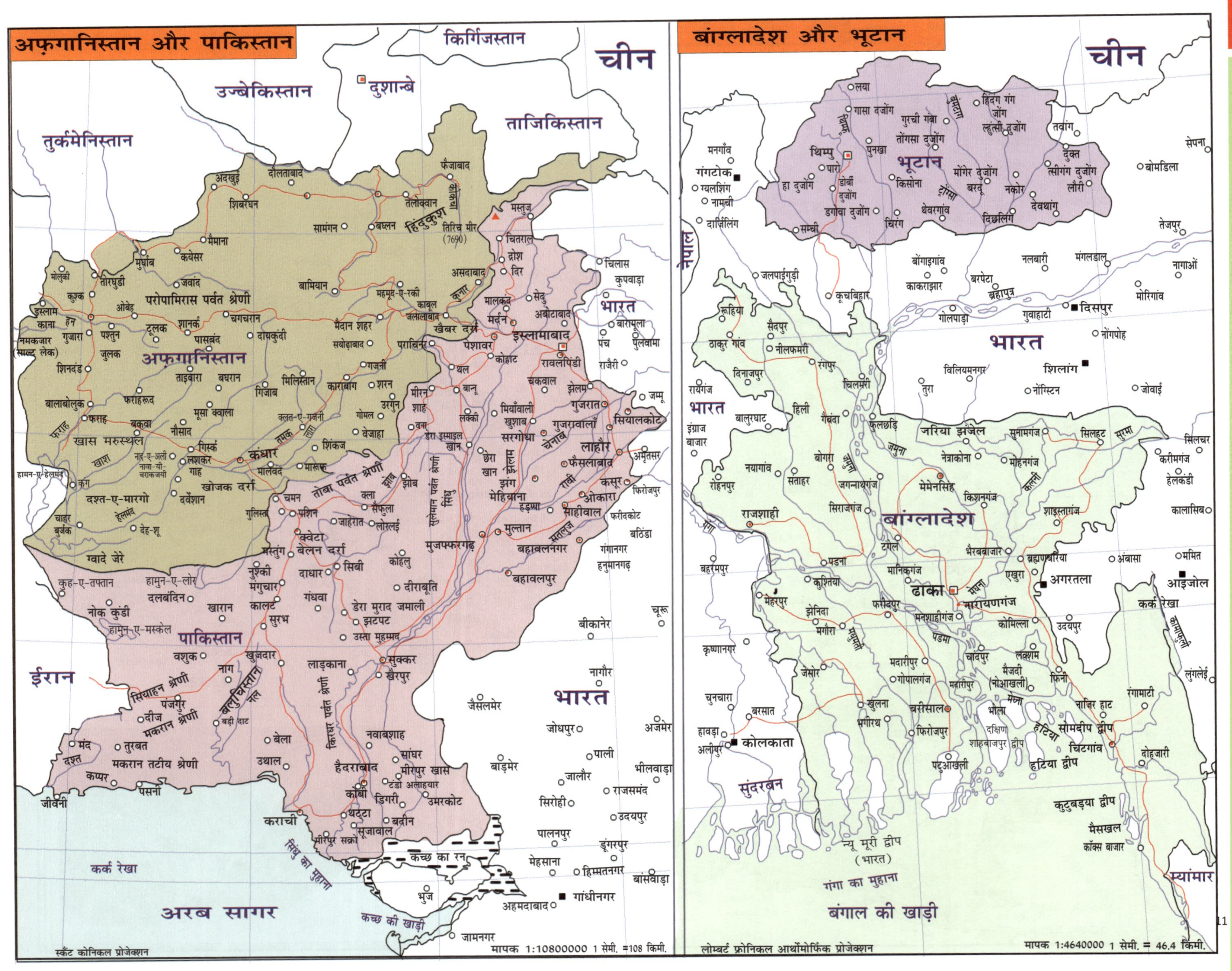
अफ़गानिस्तान और पाकिस्तान
तुर्कमेनिस्तान
उज़्बेकिस्तान
ताजिकिस्तान
किर्गिज़स्तान
चीन
दुशान्बे
अफ़गानिस्तान
पाकिस्तान
भारत
ईरान
अरब सागर
कर्क रेखा
कच्छ की खाड़ी
सिंधु का मुहाना
परोपामिसास पर्वत श्रेणी
हिंदूकुश
तिरिच मीर (7690)
काबुल
इस्लामाबाद
कराची
ख़ैबर दर्रा
बोलन दर्रा
मकरान तटीय श्रेणी
स्कैंट कोनिकल प्रोजेक्शन
मापक 1:10800000 1 सेमी. =108 किमी.
बांग्लादेश और भूटान
चीन
भूटान
थिम्पू
बांग्लादेश
ढाका
भारत
गुवाहाटी
दिसपुर
शिलांग
अगरतला
आइज़ोल
कोलकाता
सुंदरबन
गंगा का मुहाना
बंगाल की खाड़ी
चिटगाँव
म्यांमार
कर्क रेखा
लैम्बर्ट कोनिकल आर्थोमोर्फिक प्रोजेक्शन
मापक 1:4640000 1 सेमी. = 46.4 किमी.

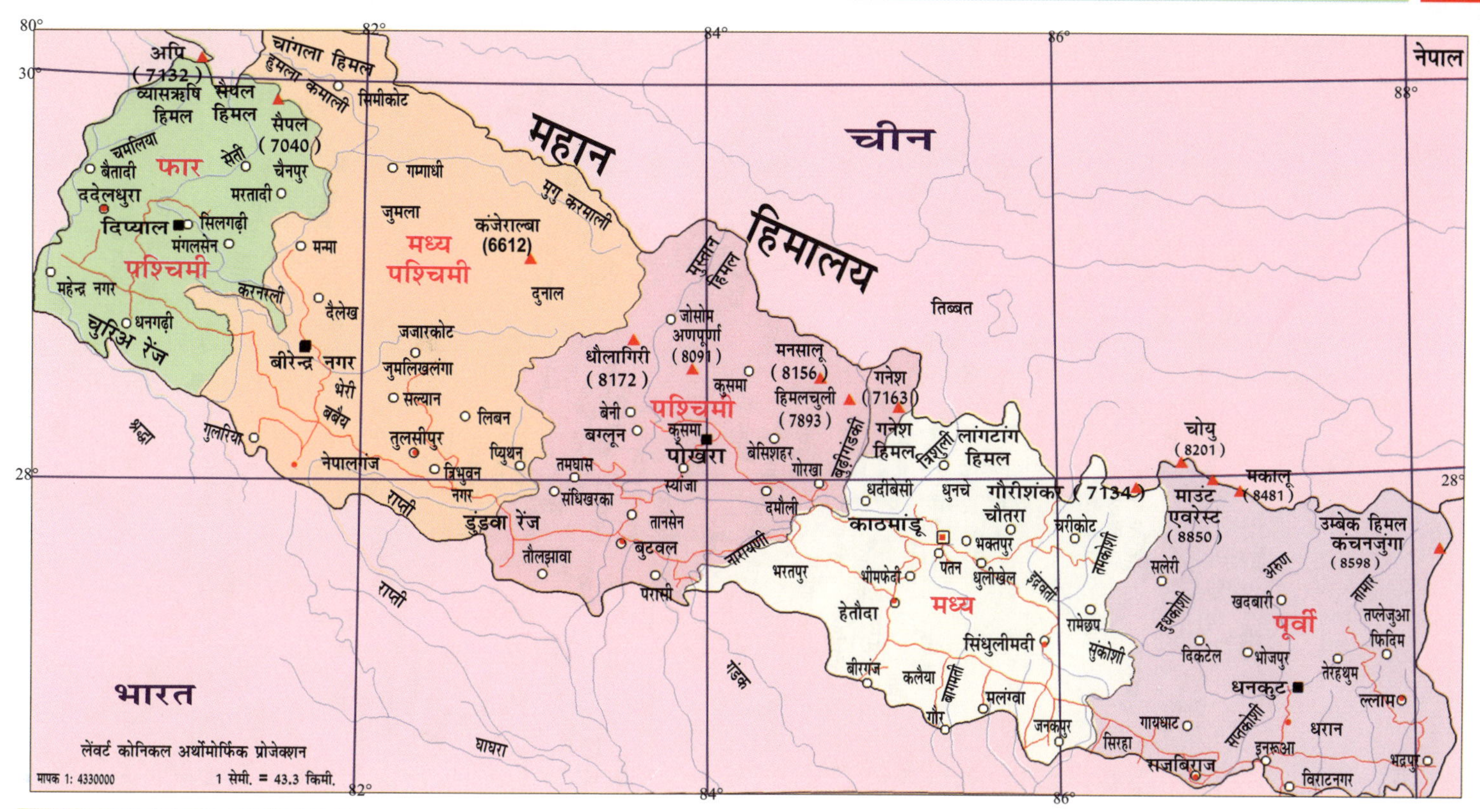
नेपाल
चीन
महान हिमालय
तिब्बत
भारत
सुदूर पश्चिमी
मध्य पश्चिमी
पश्चिमी
मध्य
पूर्वी
काठमांडू
पोखरा
माउंट एवरेस्ट (8850)
कंचनजुंगा (8598)
धौलागिरी (8172)
अणपूर्णा (8091)
मनसालू (8156)
मकालू (8481)
चोयु (8201)
गौरीशंकर (7134)
चुरिआ रेंज
डुंडवा रेंज
लेंबर्ट कोनिकल अर्थोमोर्फिक प्रोजेक्शन
मापक 1: 4330000
1 सेमी. = 43.3 किमी.

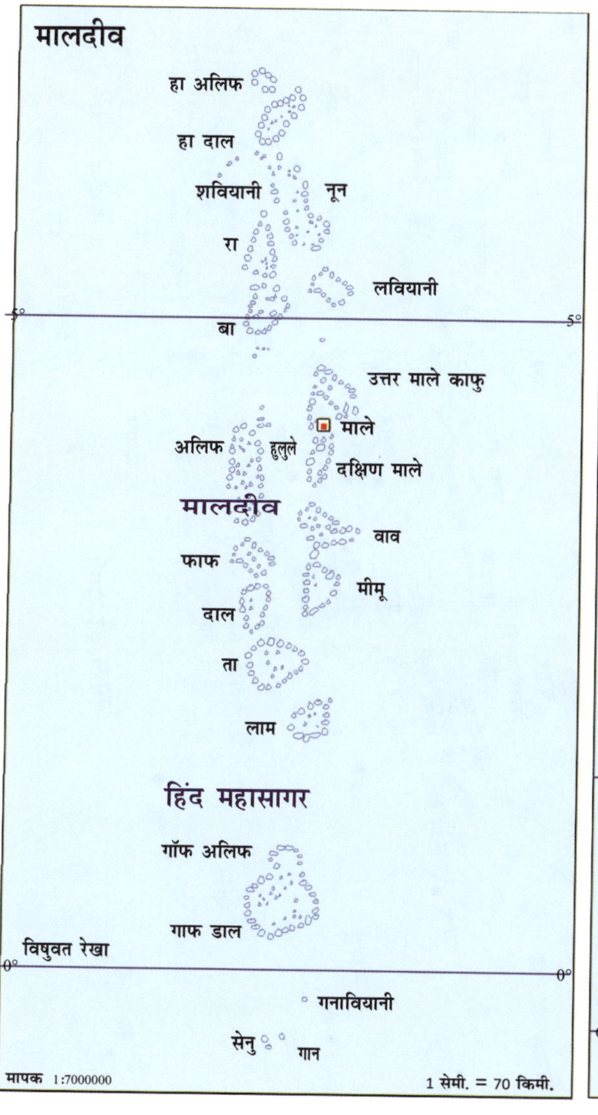
मालदीव
हा अलिफ
हा दाल
शवियानी
नून
रा
लवियानी
बा
उत्तर माले काफु
माले
अलिफ
हुलुले
दक्षिण माले
मालदीव
वाव
फाफ
मीमू
दाल
ता
लाम
हिंद महासागर
गॉफ अलिफ
गाफ डाल
विषुवत रेखा
गनावियानी
सेनु
गान
मापक 1:7000000
1 सेमी. = 70 किमी.

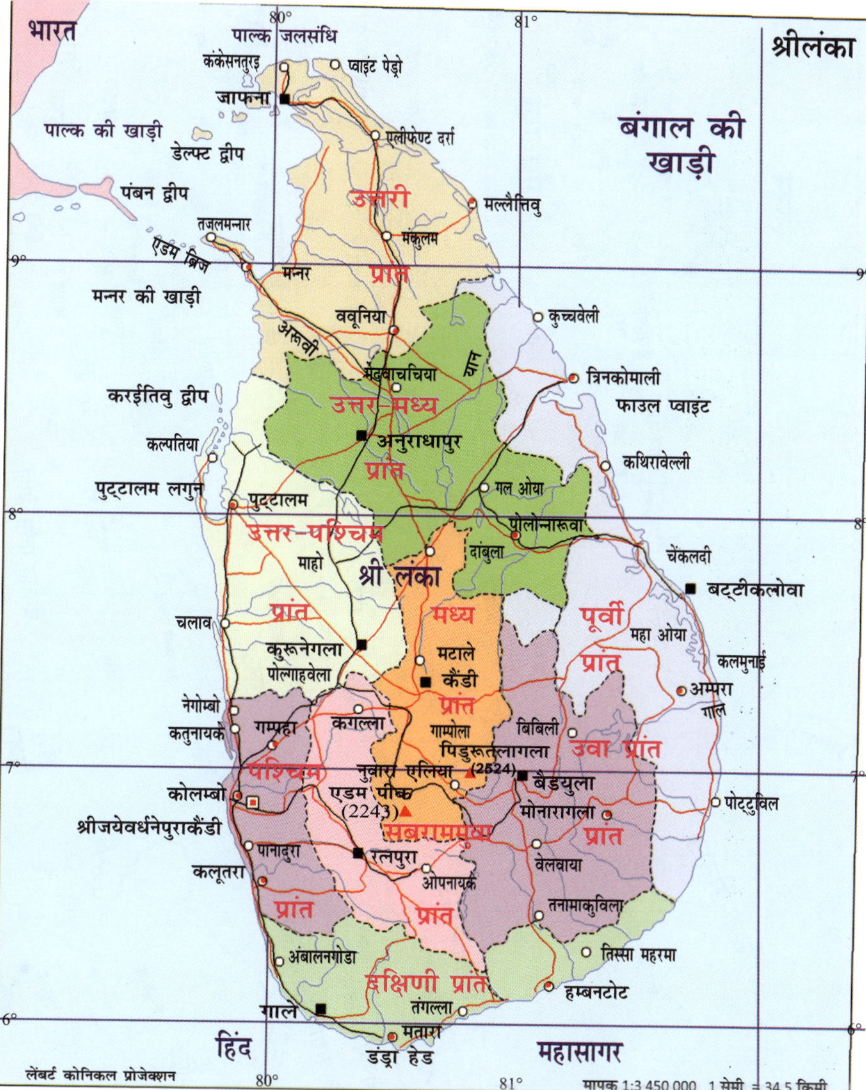
भारत
श्रीलंका
पाल्क जलसंधि
पाल्क की खाड़ी
बंगाल की खाड़ी
मन्नर की खाड़ी
जाफना
उत्तरी प्रांत
उत्तर-मध्य प्रांत
अनुराधापुर
उत्तर-पश्चिम प्रांत
श्री लंका
मध्य प्रांत
कैंडी
पूर्वी प्रांत
उवा प्रांत
पश्चिम प्रांत
कोलम्बो
श्रीजयेवर्धनेपुराकैंडी
सबरागमुवा प्रांत
दक्षिणी प्रांत
गाले
त्रिनकोमाली
बट्टीकलोवा
पिदुरुतलागला (2524)
एडम पीक (2243)
डंड्रा हेड
हिंद महासागर
लेंबर्ट कोनिकल प्रोजेक्शन
मापक 1:3 450 000 1 सेमी. = 34.5 किमी.

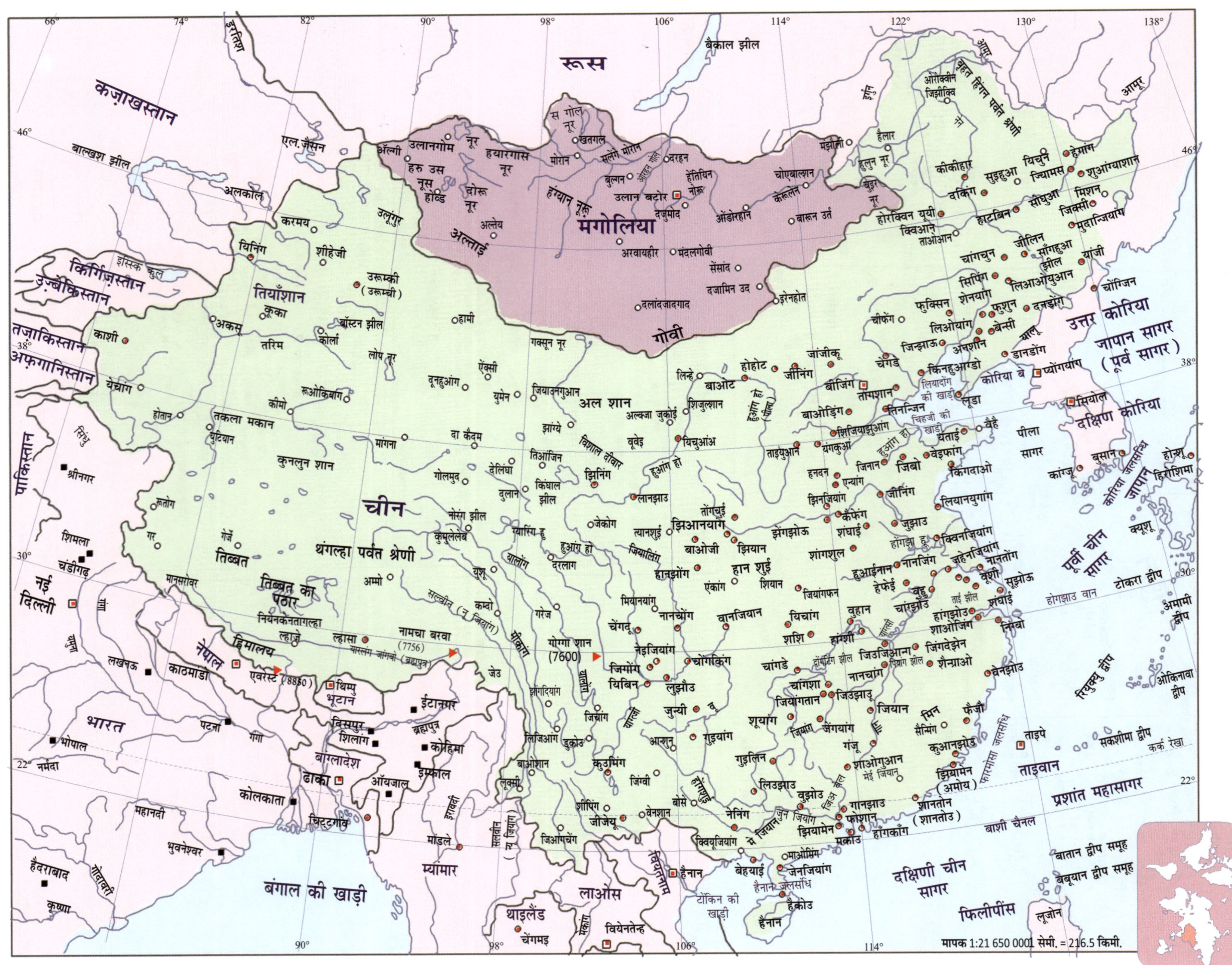

रूस
कज़ाख़स्तान
मंगोलिया
चीन
गोबी
अल्ताई
बैकाल झील
बाल्खश झील
किर्गिज़स्तान
उज़्बेकिस्तान
ताजिकिस्तान
अफ़गानिस्तान
पाकिस्तान
भारत
नेपाल
भूटान
बांग्लादेश
म्यांमार
थाईलैंड
लाओस
वियतनाम
फिलीपींस
ताइवान
उत्तर कोरिया
दक्षिण कोरिया
जापान
जापान सागर (पूर्व सागर)
पीला सागर
पूर्वी चीन सागर
प्रशांत महासागर
दक्षिणी चीन सागर
बंगाल की खाड़ी
तियाँशान
कुनलुन शान
अल शान
थंगल्हा पर्वत श्रेणी
तिब्बत का पठार
तिब्बत
हिमालय
एवरेस्ट (8850)
नामचा बरवा (7756)
गोंगा शान (7600)
उलान बटोर
बीजिंग
तियानजिन
शंघाई
ल्हासा
उरूम्की (उरूम्ची)
प्योंगयांग
सियोल
ताइपे
नई दिल्ली
काठमांडो
थिम्पु
ढाका
कोलकाता
हैनान
विशाल दीवार
मापक 1:21 650 0001 सेमी. = 216.5 किमी.

काला सागर
कैस्पियन सागर
भूमध्यसागर
लाल सागर
फारस की खाड़ी
ओमान की खाड़ी
अदन की खाड़ी
अरब सागर
टर्की
सीरिया
लेबनान
इज़्रायल
जॉर्डन
इराक
ईरान
सऊदी अरबिया
कुवैत
बहरीन
कतर
यूनाइटेड अरब अल अमीरात
ओमान
यमन
मिस्र
सूडान
इथियोपिया
जिबूती
इरीट्रिया
सोमालिया
साइप्रस
जॉर्जिया
अज़रबैजान
आर्मीनिया
तुर्कमेनिस्तान
उज़्बेकिस्तान
अफ़गानिस्तान
पाकिस्तान
रूस
इस्तांबुल
अंकारा
बगदाद
तेहरान
दमिश्क
बेरूत
अम्मान
यरूसलेम
रियाद
मक्का
मदीना
जेद्दा
सना
अदन
मस्कट
दोहा
अबुधाबी
मनामा
कुवैत
रब अल खल
कर्क रेखा
नोट:
इजरायल: राजधानी-येरूसलम
सरकार - तेल अबीव
मापक 1:16 200 000 1 सेमी.= 162 किमी.
कोनिकल परिवार प्रोजेक्शन
इजरायल और फिलस्तीन
भूमध्य सागर
हाइफा
तिबरियास
नासरत
हडेरा
नेबलस
वेस्ट बैंक
फिलिस्तीन
तेल अवीव जफा
रेहोवोट
गाजा पट्टी
यरूसलेम
बेथलहम
हेब्रॉन
बेर्शबा
इजराइल
कारक
तफीला
मरान
मिस्र
सऊदी अरब
जॉर्डन
सीरिया
अम्मान
मफराक
स्केल 1:5 150 000
कच्चा तेल
भंडार 2007
कनाडा 15.7:
ईरान 11.9%
इराक 10.1%
कुवैत 8.7%
यूएई 8.5%
वेनेजुएला 7.0%
रूस 5.3%
लीबिया 3.6%
नाइजीरिया 3.2%
यूएस 1.8%
मेक्सिको 1.1%
सऊदी अरबिया 22.8%
उत्पादन 2007
रूस 12.1%
ईरान 4.9%
चीन 4.7%
मेक्सिको 4.7%
कनाडा 4.1%
यूएई 3.6%
वेनेजुएला 3.2%
कुवैत 3.2%
नॉर्वे 3.1%
नाइजीरिया 2.9%
ब्राजील 2.8%
अल्जीरिया 2.6%
इराक 2.5%
लीबिया 2.2%
अन्य 20.5%
सऊदी अरबिया 12.5%

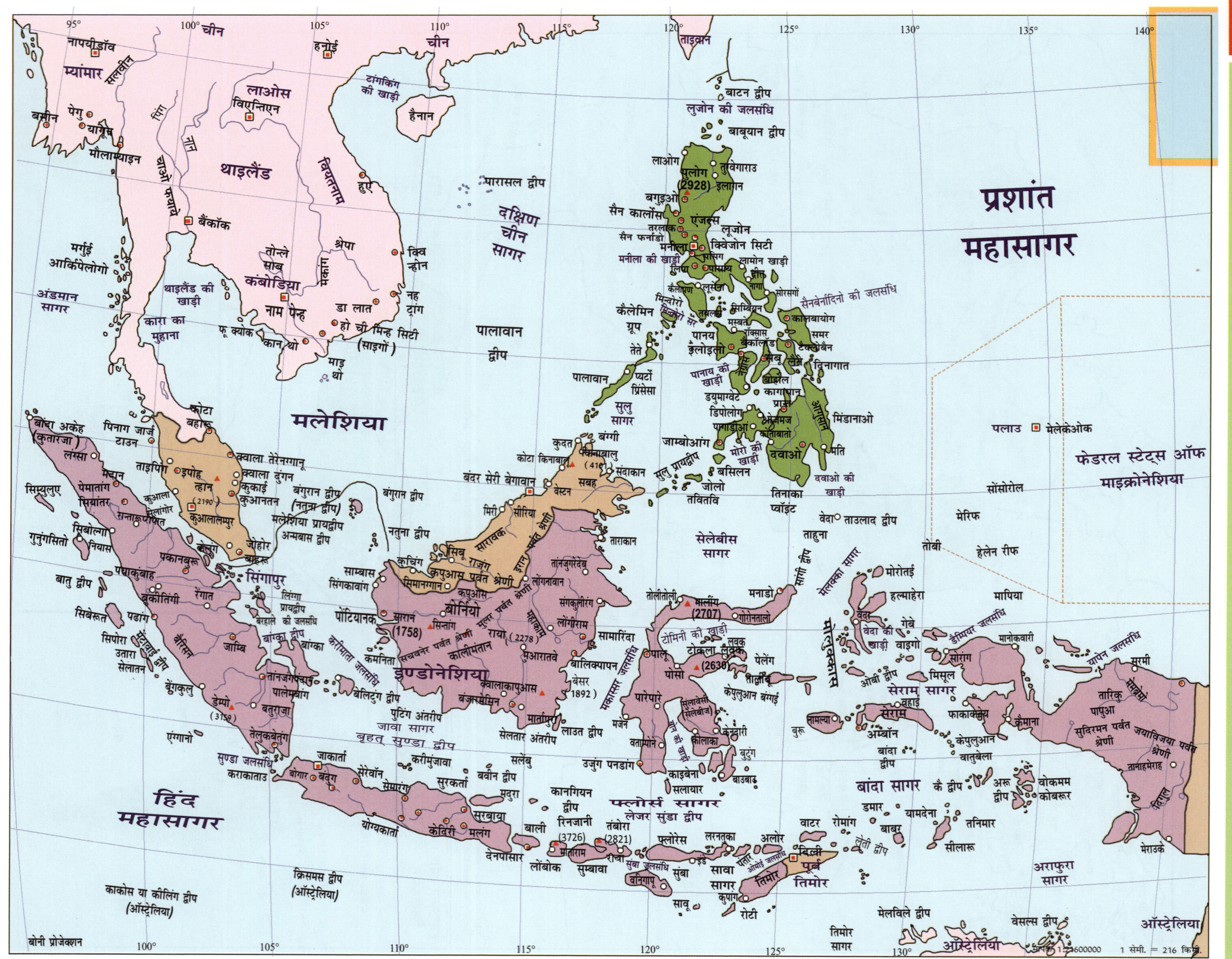
प्रशांत महासागर
फेडरल स्टेट्स ऑफ माइक्रोनेशिया
दक्षिण चीन सागर
मलेशिया
इण्डोनेशिया
बोर्नियो
सिंगापुर
मोलुक्कास
सेलेबीस सागर
सुलु सागर
बांदा सागर
फ्लोर्स सागर
सेराम सागर
जावा सागर
हिंद महासागर
अंडमान सागर
अराफुरा सागर
तिमोर सागर
थाइलैंड
वियतनाम
कंबोडिया
लाओस
म्यांमार
चीन
ताइवान
हैनान
थाइलैंड की खाड़ी
टांगकिंग की खाड़ी
पालावान द्वीप
पूर्व तिमोर
ऑस्ट्रेलिया
बोनी प्रोजेक्शन
1 सेमी. = 216 किमी.

आर्कटिक सागर
रूस
मध्य साइबेरिया का पठार
पश्चिम साइबेरियन का मैदान
यूराल पर्वत श्रेणी
बेरेन्ट्स सागर
कारा सागर
लेप्टेव सागर
पूर्वी साइबेरियन सागर
बेरिंग सागर
ओखोट्स्क सागर
जापान सागर
चुकोट्स पर्वत श्रेणी
चेरस्की पर्वत श्रेणी
वर्खोयान्स्क पर्वत श्रेणी
स्टेनोवाय पर्वत श्रेणी
सिखोटे अलिन पर्वत श्रेणी
कजाकिस्तान
उज़्बेकिस्तान
तुर्कमेनिस्तान
किर्गिस्तान
ताजिकिस्तान
चीन
मंगोलिया
उत्तरी कोरिया
भारत
पाकिस्तान
अफगानिस्तान
ईरान
तुर्की
सीरिया
इराक
कुवैत
सऊदी अरब
फारस की खाड़ी
काला सागर
कैस्पियन सागर
काकेशस पर्वत
नार्वेजियन सागर
उत्तरी सागर
बाल्टिक सागर
बोथनिया की खाड़ी
फिनलैंड
स्वीडन
नार्वे
जर्मनी
पोलैंड
रोमानिया
मास्को
बेलुखा (4506)
पोबेदी की चोटी (7439)
मापक 1:35 700 000 1 सेमी = 357 किमी
कोनिक प्रोजेक्शन
रूस
प्रदेशो
1. क्रासनोदर
2. स्तावरोपोल
धर्म (ओब्लास्ट)
3. अस्त्राखान
4. बेल्गोरोड
5. ब्रियांस्क
6. चेलियाबिंस्क
7. इवानोवो
8. कलुगा
9. कलिनिनग्राद
10. केमेरवा
11. किरोव
12. कोस्ट्रोमा
13. क्यूबिशेव
14. कुरगान
15. कुर्स्क
16. लेनिनग्राद
17. लिपेत्स्क
18. मास्को
19. निझनिगोरोड
20. नोव्गोरोड
21. नोवोसिबिर्स्क
22. ओमस्क
23. ओरेल
24. ओरेनबर्ग
25. पेन्ज़ा
26. पर्म
27. पस्कोव
28. रोस्तोव
29. रेजन
30. सखालिन
31. सरातोव
32. समोलेंस्क
33. स्वेरद्लोवस्क
34. तम्बोव
35. तुला
36. तवेर (कलिनिन)
37. उलोवास्क
38. व्लादीमीर
39. वोल्गोग्राद
40. वोलोग्राद
41. वोरोनेझ
42. यारोस्लावल
स्वायत्त प्रदेश
43. बश्कीर
44. चेचेन-इंगुश
45. चुवाश
46. दघेस्तान
47. कबरडिन-बल्कार
48. कल्मयक
49. करेलियन
50. मरी
51. मोर्डोवियन
52. उत्तरी ओसेटिया
53. ततार
54. उदमर्त
स्वायत्त क्षेत्र
55. अदेबेल
56. कोराचायेवा

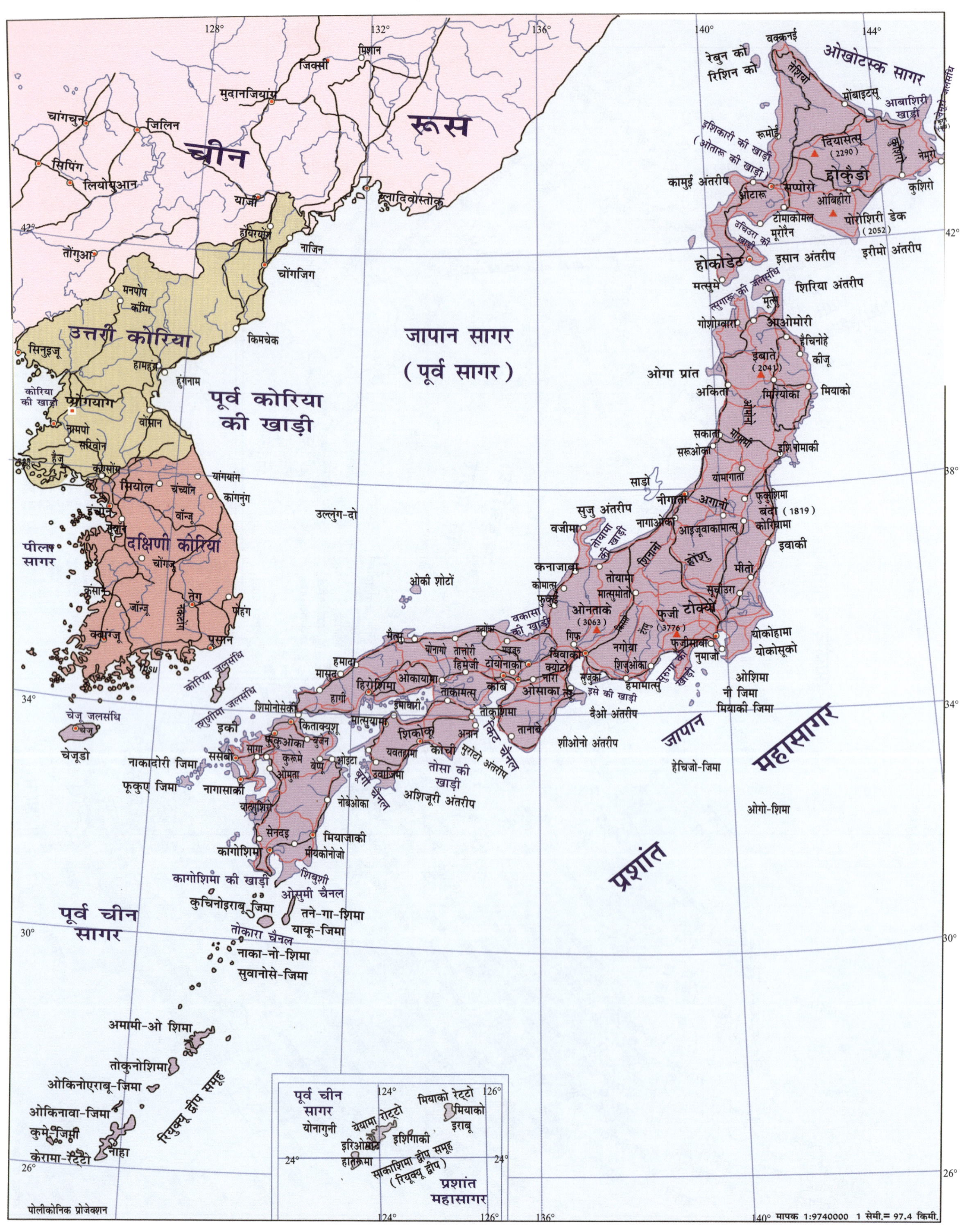
चीन
रूस
उत्तरी कोरिया
दक्षिणी कोरिया
जापान सागर
(पूर्व सागर)
पूर्व कोरिया
की खाड़ी
ओखोटस्क सागर
होकैडो
होंशु
शिकोकू
पीला सागर
पूर्व चीन
सागर
जापान
महासागर
प्रशांत
चांगचुन
जिलिन
सिपिंग
लियोयुआन
मुदानजियांग
जिक्सी
शिशान
व्लादिवोस्तोक
यान्जी
हुंयांग
नाजिन
चोंगजिंग
तोंगुआ
मनपोप
कम्गि
सिनुइजू
हामहंग
हुंगनाम
किमचेक
कोरिया
की खाड़ी
प्योंगयांग
वोंसान
नमपो
सरिवोन
हैजू
केसोंग
मियोल
चंच्यांन
यांगयांग
कांगनुंग
इंचोन
सुवान
वॉन्जू
चोंगजू
कुंसान
जॉन्जू
तेगु
पोहंग
क्वांगजू
पुसान
कोरिया जलसंधि
चेजू जलसंधि
चेजू
चेजूडो
उल्लुंग-दो
ओकी शोटों
वक्कनई
रेबुन को
रिशिन को
रिशिरी
मोंबाइटसू
आबाशिरी
खाड़ी
इशिकारी की खाड़ी
(ओतारू की खाड़ी)
रूमोई
वियासत्सू
(2290)
नेमुरो
कुशिरो
कामुई अंतरीप
ओटारू
सप्पोरो
ओबिहीरो
टोमाकोमल
पोरोशिरी डेक
(2052)
मूरोरैन
इरीमो अंतरीप
इसान अंतरीप
होकोडेट
मत्सुमे
शिरिया अंतरीप
मत्सु
गोशोगवारा
आओमोरी
हैचिनोहे
इवाते
(2041)
कीजू
ओगा प्रांत
अकिता
मिरियोका
मियाको
सकाता
सरूओका
इशिनोमाकी
यामागाता
सादो
फुकुशिमा
बंदाई (1819)
सुजु अंतरीप
नीगाटा
अगानो
कोरियामा
वजीमा
नागाओका
आइज़ूवाकामात्सू
इवाकी
कनाजावा
तोयामा
मीतो
कोमात्सु
मात्सुमोतो
सुचीउरा
फुकुई
ओनताके
(3063)
फुजी
(3776)
टोक्यो
योकोहामा
योकोसूका
गिफू
नगोया
फुजीमावा
नुमाजी
बिवाको
क्योटो
शिजुओका
ओशिमा
नी जिमा
मियाकी जिमा
मैत्सु
योनागो
तात्तोरी
हिमेजी
टोयोनाका
कोबे
ओसाका
नारा
सुजुका
इसे की खाड़ी
हमामात्सु
हमादा
मासुद
हिरोशिमा
ओकायामा
ताकामत्सु
वैओ अंतरीप
शीओनो अंतरीप
हेचिजो-जिमा
ओगो-शिमा
शिमोनोसेकी
हागी
इमाबारी
तोकुशिमा
तानाबे
इकी
कितायुशू
मात्सुयामा
फुकुओका
सागा
सासेबो
कुरुमे
ओइटा
बेप्पु
उवाजिमा
यवतहामा
कोची
तोसा की
खाड़ी
अशिजूरी अंतरीप
नाकादोरी जिमा
फूकुए जिमा
नागासाकी
ओमुता
कुमामोतो
यात्सुशिरो
नोबेओका
सेनदइ
मियाजाकी
कागोशिमा
मीयकोनोजो
कागोशिमा की खाड़ी
शिबुशी
ओसुमी चैनल
कुचिनोइराबु जिमा
तने-गा-शिमा
याकू-जिमा
तोकारा चैनल
नाका-नो-शिमा
सुवानोसे-जिमा
अमामी-ओ शिमा
तोकुनोशिमा
ओकिनोएराबू-जिमा
ओकिनावा-जिमा
कुमे-जिमा
केरामा-रेट्टो
नाहा
रियुक्यू द्वीप समूह
पूर्व चीन
सागर
योनागुनी
इरिओमोटे
हातेरुमा
इशिगाकी
मियाको रेट्टो
मियाको
इराबू
साकाशिमा द्वीप समूह
(रियुक्यू द्वीप)
प्रशांत
महासागर
पोलीकोनिक प्रोजेक्शन
मापक 1:9740000 1 सेमी.= 97.4 किमी.
128°
132°
136°
140°
144°
124°
126°
42°
38°
34°
30°
26°
24°

मापक 1:13 50000 कि.मी. 1 सेमी.= 135 किमी.

फैक्ट फाइल
क्षेत्रफल: 10 360 000 किमी
सबसे बड़ी झील
लेगोडा झील (रूस)
18,390 किमी
सबसे लंबी नदी
वोल्गा रूस
3688 किमी
सबसे ऊँचा पर्वत
इल्ब्रश पर्वत, कॉकेशस
5,642 मी.
सबसे नीचा स्थान
वोल्गा डेल्टा (कैस्पियन सागर)
समुद्र तल से 28 मीटर नीचे
मी.
4000
3000
2000
1000
500
200
0
200
1000
2000
4000
डिपार्ट
अटलांटिक महासागर
नॉर्वेजियन सागर
उत्तरी सागर
आइसलैंड
फैरो द्वीप
शेटलैंड द्वीप
आॅर्कनी द्वीप
रोकाल द्वीप
ब्रिटिश ऐशेल्स
गॉलवे की खाड़ी
इंग्लिश चैनल
चैनल द्वीप
डोवर की खाड़ी
लिंडसेस अंतरीप
फ्रिशियन द्वीप
हेल्गोलैंड
स्केगैरक
बाल्टिक सागर
बोथोनिया की खाड़ी
फिनलैंड की खाड़ी
फिनलैंड
लैपलैंड
लोफोटन
वेस्टरलेन
उत्तर अंतरीप
नोडिकिन्न
बेरेन्ट्स सागर
कोला प्रायद्वीप
हवाइट सागर
कानिन अंतरीप
कोलगुएव द्वीप
तुन्ड्रा
तेलपस द्वीप
1617
1894
एशिया
यूराल पर्वत
लाडोगा
रेबिंस्क जलाशय
मध्य रूसी उच्च भूमि
वोल्गा उच्च भूमि
वोल्गा
डान
नीपर
डनीपर
उक्रेन
प्रीपेट
विस्तुला
क्रीमिया
एजोव सागर
काला सागर
2211
कैस्पियन सागर
वोल्गा डेल्टा -28
सिमियांस्क जलाशय
एल्ब्रश पर्वत
5642
काकेशस
पोंटनी पर्वतमाला
आर्मेनिया
एशिया
अनातोलिन का पठार (माईनर एशिया)
3770
मारमरा सागर
बोसपोरस
रोडेस
क्रीट
ओलंपस
2917
पिंडस पर्वत
आयोनियन सागर
इओनियन सागर
मतापन अंतरीप
माल्टा
परसेरो अंतरीप
4070
सिसिली
मेस्सिना की जलसंधि
बॉन अंतरीप
टिरहिनियन सागर
टेउलाडा अंतरीप
सार्डिनिया
कोर्सिका
बॉनिफासियो जलसंधि
लिगुरियन सागर
लायन्स की खाड़ी
एड्रियाटिक सागर
डिनारिक आल्पस
आल्पस
माउंट ब्लांक
4807
बाल्कन पर्वत श्रेणी
रोडोप पर्वत
ट्रांसिल्वेनियन
वालाचिया
हंगरी का मैदान
कार्पेथियन
गरलाक
2655
डेन्यूब
मोराविया उच्चभूमि
फ्रांस का पठार
बिस्के की खाड़ी
गैस्कनी की खाड़ी
पिरेनीज
पिको डी अनेटो
3404
केंद्रीय कॉर्डिलेरास
आइबेरियन
सियरा नेवादा
मल्हासन
3478
जिब्राल्टर की जलसंधि
ट्रेफलगार अंतरीप
संत विन्सेंट अंतरीप
फिनिस्टेरर अंतरीप
ऑर्टिगल अंतरीप
बल्येरिक द्वीप
मिनोरका
मजोरका
इबिजा
भूमध्य सागर
केप बॉन
अफ्रीका

आर्कटिक वृत्त
आइसलैंड
रेक्याजविक
अकुरेयरि
नॉर्वेजियन सागर
फेरोए द्वीप (डेनमार्क)
अटलांटिक महासागर
यूनाइटेड किंगडम
शेटलैंड द्वीप
ओर्कनी द्वीप
स्कॉटलैंड
एडिनबर्ग
आयरलैंड
इंग्लैंड
लंदन
वेल्स
उत्तरी सागर
नॉर्वे
ओस्लो
स्वीडन
स्टॉकहोम
फिनलैंड
हेलसिंकी
एस्टोनिया
ताल्लिन
लाटविया
रीगा
लिथुआनिया
विलनिअस
बेलारूस
मिंस्क
रूस
मॉस्को
सफेद सागर
एशिया
कज़ाकिस्तान
कैस्पियन सागर
डेनमार्क
कोपेनहेगन
जर्मनी
बर्लिन
पोलैंड
वारसॉ
नीदरलैंड
एमस्टरडम
बेल्जियम
लक्ज़मबर्ग
फ्रांस
पेरिस
बिस्के की खाड़ी
स्पेन
मैड्रिड
पुर्तगाल
लिस्बन
स्विट्ज़रलैंड
बर्न
इटली
रोम
ऑस्ट्रिया
वियना
चेक गणराज्य
प्राग
स्लोवाकिया
हंगरी
बुडापेस्ट
यूक्रेन
कीव
मोल्डोवा
रोमानिया
बुखारेस्ट
बुल्गारिया
सोफिया
सर्बिया
बेलग्रेड
क्रोएशिया
स्लोवेनिया
अल्बानिया
मेसीडोनिया
ग्रीस
एथेन्स
तुर्की
काला सागर
जार्जिया
अज़रबैजान
बाकू
भूमध्य सागर
टिरहिनियन सागर
इओनियन सागर
माल्टा
वैलेट्टा
अफ़्रीका
मोरक्को
अल्जीरिया
अल्जीयर्स
ट्यूनिस
ट्यूनीशिया

अटलांटिक महासागर
उत्तरी सागर
आयरिश सागर
यूनाइटेड किंगडम
आयरलैंड
स्कॉटलैंड
वेल्स
इंगलैंड
फ्रांस
समान पैमाने पर दक्षिण की ओर अग्रसर
चैनल द्वीप
अल्डेनेय
गुचेनेसे (यू.के.)
सेंट पीटर पोर्ट
सार्क
जर्सी (यू.के.)
सेंट हेलियर
प्रावले प्वॉइंट
टॉरक्वे
सेंट मैगनस की खाड़ी
शेटलैंड द्वीप
लेरविक
फेयर द्वीप
ऑर्कनी द्वीप
किर्कवाल
स्ट्रोमनेस
सुले स्कैरी
सुले स्टैक
सुला सगिर
रोना
रॉथ अंतरीप
बट ऑफ लेविस
फ्लैनन द्वीप
स्टॉर्नोवे
लेविस
सेंट किल्डा
उ. उइस्ट
द. उइस्ट
बारा
स्काय
रम
कोल्ल
टिरी
मल
जूरा
इस्ले
कोलनसे
बेन होप
बेन मोरे
उल्लापूल
डिंगवॉल
इन्वर्नेस
नेस झील
बैन मैकडुई
बेन नेविस
फोर्ट विलियम
बेन लावर्स
पिटलोकरी
पर्थ
डंडी
एबरडीन
स्टोनहैवन
मॉट्रोस
अब्रोथ
सेंट ऐनड्रूस
टॉय की खाड़ी
फोर्थ की खाड़ी
स्टर्लिंग
ग्लासगो
ग्रीनॉक
पैसले
इर्विन
किल्मरनॉक
एअर
मोफाट
डमफ्राइज
किर्कब्राइट
स्ट्रेनरियर
सोल्वे की खाड़ी
क्लाइड की खाड़ी
बरविक-अपॉन-ट्वीड
होली द्वीप
न्यू कैस्टल अपान टाइने
दक्षिण शील्ड्स
सन्डरलैंड
धूर्म
हार्टलपूल
डार्लिंगटन
मिडिल्सबर्ग
उत्तर यॉर्क मूर
स्कारब्रो
फ्लेमब्रो हेड
यार्क
लीड्स
ब्रेडफोर्ड
किंग्टन अपॉन हुल
स्पर्न हेड
हम्बर का मुहाना
ग्रिम्सबी
डॉनकास्टर
शेफील्ड
लिंकन
नॉटिंघम
वाँश
किंग ल्यान
ग्रेट वारमथ
लोबस्टॉफ्ट
नॉरिच
कैम्ब्रिज
इप्सविच
फ्लेक्सिस्टोव
हारविच
कॉलचेस्टर
चेम्सफर्ड
लंदन
साउथएण्ड-ऑन-सी
कैंटरबरी
डोवर
फोकस्टोन
हेस्टिंग्स
ईस्टबर्न
ब्राइटन
पोर्ट्समथ
वाइट द्वीप
साउथहैम्पटन
विनचिस्टर
चिचस्टर
गुल्डफोर्ड
रीडिंग
ऑक्सफोर्ड
स्विनडन
ब्रिस्टल
बाथ
सेलिसबरी
पूल
बर्नरमॉउथ
वेमाउथ
डोरचेस्टर
एक्टर
टॉनटन
बर्नस्टेपल
प्लाइमथ
टोरक्वाय
पेनजांस
लैंड्स एन्ड
लिज़ार्ड प्वॉइंट
सिली द्वी.स.
इंग्लिश चैनल
ब्रिस्टल चैनल
कार्डिफ
न्यूपोर्ट
स्वॉनसी
कर्मार्थन
पेम्ब्रोक
कार्डिगन की खाड़ी
सेंट जॉर्ज चैनल
होलीहेड
बेंगोर
कैर्नार्फोन
स्नोडन
लिवरपूल
मैनचेस्टर
चेस्टर
ब्लैकपूल
प्रेस्टन
लंकेस्टर
बर्मिंघम
स्टैफर्ड
लीसेस्टर
कोवेंट्री
नॉर्थैम्पटन
बेडफोर्ड
ल्यूटन
मैन द्वीप (यू.के.)
डगलस
कार्लाइल
पेनराइथ
स्कैफेल पाइक
केन्डल
डनडाक
ड्रोघेडा
डब्लिन
डुन लाओहायर
ब्रे
विक्लो
अर्कलो
वेक्सफर्ड
रासलेयर
वॉटरफोर्ड
डंगरवन
कॉर्क
किन्सेल
ओल्ड हेड
बैन्ट्री
बैन्ट्री की खाड़ी
किल्लार्नी
ट्रेली
डिंगल
डिंगल की खाड़ी
लिमरिक
इन्निस
गाल्वे
गाल्वे की खाड़ी
अरन द्वीप
अथलोन
मुलिंगर
नवन
टूलामोर
पोर्टलीस
कार्लो
किल्केनी
क्लोनमेल
टिप्परी
कास्लबार
बल्लिना
स्लीगो
स्लीगो की खाड़ी
डोनेगल
डोनेगल की खाड़ी
लंदनडेरी
कोलेरेन
बालीमेना
लार्ने
बेलफास्ट
बैंगोर
पोर्टाडाउन
अर्माग
ओमाग
इन्निसकिलेन
मोनाघन
कैवन
अरन द्वी.
टोरी द्वी.
मालिन हेड
इर्रिस हैड
अकील द्वीप
सलेने हेड
न्यूयार्क-लिवरपूल
न्यूयार्क - पोर्ट्समाउथ
लिस्बन - लिवरपूल
मांट्रियल-लिवरपूल
एडिनबरो-ओस्लो
एडिनबरो-हुक ऑफ हॉलैंड
हार्विक-ओस्लो
हार्विक-एस्बर्ग
हार्विक-जीबार
इनसेट में निजख
m
1000
400
200
0
200
2000

फैक्ट फाइल
क्षेत्रफल : 30 000 000 किमी²
सबसे बड़ा झील
विक्टोरिया झील, तांजानिया, यूगांडा 68,000 किमी²
सबसे लम्बी नदी
नील, मिस्र 6,700 किमी
सबसे ऊँचा प्वाइंट
कलीमंजारो, तांजानिया 5,895 मी
सबसे नीचा प्वाइंट
लैक असल, जिबूती 156मी (समुद्री तल से नीचे)
उत्तरी अटलांटिक महासागर
यूरोप
एशिया
अरबियन प्रायद्वीप
सहारा
साहेल
कांगो बेसिन
हिंद महासागर
गिनी की खाड़ी
भूमध्य सागर
आइबेरियन प्रायद्वीप
इथियोपियन उच्चभूमि
सोमाली प्रायद्वीप
कालाहारी मरूभूमि
कतांगा का पठार
बी का पठार
नामिब मरूस्थल
मोजाम्बिक चैनल
कर्क रेखा
विषुवत
मकर रेखा
नौ घाटियाँ
सिंचित क्षेत्र
बाँध
हाइड्रो इलेक्ट्रिक पॉवर स्टेशन
मिस्र
सउदी अरब
सूडान
इरीथ्रिया
इथोपिया
अस्वान हाई डैम
नस्सीर झील
सेन्नार डैम
रोजरिस डैम
मालाकाल

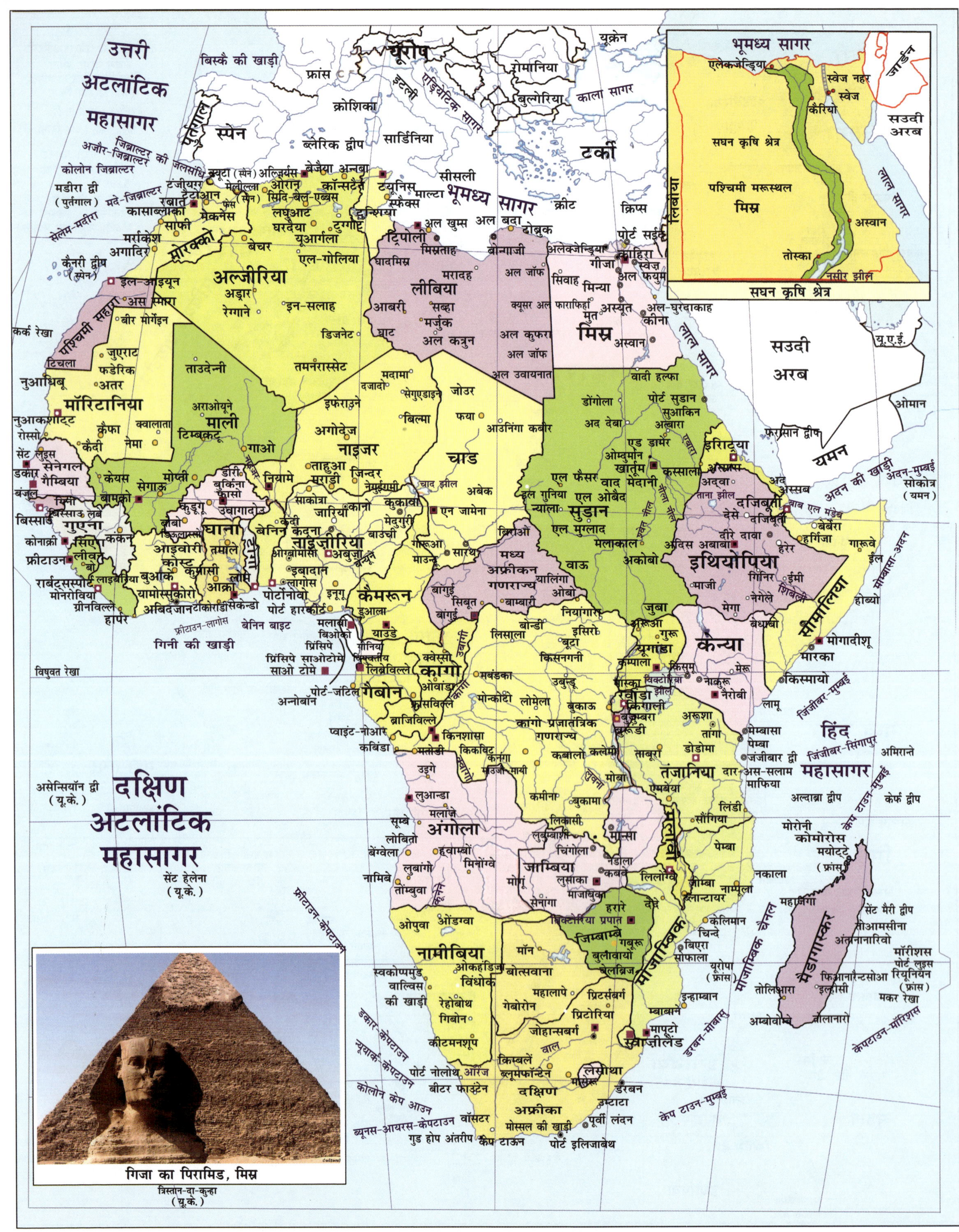

उत्तरी अटलांटिक महासागर
बिस्कै की खाड़ी
फ्रांस
यूरोप
रोमानिया
यूक्रेन
काला सागर
बुल्गेरिया
इटली
एड्रियेटिक सागर
क्रोशिका
सार्डिनिया
स्पेन
पुर्तगाल
बलेरिक द्वीप
टर्की
जिब्राल्टर की जलसंधि
अजौर-जिब्राल्टर
कोलोन जिब्राल्टर
मडीरा द्वी (पुर्तगाल)
सेलेम-मडीरा
कैनरी द्वीप (स्पेन)
सीसली
माल्टा
भूमध्य सागर
क्रीट
क्रिप्स
मोरक्को
रबात
कासाब्लांका
मर्राकेश
अगादिर
अल्जीरिया
एल-गोलिया
इन-सलाह
तमनरास्सेट
ट्यूनिस
ट्यूनिशिया
लीबिया
ट्रिपोली
बेनगाज़ी
मिस्र
काहिरा
अलेक्जेंड्रिया
गीजा
अस्वान
पोर्ट सईद
स्वेज
पश्चिमी सहारा
कर्क रेखा
मॉरिटानिया
नुआकशोट
माली
टिम्बक्टू
गाओ
बामको
सेनेगल
डकार
गैम्बिया
बंजुल
गिनी-बिसाऊ
गुएना
कोनाक्री
सियरा लियोन
फ्रीटाउन
लाइबेरिया
मोनरोविया
आइवोरी कोस्ट
यामोस्सुकोरो
अबिदजान
बुर्किना फासो
उवागादोगू
घाना
आक्रा
टोगो
लोमे
बेनिन
पोर्टोनोवो
नाइजर
नियामे
नाइजीरिया
अबुजा
लागोस
चाड
एन जामेना
चाड झील
सूडान
खार्तूम
इरिट्रिया
अस्मारा
दजिबूती
इथियोपिया
अदिस अबाबा
सोमालिया
मोगादीशू
केन्या
नैरोबी
युगांडा
कम्पाला
विक्टोरिया झील
रवांडा
किगाली
बुरूंडी
बुजुम्बरा
तंजानिया
डोडोमा
दार-अस-सलाम
जंजीबार द्वी
मध्य अफ्रीकन गणराज्य
बांगुई
कैमरून
याउंडे
गिनी की खाड़ी
विषुवत रेखा
इक्वेटोरियल गिनी
मलाबो
साओ टोमे
गैबोन
लिब्रेविल्ले
कांगो
ब्राजविल्ले
कांगो प्रजातंत्रिक गणराज्य
किनशासा
अंगोला
लुआन्डा
जाम्बिया
लुसाका
मलावी
लिलोंग्वे
मोज़ाम्बिक
मापुटो
जिम्बाब्वे
हरारे
नामीबिया
विंधोक
बोत्सवाना
गेबोरोन
दक्षिण अफ्रीका
प्रिटोरिया
जोहान्सबर्ग
केप टाउन
डरबन
लेसोथो
मसेरू
स्वाज़ीलैंड
मेडागास्कर
अंतनानारिवो
कोमोरोस
मोरोनी
मॉरीशस
पोर्ट लुइस
मोज़ाम्बिक चैनल
मकर रेखा
रियूनियन (फ्रांस)
हिंद महासागर
दक्षिण अटलांटिक महासागर
असेन्सियॉन द्वी (यू.के.)
सेंट हेलेना (यू.के.)
त्रिस्तान-दा-कुन्हा (यू.के.)
लाल सागर
सउदी अरब
यमन
अदन की खाड़ी
ओमान
यू.ए.ई.
सोकोत्र (यमन)
भूमध्य सागर
एलेक्जेंड्रिया
स्वेज नहर
कैरियो
जार्डन
सघन कृषि श्रेत्र
पश्चिमी मरूस्थल
मिस्र
अस्वान
तोस्का
नसीर झील

गिजा का पिरामिड, मिस्र

ऊँचाई
मीटर
3000
1500
600
300
150
सागर का
लेबल
200
6000
Depth
दक्षिण चीन सागर
सेलेबस सागर
बोर्नियो
सुमात्रा
जावा सागर
जावा
बांदा सागर
अराफुरा सागर
तिमोर सागर
न्यू गिनिया
सोलोमन सागर
कोरल सागर
प्रशांत महासागर
तस्मान सागर
दक्षिणी महासागर
हिंद महासागर
तस्मानिया
विषुवत रेखा
मकर रेखा
नल्लारबोर का मैदान
वृहत् विक्टोरिया मरूस्थल
ग्रेट सैंडी मरूस्थल
सिंपसन मरूस्थल
आयर झील
ग्रेट बैरियर रीफ
कैनबरा
न्यू कैलिडोनिया (फ्रांस)
फिजी
वेलिंगटन
0 345 690 1035 1380 Km
मापक 1:34 500 000
Bonne's Projection

दक्षिण चीन सागर
मलेशिया
सिंगापुर
बोर्नियो
ब्रुनेई
सिलेबस सागर
सुमात्रा
जावा सागर
इंडोनेशिया
जावा
जकार्ता
पलाउ
कोरोर
माइक्रोनेशिया
मार्शल द्वीप
माजुरो
किरीबाती
बैरिकी
नौरू
यारेन
पापुआ न्यू गिनी
पोर्ट मोरेस्बी
बिस्मार्क सागर
सोलोमन सागर
सोलोमन द्वीप
होनियारा
तुवालू
फुनाफुती
वनुआतु
पोर्ट विला
न्यू कैलेडोनिया
नौमिआ
सुवा
फिजी
कोरल सागर
बंदा सागर
अराफुरा सागर
पूर्व तिमोर
दिली
तिमोर सागर
पश्चिमी ऑस्ट्रेलिया
उत्तरी प्रदेश
क्वीन्सलैंड
दक्षिण ऑस्ट्रेलिया
न्यू साउथ वेल्स
विक्टोरिया
तस्मानिया
पर्थ
एडिलेड
मेलबॉर्न
कैनबरा
सिडनी
ब्रिसबेन
होबार्ट
एलिस स्प्रिंग्स
डार्विन
मकर रेखा
विषुवत रेखा
हिंद महासागर
दक्षिणी महासागर
तस्मान सागर
प्रशांत महासागर
न्यूज़ीलैंड
उत्तरी द्वीप
दक्षिणी द्वीप
वेलिंगटन
ऑकलैंड
Longitude East of Greenwich
0 345 690 1035 1380 किमी.
मापक 1:34 500 000

आर्कटिक महासागर
एशिया
ग्रीनलैंड
पीटरमेन शिखर 2940
माउंट फोरेल 3360
डेनमार्क जलसंधि
आइसलैंड
बेरिंग सागर
बेरिंग जलसंधि
होप प्वाइंट
बैरो प्वाइंट
सेंट लॉरेंस द्वीप
नूनिवाक द्वीप
ब्यूफोर्ट सागर
ब्रूक्स पर्वत
यूकोन
प्रोकूपूये
मैकिन्ले 6194
अलास्का पर्वत श्रेणी
मैकेन्जी पर्वत
अलास्का प्रायद्वीप
कोडियाक द्वीप
अलास्का की खाड़ी
फोरेकर पर्वत 4949
माउंट सेंट एलीस 5489
लोगान पर्वत 5959
यूकोन का पठार
बाथहर्स्ट अंतरीप
बैंक्स द्वीप
विक्टोरिया द्वीप
बेफिन की खाड़ी
डिस्को द्वीप
डेविस जलसंधि
फेयरवेल अंतरीप
बेफिन आइसलैंड
कंबरलैंड साउंड
फॉक्स बेसिन
फ़ॉक्स चैनल
ग्रेट बेयर झील
बैक
दुपुवनी झील
ग्रेट स्लेव झील
हडसन जलसंधि
उंगावा की खाड़ी
उंगावा प्रायद्वीप
चिडली अंतरीप
लेब्राडोर सागर
हैमिल्टन इनलेट
लेब्राडोर तट
अलेक्जेंडर दीप समूह
चूरचिल पिक 3200
लियार्ड
हडसन की खाड़ी
कैनेडियन शील्ड
क्वीन शार्लोट द्वीप
क्वीन चॉर्लोट जलसंधि
अथाबास्का झील
रेनडीयर झील
चूरचिल
रॉबसन पर्वत 3954
कोलंबिया पर्वत 3747
वैंकूवर द्वीप
जूआन डी फ़ूका जलसंधि
फ्लेटरी अंतरीप
विनिपेग झील
मैनीटोबा झील
निपिगन झील
बेल्चर द्वीप
जेम्स की खाड़ी
मिस्तासिनी झील
लारेंशियन पठार
चर्चिल फॉल्स
बाउल्ड अंतरीप
न्यू फाउंडलैंड
रेस अंतरीप
सेंट लॉरेंस की खाड़ी
बेटन द्वीप अंतरीप
सेबल द्वीप
रेनियर पर्वत 4392
कोलंबिया
क्लेवेलैंड पर्वत 3185
मिसौरी
येलोस्टोन
ग्रेट प्लेन्स
सुपीरियर झील
ग्रेट झील
ओंटारियो
वाशिंगटन पर्वत 1917
सेबल अंतरीप
कॉड अंतरीप
नानकेट द्वीप
ब्लांको अंतरीप
मेन्डोसिनो अंतरीप
शास्ता पर्वत 4317
ग्रेट सॉल्ट झील
ग्रेट बेसिन
4207 गन्नेटक पिक
मिशिगन झील
नियाग्रा जल प्रपात
लांग द्वीप
4399 एल्बर्ट पर्वत
पिकेस पिक 4301
ग्रैंड केनियन
कोलोराडो का पठार
हम्फ्रेज पीक 3851
टायलोर पर्वत 3471
व्हिटनी पर्वत 4418
-86
मोजावे मरूस्थल
ओजार्क का पठार
कुम्बरलैंड का पठार
अप्लेशियन पर्वत
मिशेल पर्वत 2037
चार्ल्स अंतरीप
चैसपीक की खाड़ी
हैटरस अंतरीप
बरमूडा द्वीप
उत्तर अटलांटिक महासागर
लानो एस्टाकाडो
ग्वाडालूप
प्रशांत महासागर
कर्क रेखा
यूजेनियो पॉइंट
बाजा प्रायद्वीप
एडवर्ड्स का पठार
कोस्टल का मैदान
फ्लोरिडा
केनावरल अंतरीप
ग्रेट अबाको
ग्रेड बहामास
वेस्ट इंडीज
सरगासो सागर
मिसिसिपी डेल्टा
मेक्सिको की खाड़ी
मेक्सिकन का पठार
पश्चिम सीएरा माद्रे
पूर्व सीएरा माद्रे
सान ल्यूकस अंतरीप
कॉरिएन्टेस अंतरीप
रेवील्ला जिगेडो द्वीप
पोपोकाटेपेटल 5452
सिटलाल्टेपेटल 5700
बलसास
दक्षिण सीएरा माद्रे
तेहुआनतेपेक स्थलडमरूमध्य
तेहुआनतेपेक की खाड़ी
काम्पेश की खाड़ी
यूकाटन प्रायद्वीप
यूकाटन चैनल
यूकाटन बेसिन
कैमेन ट्राउ
क्यूबा
जमैका
हिस्पानिओला
प्युर्टो रीका
एंटीलिस
कैरेबियन सागर
कोलंबियन बेसिन
गैलिनास पॉइंट
होंडूरास की खाड़ी
ग्रेशियस ए डियास अंतरीप
फोनसीड की खाड़ी
ग्वाटेमाला खाई
निकारागुआ झील
चिरोपो पर्वत 3819
पनामा का मुहाना
पनामा की नहर
पनामा की खाड़ी
मरकाइबो झील
एंडीज
m
3000
2000
1000
500
200
0
200
2000
4000
Depr.
m
फैक्ट
क्षेत्रफल: 24 454 000 किमी²
सबसे बड़ा झील
सुपीरियर झील, यूएसए
83 413 किमी²
सबसे लंबी नदी
मिसिसिपी-मिसौरी
यूएसए 6,050 किमी
सबसे ऊँचा प्वाइंट
मैकिन्ले अलस्का
6,194 मी
सबसे नीचा प्वाइंट
डेथ वैली, यू.एस.ए.
86 मी (समुद्र तल से नीचे)
120° पश्चिम का ग्रीनविच

आर्कटिक महासागर
एशिया
ग्रीनलैंड (डेनमार्क)
आइसलैंड
बेरिंग जलसंधि
बेरिंग सागर
ब्यूफोर्ट सागर
अलास्का (यू.एस.ए)
फेयरबैंक्स
एंकरेज
नोम
बेथल
कोडियाक द्वीप
अलास्का की खाड़ी
यूकोन क्षेत्र
व्हाइटहॉर्स
उत्तरी पश्चिम क्षेत्र
येलोनाइफ
नूनावुट
बेफिन की खाड़ी
बेफिन द्वीप
डेविस जलसंधि
इकुलिट
हडसन जलसंधि
लेब्राडोर सागर
हडसन की खाड़ी
चर्चिल
ब्रिटिश कोलंबिया
क्वीन शार्लोट द्वीप समूह
वैंकूवर द्वीप
वैंकूवर
विक्टोरिया
एल्बर्टा
एडमन्टन
कैलगरी
सस्कैचवान
रेगिना
मैनिटोबा
विनिपेग
ऑन्टेरियो
क्यूबेक
ओटावा
मॉन्ट्रियल
न्यू फाउंडलैंड
सेंट लॉरेंस की खाड़ी
हेलिफैक्स
वॉशिंगटन
सिएटल
ऑरगन
इडाहो
मॉन्टाना
व्योमिंग
उत्तर डाकोटा
दक्षिण डाकोटा
मिनेसोटा
विस्कॉन्सिन
शिकागो
डेट्रायट
न्यू यॉर्क
बॉस्टन
फिलाडेल्फिया
वाशिंगटन डी.सी
नेवेदा
सैन फ्रांसिस्को
कैलिफोर्निया
लॉस एन्जिलस
सैन डिएगो
ऊटाह
सॉल्ट लेक सिटी
कोलोराडो
डेनवर
एरीजोना
फोनिक्स
न्यू मेक्सिको
नेब्रास्का
कानसास
ओक्लाहोमा सिटी
टेक्सस
डलास
ऑस्टिन
ह्यूस्टन
मिसौरी
आयोवा
इलिनायस
इंडियाना
ओहायो
कंटुकी
टेनेसी
अरकानसास
लूसियाना
न्यू ऑर्लीन्स
मिसीसिपी
अलाबामा
जॉर्जिया
अटलांटा
फ्लोरिडा
मियामी
वर्जिनिया
उत्तर कैरोलीना
दक्षिण कैरोलीना
बरमूडा (यू.के.)
उत्तर अटलांटिक महासागर
सरगासो सागर
बहामास
नसाऊ
क्यूबा
हवाना
हैती
पोर्ट औ प्रिंस
डोमिनिकन रिपब्लिक
सेंटो डॉमिंगो
प्यूर्टो रीको (यू.एस.ए)
जमैका
किंग्सटन
कैरेबियन सागर
मेक्सिको की खाड़ी
प्रशांत महासागर
कर्क रेखा
ग्वाडालूप द्वीप
कैलिफोर्निया की खाड़ी
मेक्सिको सिटी
मान्टेरी
ग्वाडलाजारा
अकापुल्का
कम्पेश की खाड़ी
मेरिडा
बेलीज
बेलमोपेन
ग्वाटेमाला
ग्वाटेमाला सिटी
सान साल्वाडोर
हान्डुरास
टेगुसिगल्पा
निकारागुआ
मनागुआ
कोस्टा रिका
सान जोस
पनामा
पनामा सिटी
पनामा की खाड़ी
कोलोन
दक्षिण अमेरिका
रेविल्ला जिगेडो द्वीप
निर्देश
ML मार्लैंड
DE डेलावेयर
NJ न्यू जर्सी
CO कनेक्टिकट
RH रोड आइलैंड
MA मैसाचुसेट्स
NH न्यू हेम्पशायर
NY न्यूयार्क
PN पेंसिल्वेनिया
120° पश्चिम का ग्रीनविच
कि.मी. 350 0 350 700 1050 कि.मी.
1 : 35 000 000

कैरीबियन सागर
पनामा का स्थलडमरूमध्य
पनामा की खाड़ी
डैरियन की खाड़ी
क्रिस्टोबल कोलोन
मराकाइबो झील
बोलिवर 5775
ला टोरटुगा
मार्गरीटा द्वीप
ग्रेनेडा
टोबैगो
ट्रीनिडेड
ओरिनोको डेल्टा
ओरिनोको
गुरी जलाशय
गुयाना की उच्च भूमि
रोरेइमा 2810
जुलीनि टॉप 1280
तुमक हुमक पर्वत
कोकुय 5439
टोलीमा 5216
लानोस
गुआवियारे
कोक्वेटा
गालेरा प्वाइंट
कोटोपैक्सी 5897
चिम्बोराजो 6267
गुआयाकिल की खाड़ी
पारीनास प्वाइंट
पुटुमेयो
नापो
नेब्लिना 5493
नेग्रो
अमेजन की घाटी
जापुरा
अमेजन
जुरुआ
पुरुस
मेडीरा
टापाजोस
शिंगु
काटिंगा
टोकनटिंस
अरागुआइया
उकायाली
हुआलागा
हवासकरन 6768
मादेरी डि डोस
बेनी
ग्वापोरे
ममोर
माटो ग्रासो का पठार
टेलीज पाइरेस
उत्तरी अटलांटिक महासागर
गुएना बेसिन
ऑरेंज अंतरीप
नॉर्टे अंतरीप
अमेजन के मुहाने
मराजो द्वीप
पारा
टुकुरुई जलाशय
साओ मारकोस की खाड़ी
पारनैबा
विषुवत रेखा
डी साओ रोक अंतरीप
बोरबोरेमा का पठार
सोबिडिन्यो जलाशय
शेरताओ
साओ फ्रांसिस्को
टोडोपो ऑ सैनटांस की खाड़ी
इटाबे 2033
पिको डी बंडेइरा 2890
इटाटियाया 2787
ब्राजील की उच्च भूमि
फ्रिओ अंतरीप
मकर रेखा
कोरोपुना 6425
इलिमानी 6462
अन्कोहुमा 6550
टिटिकाका झील
पुपो झील
सजामा 6520
बोलिविया का पठार
चिली
प्रशांत महासागर
सैरकबुर 5970
पूलर 6225
ललाको 6723
अटाकामा मरुस्थल
ग्रान चाको
पिल्कामायो
पराग्वे
पराना
इगुआसु प्रपात
सान फेलिक्स द्वीप (चिली)
सान एम्ब्रोसियो द्वीप (चिली)
ओजोस डेल सलाडो 6863
पिस्सीस 6779
फमाटीना 6250
सलाडो
मार चिक्विटा झील
उरुग्वे
रियो ग्रांदे
स्टे माटा ग्रांदे द्वीप
लागोआ डोस पेटोस
मिरिम झील
दक्षिणी अटलांटिक महासागर
अकांकागुआ 7020
टुपुंगाटो पर्वत 6800
जुआन फर्नांडेज द्वीप (चिली)
लेनिन 3776
रिओ डी ला प्लाटा
कोरीएन्टस अंतरीप
कोलोराडो
नीग्रो
बाहिया ब्लांका
ट्रोनाडोर 3536
सान मातियस की खाड़ी
वाल्देज प्रायद्वीप
चिलोय द्वीप
क्वीन अंतरीप
चोनोस आर्किपिलागो
पैटागोनिया का मरुस्थल
सान जॉर्ज की खाड़ी
ट्रेस पुन्टास अंतरीप
अर्जेंटीना की घाटी
पेनास की खाड़ी
वेलिंगटन द्वीप
फॉकलैंड द्वीप (यू.के.)
पश्चिम फॉकलैंड
पूर्वी फॉकलैंड
ग्रांडे की खाड़ी
वर्जनेस अंतरीप
क्वीन आर्किपेलागो द्वीपसमूह
मैगेलन जलसंधि
सांता इनेस द्वीप
टिएरा डेल फ्यूगो
सान डीगो अंतरीप
स्टेटन द्वीप
बीगल चैनल
हार्न अंतरीप
दक्षिण जॉर्जिया (यू.के.)
m
6000
4000
3000
2000
1000
400
200
0
200
2000
4000
6000
8000
Depr.
m
फैक्ट
सबसे बड़ी झील
टिटिकाका झील, पेरू
8,340 किमी.
सबसे लंबी नदी
अमेजन, ब्राजील
यूएसए 6,570 किमी.
सबसे ऊँचा प्वाइंट
एकोंकागुआ, अर्जेंटीना
6,960 मी.
सबसे नीचा प्वाइंट
वल्देज द्वीपसमूह, अर्जेंटीना
403 मी. (समुद्र का नीचे)

उत्तरी अटलांटिक महासागर
दक्षिणी अटलांटिक महासागर
प्रशांत महासागर
कैरीबियन सागर
वेनेजुएला
कोलंबिया
इक्वेडोर
पेरू
बोलिविया
पैराग्वे
उरूग्वे
अर्जेंटीना
चिली
गुयाना
सूरीनाम
फ्रेंच गुयाना (फ्रांस)
ब्रासिलिया
बोगोटा
क्विटो
लीमा
ला पाज
असुनसियॉन
मोंटेविडियो
ब्यूनस आयर्स
सांटियागो
कराकास
जॉर्जटाउन
पैरामरिबो
केयन
विषुवत रेखा
मकर रेखा
फॉकलैंड द्वीप (यू.के.)
दक्षिण जॉर्जिया (यू.के.)
मैगेलन जलसंधि
टियरा डेल फ्यूगो
स्टेटन द्वीप
बीगल चैनल
जुआन फर्नांडेज (चिली)
सान फेलिक्स द्वीप (चिली)
सान एम्ब्रोसियो द्वीप (चिली)
ट्रिनिडाड टोबैगो
ग्रेनाडा

अफगानिस्तान
अल्बानिया
अल्जीरिया
अंडोरा
अंगोला
एंटीगुआ और बरमूडा
अर्जेंटीना
अर्मेनिया
ऑस्ट्रेलिया
ऑस्ट्रिया
अजरबैजान
बहामास
बहरीन
बांग्लादेश
बारबाडोस
बेलारूस
बेल्जियम
बेलिज
बेनिन
भूटान
बोलिवा
बोस्निया और हर्जेगोविना
बोत्सवाना
ब्राजील
ब्रुनेई
बुल्गारिया
बुर्किना फासो
बुरुंडी
कम्बोडिया
कैमरून
कनाडा
केप वर्डे
मध्य अफ्रीका गणराज्य
चाड
चिली
चीन
कोलंबिया
कोमोरोस
कांगो
कोस्टारिका
कोट डिलवोइर
क्रोएशिया
क्यूबा
साइप्रस
चेक गणराज्य
उत्तर कोरिया
कांगो गणराज्य
डेनमार्क
जिबूती
डोमिनिका
डोमिकन गणराज्य
इक्वेडोर
मिस्र
अल सल्वाडोर
इक्वेटोरियल गिनी
इरीट्रिया
एस्टोनिया
इथोपिया
फिजी
फिनलैंड
फ्रांस
गैबोन
जाम्बिया
जॉर्जिया
जर्मनी
घाना
यूनान
ग्रेनेडा
ग्वाटेमाला
गिनी
गिनी-बिसाऊ
गुएना
हैती
होंडुरास
हंगरी
आइसलैंड
भारत
इंडोनेशिया
ईरान
ईराक
आयरलैंड
इजराइल
इटली
जमैका
जापान
जॉर्डन
कजाकिस्तान
केन्या
किरिबाती
कुवैत
किर्गिजस्तान
लाओस
लातिवा
लेबनान

लेसोथो
लाइबेरिया
लीबिया
लिक्टेंस्टीन
लिथुआनिया
लक्जमबर्ग
मेडागास्कर
मलावी
मलेशिया
मालदीव
माली
माल्टा
मार्शल द्वीप
मारिटानिया
मॉरिशस
मैक्सिको
माइक्रोनेशिया
मोनाको
मंगोलिया
मोरक्को
मोजाम्बिक
म्यांमार
नामीबिया
नौरु
नेपाल
नीदरलैंड
न्यूजीलैंड
निकारागुआ
नाइजर
नाइजीरिया
नार्वे
ओमान
पाकिस्तान
पलाउ
पनामा
पापुआ न्यू गिनी
पैराग्वे
पेरू
फिलीपींस
पोलैंड
पुर्तगाल
कतर
दक्षिण कोरिया
मोल्दावा गणराज्य
रोमानिया
रूस
रवांडा
सेंट किट्स और नेविस
सेंट लूसिया
सेंट विंसेंट एंड ग्रेनेडाइन्स
समोआ
सैन मैरिनो
साओ तोमे और प्रिंसिपी
सउदी अरब
सेनेगल
सेशल्स
सिएरा लियोन
सिंगापुर
स्लोवाकिया
स्लोवेनिया
सोलोमन द्वीप
सोमालिया
दक्षिण अफ्रीका
स्पेन
श्रीलंका
सूडान
सूरीनाम
स्वाजीलैंड
स्वीडन
सीरिया
तजाकिस्तान
थाईलैंड
मैसेडोनिया गणराज्य
टोगो
टोंगा
त्रिनिदाद एवं टोबैगो
ट्यूनीशिया
तुर्की
तुर्कमेनिस्तान
तुवालु
युगांडा
यूक्रेन
संयुक्त अरब अमीरात
यूनाइटेड किंगडम ऑफ ग्रेट ब्रिटेन
गणराज्य
संयुक्त राज्य अमेरिका
उरुग्वे
उज्बेकिस्तान
वनुआतु
वेनेजुएला
वियतनाम
यमन
युगोस्लाविया
जाम्बिया
जिम्बाब्वे
संयुक्त राष्ट्र

महाद्वीप और उनकी विशेषताएँ

महाद्वीपों के बारे में

विषुवत रेखा के उत्तरी क्षेत्र में पड़ने वाले महाद्वीपों (उत्तरी अमेरिका, यूरोप और एशिया) को उत्तरी और विषुवत रेखा के दक्षिणी क्षेत्र में पड़ने वाले महाद्वीपों को दक्षिणी महादेश (दक्षिण अमेरिका, ऑस्ट्रेलिया, अंर्टाकटिका और अन्य दूसरे देशों को) कहा जाता है। जब उत्तरी महादेशों में गर्मी पड़ती है तो इसके प्रतिकूल दक्षिणी महादेशों में सर्दी का मौसम होता है। यदि हम पूर्व-पश्चिम के संदर्भ में देखते हैं, तो हम कह सकते हैं कि अमेरिका पश्चिम में है और बाकी सभी देश पूर्व में हैं। निश्चित रूप से अटलांटिक महासागर ही इस प्रकार के विभाजन को सुनिश्चित करता है। यदि उत्तर-पूर्व एशिया में स्थित बेरिंग जलसंधि इसे अमेरिका से अलग करता है, तो यूराल पर्वत एशिया को यूरोप से अलग करता है।

एशिया

सीमाएँ: महाद्वीपों में सबसे बड़ा एशिया दुनिया की भूमि का 1/5 भाग है और इसकी आबादी विश्व की आबादी का 1/2 भाग है। रूस का 75 प्रतिशत और तुर्की का 97 प्रतिशत भाग एशिया में है। पूर्व में यह प्रशांत महासागर, पश्चिम में यूरोप, उत्तर में आर्कटिक महासागर और दक्षिण में हिंद महासागर से घिरा हुआ है।

जलवायु और वर्षा: आर्कटिक प्रदेश के उत्तरी भाग बर्फ से जमे होते हैं, तो मध्य भाग समशीतोष्ण और दक्षिणी भाग उष्णकटिबंधीय होते हैं। महादेश का बड़ा भूभाग समुद्र से दूर स्थित हैं। इसके कई देश समुद्र तक नहीं पहुँच सकते हैं। भारत और म्यांमार उष्ण कटिबंधीय क्षेत्र हैं, चीन और जापान समशीतोष्ण क्षेत्र में पड़ते हैं। साथ ही मध्य एशिया में अत्याधिक गर्म ग्रीष्मकाल और बर्फीली सर्दी होती है। महादेशीय जलवायु है। पश्चिमी क्षेत्र में पड़ने वाले देश तुर्की, जॉर्डन, इजरायल, सीरिया भूमध्य जलवायु का आनंद उठाते हैं। भारत, पाकिस्तान, बांग्लादेश, म्यांमार, इंडो-चीन में ग्रीष्म ऋतु के दौरान 200 सेंमी. वर्षा होती है, जबकि इंडोनेशिया में जाड़े के दिनों में 150 प्रतिशत वर्षा होती है। उत्तरी आर्कटिक क्षेत्र में जल एक वर्ष में 10 महीने जमी अवस्था में होते हैं।

मुख्य पर्वत: हिमालय, कुनलुन शान, तियान शान, अल्ताई, हिंदु-कुश यब्लोनोवी, टॉरस।

मुख्य पठार: ईरान, तिब्बत, पामीर, एनातोलिया, मंगोलिया, कोब्दो, डेक्कन।

सर्वोच्च शिखर: माउंट एवरेस्ट (नेपाल-तिब्बत) 8,848 मीटर

निम्नतम भूमि: मृत सागर (इजरायल-जार्डन) समुद्र तल से 396 मीटर नीचे।

महत्त्वपूर्ण नदियाँ: टिगरीय, यूफ्रेटस, येंसी, अमूर, ह्वांगहो, मेंकॉन्ग, ओब, लेना, उरल, यांग्त्जे, कियांग, साल्विन, ईराबड्डी, सिंधु, गंगा, यमुना, ब्रह्मपुत्र, महानदी, गोदावरी, कृष्णा और कावेरी। चीन की यांग्त्जे कियांग नदी एशिया की सबसे लंबी नदी है।

जंगल: अरब, सीरियाई, गोबी, थार, (महान भारतीय मरूस्थल)

कुछ झील: कैस्पियन सागर, अरल सागर, बाल्खश, बैकाल, मानसरोवर

सबसे ऊँचा जल प्रपात: जोग जल प्रपात (भारत) 253 मीटर ऊँचा

सबसे गर्म स्थान: तिरट त्सवी (इजरायल) 53.9 डिग्री सेल्शियस, जैकबाबाद (पाकिस्तान) 52.8 डिग्री सेल्सियस

सबसे ठंडा स्थान: ओइमीकोन (रूस)-67.8 डिग्री सेल्शियस, वार्खोयांसक, साइबेरिया रूस-89°C डिग्री सेल्सियस

सबसे अधिक वर्षा वाले जगह: मॉसिनम और चेरापूँजी (भारत), वार्षिक औसत वर्षा 1,187 सेमी

सूखा स्थान: एडेन 4.6 सेमी वर्षा

मुख्य फसलें: चावल, गेहूँ, गन्ना, बाजरा, तंबाकू

महत्त्वपूर्ण अयस्क: कोयला, लिग्नाइट, क्रूड आयल प्राकृतिक गैस, ताँबा, लोहा, मैंगनीज, नमक, लीड, जिंक, मैंगनीज, सोना, नमक, जिंक, एस्बेस्टस, क्रोमियत, अबरख, टिन, बैरीट्स, लाइम स्टोन

सबसे बड़ा शहर: टोक्यो, जापान

अफ्रीका

दूसरा सबसे बड़ा महाद्वीप अफ्रीका है। इसके उत्तर में सहारा मरूस्थल और दक्षिण में एक बहुत बड़ा पठार है, जिसे पार करना बहुत ही मुश्किल है, क्योंकि जैरे का बड़ा जलप्रपात और नील नदी तथा तत्सी मक्खियों की उपस्थिति से यहाँ खतरनाक बुखार हो जाता है। नरभक्षी होने की वजह से अफ्रीका पहले काला महाद्वीप के नाम से जाना जाता था लेकिन बाद में हालात बदले। कई देशों ने यहाँ पहुँचकर समझौते किये। इनमें से अधिकतर स्वतंत्र राष्ट्र हैं। क्षेत्रफल में अफ्रीका भारत से छह गुना अधिक बड़ा है। यह एकमात्र ऐसा महाद्वीप है, जिसके बीच से कर्क रेखा, भूमध्य रेखा और मकर रेखा तीनों रेखाएँ पार करती हैं।

सीमाएँ-यह महाद्वीप उत्तर में भूमध्य सागर और लाल सागर, पश्चिम में अटलांटिक महासागर और पूर्व में हिंद महासागर से घिरा है।

जलवायु: भूमध्य रेखा इस महाद्वीप के लगभग बीच से गुजरती है। चूँकि यह 32 डिग्री उत्तर और 32 डिग्री दक्षिण अक्षांश के बीच है। पूरा महाद्वीप उष्णकटिबंधीय क्षेत्र में है। हालाँकि भूमध्य सागर के निकट उत्तर और दक्षिण में थोड़े भाग की जलवायु समशीतोष्ण है। लेकिन पश्चिमी तट के साथ अटलांटिक महासागर में बेन्जूला की ठंडी धाराएँ बहती रहती हैं। इसलिए पश्चिमी भागों की जलवायु बेहतर रहती है।

भूमध्य रेखा की दोनों ओर मौसमी वर्षा होती है। भूमध्य रेखा के चारों ओर पूरे वर्ष बहुत गर्मी होती है। जब सूर्य अपने चरम पर होता है तब सभी मौसम में भारी वर्षा होती है। कर्क रेखा के नीचे और मकर रेखा के ऊपर सवाना में मौसम शुष्क होता है। यहाँ का मौसम बहुत गर्म रहता है। सहारा मरूस्थल में जिससे होकर कर्क रेखा तथा कालाहारी रेगिस्तान में जिसके मध्य से मकर रेखा गुजरती है, वर्षा नहीं होने के कारण यहाँ दिन बहुत गर्म और रातें बहुत ठंडी होती हैं।

दक्षिण पूर्व अफ्रीका में कड़ी सर्दी और भारी गर्मी पड़ती है। जबकि उत्तर में भूमध्य सागर के आसपास का क्षेत्र भूमध्य सागरीय जलवायु का आनंद लेता है। अभी हाल ही में वैज्ञानिकों ने उपग्रह के माध्यम से अतर (मॉरिटानिया) शहर के पास सहारा मरूस्थल में एक भूमिगत नदी का पता लगाया है। सहारा रेगिस्तान के उत्तर में अधिकांश लोग अरब मुस्लिम हैं और दक्षिण अफ्रीका में कुछ मुसलमान और कुछ इसाई हैं।

महत्त्वपूर्ण पर्वत: ड्रेकेंसबर्ग, मिटुनबा और एटलस

महत्त्वपूर्ण पठार: इथोपिया, लुआंडा एवं अडमावा सर्वोच्च शिखर कीलीमंजारो

महत्त्वपूर्ण नदियाँ: नील (सबसे लंबी नदी), जैरे (कांगो), जाबेजी, नाइजर

मुख्य रेगिस्तान: सहारा, नामीब कालाहारी, लीबिया, अरब और न्यूबिया

मुख्य झील: विक्टोरिया, चाड, तांगान्यिका, मलावी, वोल्टा, असल

उच्चतम झरने: तुगेला (दक्षिण अफ्रीका), 914 मी.

सबसे गर्म स्थान: अल अजीजिया, लीबिया 57.8 डिग्री

सबसे ठंडा स्थान: इफरेन, मोरक्को माइनस 24 डिग्री

सबसे अधिक वर्षा वाला स्थान: देंबुन्सा (कैमरून) 1027 सेंमी.)

सबसे अधिक सूखा स्थान: वाडी हैफा (सूडान) 0.3 एम

मुख्य फसलें: जैतून, चावल, गेहूँ, पाम, मूँगफली तंबाकू, कॉफी, कपास, मक्का कासावा, काजू, दही

मुख्य अयस्क: सोना, हीरा, मैंगनीज, क्रोमियम, यूरेनियम, ताँबा, लेड, जस्ता, कच्चा तेल, प्राकृतिक गैस

सबसे बड़ा शहर: कैरियो (मिस्र)

यूरोप

यूरोप को प्रायद्वीपों के प्रायद्वीप के रूप में जाना जाता है। यहाँ पर विभिन्न भौगोलिक और सांस्कृतिक विविधिताएँ हैं। यूरोप में उभर कर आई ग्रीक और रोमन सभ्यता दूर-दूर तक फैल चुकी है। यह दूसरे महाद्वीपों के लोगों कों ज्ञान की कई शाखाओं में प्रभावित करती है। पश्चिमी यूरोप के व्यापार और वाणिज्य के हितों ने उन्हें अनजान जगहों की खोज करने और अपनी संस्कृति का प्रचार करने के लिए प्रेरित किया। यह सबसे घनी आबादी वाला क्षेत्र है। यूरोप की समुद्धि व्यापार और विनिर्माण पर आधारित है। यहाँ सबसे अधिक उपजाऊ फार्मलैंड भी पाये जाते हैं।

सीमाएँ: पूर्व में एशिया और पश्चिम में अटलांटिक सागर है। उत्तर में आर्कटिक और दक्षिण में भूमध्य सागर है। आर्कटिक यूराल पर्वत एशिया से इस महाद्वीप को अलग करता है। छोटे प्रायद्वीपों स्कैंडिनेविया, लाइबेरिया, इटली, ग्रीस आदि ने इसे प्रायद्वीपों के प्रायद्वीप के रूप में इसकी प्रसिद्धी को बढ़ाया है।

जलवायु और वर्षा: यूरोप शीतोष्ण कटिबंध में है और इसके सभी क्षेत्र लगभग समुद्र के निकट पड़ते हैं। अटलांटिक महासागर की गर्म धाराएँ जो उत्तरी और पश्चिम तटों पर बहती है, जाड़ों में यहाँ की अत्याधिक सर्दियों को कम करती है। अंदरूनी भागों में जनवरी में बहुत ठंड

पड़ती है और गर्मियों में भी यहाँ गर्मी नहीं पड़ती है। भूमध्य क्षेत्र में जाड़े के दिनों में वर्षा होती है, गर्मी में नहीं। जहाँ भी ऐसी जलवायु मौजूद है, अपनी जलवायु की स्थितियों के कारण यह भूमध्य जलवायु के रूप में जाना जाता है।

क्योंकि यह पाया गया कि यह समुद्र के मध्य में है। इसलिए इसका नाम भूमध्य सागर पड़ा है। पश्चिमी यूरोप में जाड़े के दिनों में शीतोष्ण जलवायु ठंडा रहने के साथ ग्रीष्मकाल में भी ठंडा रहता है।

पश्चिमी मानसून साल भर वर्षा लाती है, और इस महाद्वीप के अन्य देशों के बारे में यही सच भी है। लेकिन जैसे ही हम पूर्व में जाते हैं। गर्मियों में यह गर्म और सर्दियों में सर्द हो जायेगा और वर्षा घटती जाएगी। यूरोप में, अटलांटिक महासागर में उठने वाले चक्रवातों की वजह से सर्दियों में वर्षा होती है।

मुख्य पर्वत: अल्प्स, पायरिनीज, कार्पेथियन, बाल्कन, अपेननेस, सिएरा नेवादा, सिएरा मोरेना, उरल, काकेशश, पिंडसस्कैनिडिनेवियन , पिंडस।

सबसे ऊँचा स्थान: काकेशश में माउंड एल्ब्रस चोटी 5,642 मीटर, सबसे निम्न स्थान: कैस्पियन सागर (रूस) समुद्र तल से 28 मीटर नीचे है।

मुख्य नदियाँ: वोल्गा (सबसे लंबी नदी) काम, राइन, नीपर, उरल, डोन, डेन्यूब, डिवीना, विस्तुला, बबेरिया, पे, टेम्स।

मुख्य झील: लाडोगा, वनगा, पिरुस, वेटरन, वानर्न, आजोवसागर, पेपेस,

उच्चतम झरना: गवार्नी (फ्रांस) 422 मीटर

सबसे गर्म जगह: सेविल (स्पेन) 51.1 डिग्री सेल्सियस

सबसे ठंडा स्थान: UST सिचगोर (रूस), माइनस 55 डिग्री सेल्शियस

सबसे अधिक वर्षा: क्रकविसे (सर्बिया)

सबसे सूखा स्थान: आस्ट्रकन (रूस)163 सेंटीमीटर

मुख्य फसलें: गेहूँ, राई, फल, बीट्रोट आलू, अनाज

मुख्य अयस्क: लोहा, लिग्नाइट, नमक, सोना, ताँबा, लेड, जस्ता, टाइटेनियम, चाँदी, कच्चा तेल, प्राकृतिक गैस, यूरेनियम, पारा, बॉक्साइट, ग्रेफाइट आदि।

सबसे बड़ा शहर : लंदन (इंग्लैण्ड)

देश

यूनाटेड किंगडम: ए) इंग्लैण्ड- राजधानी लंदन, बी) स्कॉटलैंड-एडिनबर्ग, सी) वेल्स-कार्डिफ और डी) उत्तरी आयरलैंड - बेलफास्ट

छोटे देश: बेल्जियम, नीदरलैंड, लक्समबर्ग स्केंडिनेवियाई और बाल्टिक देश: नार्वे, स्वीडन, डेनमार्क, फिनलैंड, आइसलैंड, एस्टोनिया, लातिविया, लिथुआनिया

मध्य यूरोप: जर्मनी, पोलैंड, चेक, स्लोवाकिया, ऑस्ट्रिया

इरेबियन प्रायद्वीप: स्पेन, पुर्तगाल

बाल्कन प्रायद्वीप: हंगरी, रोमानिया, सर्बिया, क्रोएशिया, स्लोवेनिया, मैसेडोनिया, बोस्निया, हर्जेगोविना, बुल्गारिया, अल्बानिया, ग्रीस।

भूमध्य देश: यूनान, इटली, माल्टा, पूर्तगाल, सैनमेरिनो, स्पेन और वेटिकन सिटी

वर्तमान में परिवर्तन:

- पूर्वी जर्मनी के साथ पश्चिमी जर्मनी का विलय कर दिया गया, इस प्रकार एक बड़े जर्मनी का निर्माण हुआ। राजधानी: बर्लिन
- **चेकोस्लोवाकिया:** ए. चेक (राजधानी प्राग), बी. स्लोवाकिया (राजधानी ब्रैटीस्लावा) ये दोनों दो स्वतंत्र राज्य हैं जिसमें चेकोस्लोवाकिया का विभाजन हुआ है।
- यूगोस्लाविया स्वतंत्र राज्यों में विघटित हो गया था: ए. सर्बिया,(राजधानी- बेलग्रेड), बी. क्रोएशिया-जगरेब सी. स्लोवेनिया-लुब्लियाना डी. मोंटेनेग्रो-टिटोग्रैड इ. बोस्निया और हर्जेगोविना- साराजेवो च. मैसिडोनिया-स्कोपजे
- सर्बिया और मोंटेनीग्रो का संघीय गणराज्य यूगोस्लाविया के गठन के लिए विलय कर दिया। (बेलग्रेड)

रूस और उसके निकटवर्ती देश

विश्व में सबसे बड़ा देश सोवियत संघ है, जिसे 1922 में 12 स्वतंत्र राष्ट्रों का साझा राष्ट्रमंडल बनाया गया था। दुनिया का सबसे बड़ा देश रूस एशिया और यूरोप में फैला हुआ है। इसमें 11 अलग-अलग टाइम जोन है।

	स्वतंत्र राज्य	राजधानी	क्षेत्रफल (1,000 किमी)	जनसंख्या (लाख)
1.	रूस	मास्को	1,70,75.4	1,403
2.	आर्मीनिया	येरेवान	29.8	31
3.	अजरबैजान	बाकू	86.6	89
4.	बेलारूस	मिन्स्क	2,07.6	96
5.	जॉर्जिया	त्बिलिसी	69.7	42
6.	कजाकिस्तान	अस्ताना	27,24.9	158
7.	किर्गिस्तान	बिश्केक	1,99.9	56
8.	मॉल्डोवा (माल्टिविया)	चीसीनाउ	33.8	36
9.	ताजाकिस्तान	दुशांबे	1,43.1	71
10.	तुर्कमेनिस्तान	अश्गाबात	4,48.1	52
11.	यूक्रेन	कीव	6,03.6	454
12.	उज्बेकिस्तान	ताशकंद	4,47.4	277
13.	एस्तोनिया	तालिन	45.2	13
14.	लातिविया	रीगा	64.6	22
15.	लिथुआनिया	विल्नुस	65.2	33

उत्तरी अमेरिका

उत्तरी अमेरिका में ग्रीनलैंड, कनाडा और संयुक्त राज्य अमेरिका शामिल हैं। लेकिन व्यापक रूप में मैक्सिको, मध्य अमेरिका के उष्ण कटिबंधीय राष्ट्र और कैरेबियन सागर में स्थित वेस्टइंडीज भी शामिल हैं।

सीमाएँ: पूर्व में अटलांटिक महासागर और पश्चिम में प्रशांत महासागर है। उत्तर में आर्कटिक महासागर है और दक्षिण में दक्षिणी अमेरिका है। यहाँ ग्रीनलैंड, कनाडा, आलास्का, यू.एस.ए. मैक्सिको, मध्य अमेरिका, वेस्टइंडीज उत्तरी अमेरिका के महाद्वीप का निर्माण करते है। पश्चिम में बहुत ही उच्च पर्वत शृंखला है और उससे थोड़ा कम पूर्व में है। दोनों पर्वत श्रेणियों के बीच एक विशाल मैदान है। पनामा नहर दक्षिण अमेरिका के महाद्वीप से उत्तर अमेरिका महाद्वीप को अलग करता है।

जलवायु और वर्षा: ग्रीनलैंड, बेफिन द्वीप, आलस्का और आर्कटिक महासागर के क्षेत्र साल में 9 महीने वर्फ से ढके रहते हैं।

बाकी 3 महीनों में काई और घास बढ़ते है। नवंबर से अप्रैल तक समुद्र के निकट यह उसकी उपस्थिति के कारण गर्म रहता है। लेकिन उत्तर-पश्चिमी क्षेत्रों में लैब्राडोर सागर की ठंडी धाराओं के कारण जाड़े के दिनों में यह ठंडा रहता है। लेकिन पूर्वी तट पर खाड़ी की धाराओं के कारण काफी गर्म रहता है। वर्षा को लाने में पर्वतों और हवाओं का बहुत बड़ा हाथ होता है। पूर्वोत्तर मानसून उत्तरी भागों के पश्चिमी तटीय क्षेत्रों में वर्षा लाती है। मध्य अमेरिका और वेस्ट इंडीज में भी पूरे वर्ष वर्षा होती है। हालाँकि कैलिफोर्निया और सैन फ्रांसिस्को में भूमध्य सागरीय जलवायु प्रवाहित होती है। सेंट लॉरेंस में गर्मियों में वातावरण गर्म रहता है तथा जाड़े के दिनों में ठंड पड़ती है।

मुख्य पर्वत: एप्पलाचियन, रॉकी, ब्रुक्स, अलास्का, कोस्ट रेंज, सिएरा माद्रे और सिएरा नेवादा और मैकेंजी

मुख्य पठार: मैक्सिको, कोलाराडो, कोलंबिया,लैब्राडोर लॉरेंटियन के पठार

उच्चतम स्थान: माउंट मी कीन्ले (अलास्का) 6,194 मीटर

निम्नतम स्थान : डेथ वैली (कैलिफोर्निया) समुद्रतल से 46 मीटर नीचे

महत्त्वपूर्ण नदियाँ: मिसीसिपी (संयुक्त राज्य अमेरिका में सबसे लंबी नदी। मिसौरी, यूकोन, मैकेंजी, नेल्सन, रियो ग्रांदे

मुख्य झील: सुपीरियर झील, मिशिगन, हुरोन, एरि, ओटारियो, विन्निपेग, ग्रेट बीयर, ग्रेट स्लेव ।

उच्चतम झरना: रिबन (कैलिफोर्निया)

सबसे गर्म स्थान: डेथ वैली (कैलिफोर्निया) +56.6 डिग्री सेल्सियस

सबसे ठंडा स्थान: नाग(युकोन) -62.8 डिग्री सेल्सियस

सबसे अधिक वर्षा: वायलेल पर्वत (हवाई द्वीप) 1068 सेंटी मीटर, हेंडरसन झील (665 सेंटीमीटर)

सबसे सूखा स्थान : बायासिस (मैक्सिको) 3 सेंमी, प्यूकोको (हवाई 22 सेंटी मीटर

मुख्य फसल: गेहूँ, तम्बाकू, मक्का, बाजरा, बीट्रोट आलू, चावल, जौ, ओट, कपास, मटर मूँगफली, सोयाबिन आदि।

मुख्य अयस्क: कोयला कच्चा तेल, प्रकृकि गैस चाँदी सोना, ताँबा लोहा, मैंगनीज, पारा, लेड ,जस्ता, टिन, यूरेनियम, बॉक्साइट, निकेल, कोबाल्ट इत्यादि।

सबसे बड़ा शहर: न्यूयार्क (यूएसए)

यूनाइटेड स्टेट ऑफ अमेरिका (यूएसए)

विस्तार के मामले में यह दुनिया का चौथा सबसे बड़ा देश है लेकिन उद्योग और आर्थिक मामले में दुनिया में इसका पहला स्थान है। यहाँ के लोगों का जीवन स्तर काफी ऊँचा है। इसकी राजधानी वाशिंगटन डीसी (कोलंबिया का जिला) है। इनके राष्ट्रीय ध्वज को स्टार स्ट्रीप कहा जाता है। जिसमें 150 सितारे हैं, ये इनके देश के राज्यों का प्रतिनिधित्व करते हैं।

संयुक्त राज्य अमेरिका

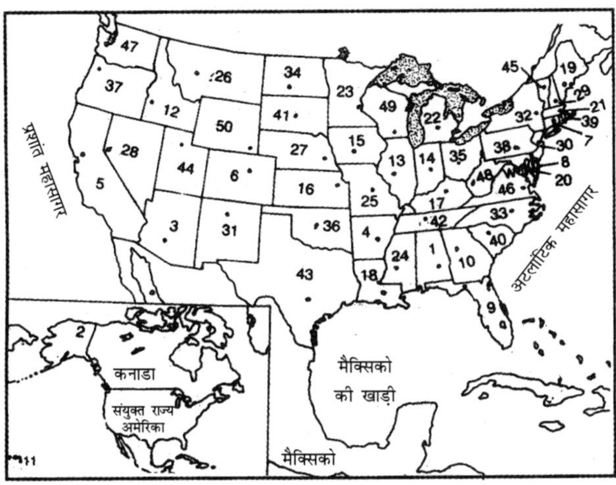

एस्कीमो और रेड: इंडियन हजारों वर्षों से यहाँ रह रहे हैं। 17 वीं शताब्दी मे अंग्रजों ने अपनी बस्तियाँ स्थापित की। फिर डच, अंग्रेज और स्पैनिश, फ्रैंच और जर्मनी ने अंग्रजों का अनुसरण कर अपनी बस्तियों की स्थापना की। खेतों और खानों में काम करने के हजारों मजदूर अफ्रीका से यहाँ लाये गये थे। द्वितीय युद्ध के बाद हजारों यूरोपीय और यहूदी शरणार्थियों के रूप में यहाँ आये थे। इन दिनों यहाँ कई देशों (भारत सहित) के लोग रहते हैं।

राज्य और उनकी राजधानी

1. अलबामा (मोंटगोमरी)2. अलास्का (जूनो), 3. एरिजोना (फीनिक्स), 4. अराकंसास (लिटिल रॉक), 5. कैलिफोर्निया (सैक्रामेंटो), 6 कालाराडो (डेनवर) 7. कनैक्टिकट (हार्टफोर्ड) 8. डेलावेयर (डेवर) 9. फ्लोरिडा (टालाहासी) 10. जर्जिया (अटलांटा), 11.हवाई (होनोलूलू) 12. ईडाहो (बोईस) 13. इलिनोइस (स्प्रिंगफील्ड). 14 इंडियाना (इंडियन पोलिस) 15. आयोवा (डेस मोइनेस) 16. कान्सास (टोपेका), 17 केन्टुकी (फ्रेंपेफर्ट), 18. लुसियाना (बेटन रूज), 19. मैने (अगस्टा), 20. मेरीलैंड (एनापोलिस), 21. मेसाचुएट्स (बोस्टन), 22. मिशिगन (लांशिंग) 23. मिनेसाटा (सेंटपॉल) 24. मिसिसीपी (जैक्सन) 25. मिसौरी (जैफरसन सिटी 26. मोंटाना (हेलेना), 27. नेब्रास्का, (लिंकन) 28. नेवादा (कार्सन सिटी, 29. न्यू हैंपशायर 30. न्यू जर्सी (ट्रेंटन) 31. न्यू मैक्सिको (सैंट फे) 32. न्यूयार्क (अल्बानी) उत्तरी कैरोलना (रैलीग) 33. उत्तरी डकोटा (बिस्मार्क) 35. ओहियो (कोलंबस), 36. ओक्लाहोमा (ओक्लाहोमा सिटी) 37. ओरेगन (सलेम) 38. पेनसिल्वेनिया (हैरिसबर्ग) 39. रोड आईलैंड (प्रोविडेंस) 40. दक्षिण कैरोलिना (कोलंबिया) 41. साउथ डकोटा (पी इर्रे) 42. टेनेशी (नैशविले), टेक्सॉस (ऑक्सिन) 43. यूटा (साल्टलेक सिटी) 45.वर्मेट (मॉन्ट पेलियर) 46. वर्जीनिया रिचमिंड) 47. वॉशिंगटन (ओलेपिया) 48. वेस्ट वर्जीनिया विस्कॉशिन्स (मैडिसिन) 50. वयोमिंग (चेयने), कोलंबिया जिला वाशिंगटन के अतर्गत : नहीं आते हैं।

डिस्ट्रिक्ट ऑफ कोलंबिया (वाशिंगटन) इन राज्यों के अंतर्गत नहीं आता है।

दक्षिण अमेरिका

हालाँकि, दक्षिण अमेरिका पनामा के जलडमरूमध्य द्वारा उत्तरी अमेरिका से जुड़ा हुआ है। यह एक स्वतंत्र महाद्वीप है। भौगोलिक रूप से यह उत्तरी अमेरिका की तुलना में अफ्रीका और ऑस्ट्रेलिया के अधिक समीप है।

सीमाएँ : पूर्व में दक्षिण महासागर है। पश्चिम में दक्षिण प्रशांत महासागर है। उत्तर में उत्तरी अमेरिका और दक्षिण में अंटार्कटिका है। पश्चिम में एंडीज पर्वत और पूर्व में प्राचीन ब्राजीलियन और गुएना की उच्च भूमि है। इन दोनों के बीच निम्न भूमि प्राकृतिक विभाजन है।

जलवायु और वर्षा: जैसा कि यह भूमध्य रेखा के दक्षिण में है। यह अधिकतर उष्णकटिबंधीय क्षेत्र में पड़ता है। भूमध्य रेखा के उत्तरी क्षेत्र में जनवरी में ठंड और जुलाई में गर्मी पड़ती है। चिली के मध्य में भूमध्य सागरीय जलवायु तथा दक्षिणी चिली में समशीतोष्ण जलवायु होती है। इस महाद्वीप में गर्मियों में वर्षा होती है। जब सूर्य भूमध्य रेखा के उत्तर में होता है, उत्तरी भाग में और सूर्य भूमध्य रेखा के दक्षिण भाग में होता है, तो दक्षिणी भाग में भारी वर्षा होती है। अमेजन के मैदानों में पूरे वर्ष वर्षा होती है। इस भाग में घने जंगल हैं। इस क्षेत्र के उत्तर और दक्षिण के मैदानों में गर्मियों में वर्षा होती है सर्दियों में नहीं। लेकिन दक्षिण चिली में पूरे वर्ष वर्षा होती है।

मुख्य पर्वत : एंडीज

मुख्य पठार: माटो ग्रोसो और पेंटागोनिया

सबसे ऊँचा स्थान: एकेंकागुआ पीक(अर्जेंटीना) 6,960 मीटर

निम्नतम स्थान: सलीनस ग्रांदे (अर्जेंटीना) 40 मीटर समुद्र तल से नीचे

मुख्य नदियाँ: अमेजन (ब्राजील में सबसे लंबी नदी) मैग्डालिना, ओरिनोको, सावो, फ्रांसिस्को, पराना, पराग्वे, उरुग्वे, कोलोराडो, टोकाटिन।

मुख्य मरुस्थल: अटाकामा, पेटोगोनिया।

मुख्य झील: टिटिकेका और पोपो

उच्चतम झरना: एंजेल (वेनेजुएला) 1,000 मीटर

सबसे गर्म स्थान: रिवादाविया(अर्जेंटीना) प्लस 48.9 डिग्री सेल्सियस

सबसे ठंडा स्थान: सर्मिएंटो (अर्जेंटीना) माइनस 32 डिग्री सेल्सियस

सबसे अधिक वर्षा वाला स्थान: क्विबो कोलंबिया

सबसे सूखा स्थान: अटाकामा (चिली) 0.3 सेंटीमीटर से कम

मुख्य खनिज: सोना, चाँदी, ताँबा, टीन, हीरा, कोयला, कच्चा तेल, प्राकृतिक गैस प्लेटिनम, पारा, फॉस्फेट, जस्ता, बॉक्साइट, निकेल, यूरेनियम और पन्ना

मुख्य फसल: कोको, काफी, गन्ना, रबर, गेहूँ।

सबसे बड़ा शहर: ब्यूनस आयर्स (अर्जेंटीना)

ओशियानिया

ओशियानिया प्रशांत महासागर में दूर-दूर तक फैली हुई है। यहाँ की सबसे अधिक आबादी ऑस्ट्रेलिया, न्यूजीलैंड, पापुआ न्यू गिनी, फिजी, टोंगा, नौरु, पश्चिमी समोकआ, सोलामन द्वीप, किरिबाती, बनातू, तुनातू में रहती है। इसके अलावा 30 हजार छोटे द्वीपों से मिलकर ओशनिया बना है। न्यूजीलैंड और ऑस्ट्रेलिया को एक साथ ऑस्ट्रेलेशिया कहा जाता है। प्रशांत महासागर के पूर्वी हिस्से के द्वीपों का समूह पॉलिनेशिया कहलाता है। जबकि पश्चिमी हिस्से में जो स्थित हैं, उसे माइक्रोनेशिया कहा जाता है। न्यू गिनी और फिजी को मेलानीशिया कहा जाता है। न्यूजीलैंड ऑस्ट्रेलिया से लगभग 1,930 किमी दूर है।

ऑस्ट्रेलिया

सीमाएँ: पूर्व और उत्तर में प्रशांत महासागर, पश्चिम में हिंद महासागर और दक्षिण में दक्षिणी महासागर है।

राज्य: न्यू साउथ वेल्स, (राजधानी- सिडनी), 2. क्वींसलैंड (ब्रिस्बेन) 3. उत्तरी ऑस्ट्रेलिया (डार्बिन) 4. दक्षिण ऑस्ट्रेलिया (एडीलेड) 5. पश्चिम ऑस्ट्रेलिया (पर्थ), 6. विक्टोरिया (मेलबर्न) 7. तस्मानिया (होबार्ट)।

कैप्टन कुक के द्वारा ऑस्ट्रेलिया की खोज करने के बाद लोग न्यू साउथ वेल्स में आकर बस गए। यह ऑस्ट्रेलिया का सबसे पुराना राज्य है। 1910 में इन राज्यों का गठन राज्यों के एक संघ और राष्ट्रसंघ के रूप में हुआ।

सभी राज्यों की राजधानी समुद्री बंदरगाह पर स्थित है। राष्ट्रमंडल की राजधानी कैनबरा है जो बंदरगाह नहीं है।

जलवायु और वर्षा: जैसा कि यह भूमध्य रेखा के दक्षिण में है। इसका मौसम भूमध्य रेखा के उत्तर में पड़ने वाले देशों से अलग है। इस संदर्भ में जब उत्तर में गर्मी पड़ती है, तो इसके विपरीत यहाँ सर्दी पड़ती है। इसलिए नवंबर से अप्रैल यहाँ गर्मी पड़ती है और मई से अक्टूबर तक यहाँ सर्दी रहती है।

ऑस्ट्रेलिया के पूर्वी हिस्से में 100 सेंमी. वर्षा पड़ती है और मुर्रे डर्लिंग बेसिन में 50 से 100 सेंमी. है। उत्तरी भागों में यह औसतन 100 सेंमी. है। यह पश्चिमी हिस्सों में वर्षा नहीं होता है इसलिए यहाँ रेगिस्तान की स्थिति है। लेकिन कुछ दक्षिणी और दक्षिणी-पश्चिम भागों में भूमध्य रेखीय जलवायु है। तट के साथ लगने वाले पूर्वी हिस्से में धनी आबादी है, क्योंकि यहाँ अच्छी वर्षा होती है। इसके फलस्वरूप फसलों का उत्पादन बहुत ज्यादा है। मध्य 100 सेमी. वर्षा पड़ती ऑस्ट्रेलिया में कोई बारिश नहीं होती है। इसके बावजूद कई रेगिस्तानों की मिट्टी उपजाऊ है और यहाँ अच्छी सिंचाई सुविधा मौजूद है।

मुख्य पर्वत: द ग्रेट डिवाइडिंग रेंज, मैकडोनेल स्टर्ट, ऑस्ट्रेलियाई अलप्स और डार्लिंग

मुख्य पठार: किम्बले का पठार

ऊँचा स्थान–

सबसे ऊँचा स्थान : माउंट कोशीशुको क्लिफ, (न्यू साउथ वेल्स) 2,234 मीटर ऊँचा

सबसे निम्न स्थान: आइवर झील (दक्षिण ऑस्ट्रेलिया) समुद्र तल से 16 मीटर नीचे

मुख्य नदियाँ– मरे (सबसे लंबी नदी, स्नोवी डार्लिंग)

मुख्य मरुस्थल– ग्रेट विक्टोरिया, गिब्सन, सिम्पसन, स्टर्ट, ग्रेट सैंडी तनावी गिब्सन

मुख्य झील: आइर , टोरेन्स, गेयर दनर, मैके, मैके, मूर, बरली

सबसे गर्म स्थान: क्लानकूरी, (क्वींसलैंड) +53 डिग्री सेल्शियस

सबसे अधिक वर्षा का स्थान : तुली (क्वींस लैंड)

सबसे सूखा स्थान: मल्का (दक्षिण ऑस्ट्रेलिया, 10.3 सेंमी.

मुख्य फसलें - गेहूँ, गन्ना, बीट्रोट, सेब

मुख्य अयस्क: लौह, कोयलाड, जिंक, चाँदी, निकेल, मैंगनीज, टीन, बॉक्साइट, चाँदी, सोना यूरेनियम, कच्चा तेल, प्राकृतिक गैस

सबसे बड़ा शहर : सिडनी

अंटार्कटिका: 66 डिग्री सर्किल के दक्षिण और समुद्र के लोगों से मिलकर अंटार्कटिका वृत्त का निर्माण होता है। यह महाद्वीप अनोखा है, क्योंकि यह अन्य महाद्वीपों से बहुत दूर है। बर्फ से ढकी यह महाद्वीप हजारों किलोमीटर तक फैली है।

पेंगुईन पक्षी, ह्वेल और क्रिज मछलियाँ और इस तरह के अन्य पानी में रहने वाले जीव यहाँ पाये जाते हैं। यहाँ दक्षिणी ध्रुव पर सितंबर से मार्च तक गर्मी होती है। दक्षिण ध्रुव के आसपास 6 महीने की गर्मियों में सितंबर से मार्च तक, लंबे दिन और सर्दियों में अप्रैल से सितंबर तक 6 महीने लंबी रातें होती हैं। तेज गति वाली ठंडी हवाएँ 140 से 320 किमी. की गति से प्रवाहित होती है। ऐसा माना जाता है कि कोयला, कच्चा तेल और लोहा यहाँ भरपूर मात्रा में है।

भारतीय वैज्ञानिकों के एक दल ने यहाँ तीसरी बार दौरा किया और हवाई अड्डे के अलावा एक शोध केन्द्र 'दक्षिणी गंगोत्री' की स्थापना की। आठवीं बार एक-दूसरे दल ने यहाँ दौरा किया और दक्षिण गंगोत्री से 80 किलोमीटर दूर दूसरे अनुसंधान केंन्द्र 'मैत्री' की स्थापना की। यहाँ साल भर में 25 लोगों के रहने के लिए सुविधाएँ हैं। 26 जनवरी, 1988 को यहाँ एक भारतीय डाकघर भी खोला गया। 9 जनवरी, 2001 को भारतीय वैज्ञानिकों के 20वें दल ने यहाँ का दौरा किया।

वहाँ बिजली के जेनरेटर, अनुसंधान केंद्र, भंडारण केंद्र, मनोरंजन सुविधाएँ, अस्पताल, बैंक और रहने की अन्य जरूरतों की सुविधा है। मैत्री में कई आकर्षक सुविधाएँ मौजूद हैं। वैज्ञानिक फसलों को बढ़ाने और अन्य फसलों को विकसित करने के लिए अनुसंधान कर रहे हैं। भारत, अर्जेंटीना, ऑस्ट्रेलिया, बेल्जियम, इटली, फ्रांस, आयरलैंड, जापान, न्यूजीलैंड, नार्वे, दक्षिण अफ्रीका, इंग्लैंड, अमेरिका और रूस के अलावा यहाँ के भी शोध केंद्र और डाकघरों की स्थापना की गई है।

उच्चतम स्थान: लिनुन मासिफ क्लिफ 5,140 मीटर

निम्न स्थान: समुद्र तल

सबसे गर्म स्थान: इसपरंज (पीमार प्रायद्वीप) +14.4°C

सबसे ठंडा स्थान: वोस्तक -88.2°C

अतिरिक्त जानकारी

देश जिनका समुद्र तट 10,000 किलोमीटर से अधिक है:

1.	कनाडा	58,8087?	2.	इंडोनशिया	54,716
3.	रूस	46,6709	4.	ऑस्ट्रेलिया	25, 760
5.	फिलीपिंस	22540	6.	यू.एस.ए.	19,924
7.	न्यूजीलैंड	15,134	8.	चीन	14,500
9.	जापान	13,685	10.	यूनान	13,676
11.	यू.के.	12,429			

ऐसे देश जिनका समुद्र से सीधा सम्बन्ध नहीं है:

यूरोप	**समुद्री निकास**
ऑस्ट्रिया	ट्रीस्टे, हैम्बर्ग, राटरडैम
चेक-स्लोवाकिया	स्जेजेसिन, ट्राइस्टे
हंगरी	ट्रइस्टे, कॉस्टैंटा
लक्जेमबर्ग	रोटरडम
स्विट्जरलैंड	वेनिस, जेनेवा, मर्शिले, लक्जमवर्ग, राटरडैम
एंडोरा	बार्सिलोना, मार्सिले
लिकटेंस्टीन	वेनिस, ट्राइस्टे
सैनमेरिनो	एंकीना, वेनिस
वेटिकन सिटी	नेपल्स, लिवोर्नो
बोलिविया	मातरानी, एरिका
परागुए	ब्यूनस आयर्स
एशिया	
अफगानिस्तान	कराची
भूटान	कोलकता
नेपाल	कोलकाता
लाओस	हैफोंग, यांगून, बैंकाक
मंगोलिया	टेंगू, व्लादिवोस्तोक
अफ्रीका	
बोत्सवाना	बाल्विस बे, डरबन, मापुटो
बुरुंडी	दार एस सलाम
मध्य अफ्रीकी गणराज्य	दौला
चाड	लागोस, पोर्ट हाकोस
लेसोथो	डरबन
मलावी	सोफला (बीरा), पोर्टो अमेलिया
माली	डकार, कोनाक्री
नाईजर	एबिजान, लागोस
रवांडा	मोम्बासा, दार-ए-सलाम
अपर बोल्टा	अबिदजान, थीम
जाम्बिया	सोफला (बीरा), दार-ए-सलाम
जिम्बाब्बे	सोफाला (बीरा), मापुटो

देशों के पुराने एवं नये नाम

पुराने नाम	**नए नाम**
अबीसीनिया	इथोपिया
बसुटोलैंड	लेसेथो
बुचुआना लैंड	बोत्सवाना
बर्मा	म्यांमार
पूर्वी बंगाल	बांग्लादेश
डच ईस्ट इंडीज	इंडोनेशिया
फरमोसा	ताइवान
गोल्ड कोस्ट	घाना
हॉलैंड	नीदरलैंड
मेडागास्कर	मालागासी
मलाया	मलेशिया
उत्तरी रोडेशिया	जिम्बाब्वे
श्याम	थाईलैंड
दक्षिण पश्चिम अफ्रीका	नामीबिया
तांजानिया और जंजीबार	तंजानिया
अपर बोल्टा	बुर्किना फासो
जैरे	कांगो गणराज्य
स्लोवाक	स्लोवाकिया
यूगोस्लाविया	सर्बिया और मोंटेनेग्रो

ग्लोबल वार्मिंग

वायुमंडल में एक ओजोन परत होता है जो सूर्य से आने वाली पराबैंगनी किरणों से पृथ्वी की रक्षा करता है। यदि किसी कारण इस परत में छिद्र हो जाता है, तो पराबैंगनीं किरणें पृथ्वी तक पहुँच जाती है। इसके अतिरिक्त पृथ्वी पर विभिन्न प्रकार के उद्योग धंधों से उत्पन्न ताप और नकारात्मक ऊर्जा पृथ्वी की गर्मी को बढ़ा रहे हैं। यह गर्मी भूमण्डलीय तापक्रम में वृद्धि करता है। ग्लोबल वार्मिंग वायु प्रदूषण के कारणों में से एक है।

यद्यपि हवा गैसों का मिश्रण है। आमतौर पर उनके प्रतिशत को रखा जाता है। उदाहरण के लिए बढ़ते औद्योगीकरण की वजह से कार्बन डाइऑक्साइड के बढ़ने से भूमण्डलीय तापक्रम बढ़ जाता है। जिससे पूरे विश्व का तापमान बढ़ जाता है। यदि प्रकृति का क्रम बिगड़ गया तो इससे अनेक प्रजातियों का अस्तित्व खतरे में पड़ जाएगा। बर्फ पिघल जाएगी। बर्फीले ध्रुवीय प्रदेशों में रहने वाले पशु, पक्षियों के निवास स्थान उजड़ जायेंगे।

उद्योग से वायुप्रदूषण

समुद्र उमड़ पड़ेगा और महाद्वीपों का विस्तार कम हो जाएगा। बीमारियाँ जैसे कैंसर, दृष्टिदोष, कमजोर प्रतिरक्षा प्रणाली तथा कृषि उत्पादन कम हो जाएगा। इसका सबसे बड़ा परिणाम अविश्वसनीय रूप से गर्मी में वृद्धि का होना है। कभी न रूकने वाली विनाशकारी गर्मी। पर्यावरण असंतुलन के कारण विश्व के विभिन्न भागों में अत्याधिक वर्षा तथा विनाशकारी बाढ़ की स्थिति उत्पन्न हो जाती है तो दूसरी ओर लगातार सूखा पड़ता है। यहाँ तक कि पीने वाले पानी का भी अभाव हो जाता है। ऐसी स्थिति को एलिनो कहते हैं।

ग्लोबल वार्मिंग को कम करने के लिए जंगल ईश्वर का एक उपहार है। एक घना जंगल भूमि के लिए प्रकृति प्रदत्त आवरण प्रदान करता है। पानी, हवा, मिट्टी पत्तेदार पदार्थ, लकड़ी ,पशु, पक्षी, कीट-पशुओं का जीवन काफी मात्रा में उत्पादन करने के लिए सहभागिता करती है। जीवाणुओं का आत्मनवीनीकरण विकास, चक्र, परिपक्वता, गलने और मृत्यु की प्रक्रिया सदैव चलती रहती है। यदि हम जंगलों के मामले में हस्तक्षेप नहीं करें तो यह हमेशा चलता रहेगा। आकार या क्षेत्र में वन को कम करना जानबूझकर देश को खत्म करना है। वनों को काटकर हम इसे विरल और बरबाद कर रहे हैं। मिट्टी तुरंत नष्ट होना शुरू हो जाता है और यहाँ पेड़ों का बढ़ना मुश्किल हो जाता है। कृषि, उद्योग और शहरीकरण के लिए वनों की कटाई के कारण कई मूल्यवान और जीवन रक्षक औषधीय पौधे विलुप्त होने के कगार पर हैं। इसलिए अधिक पेड़ों को बढ़ाना हमारा आदर्श वाक्य होना चाहिए। ताकि ग्लोबल वार्मिंग को रोकने और सभी प्राणियों के भविष्य की सुरक्षा सुनिश्चित किया जा सके।

भारतीय उपमहाद्वीप

(भारतीय उपसमूह में भारत, पकिस्तान, नेपाल, भूटान, बांग्लादेश और श्रीलंका शामिल हैं)

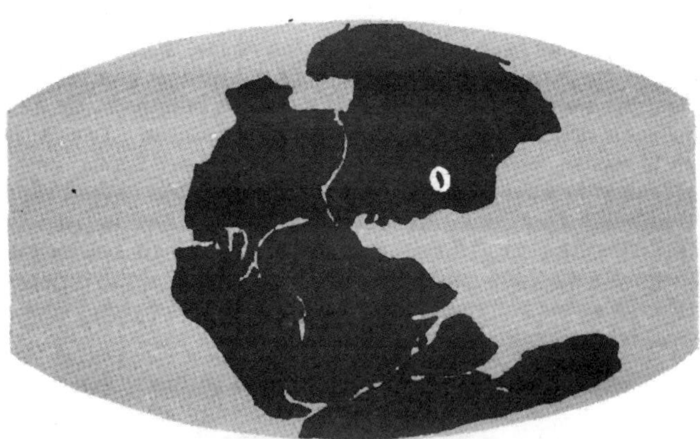

अविभाजित सुपर महाद्वीप

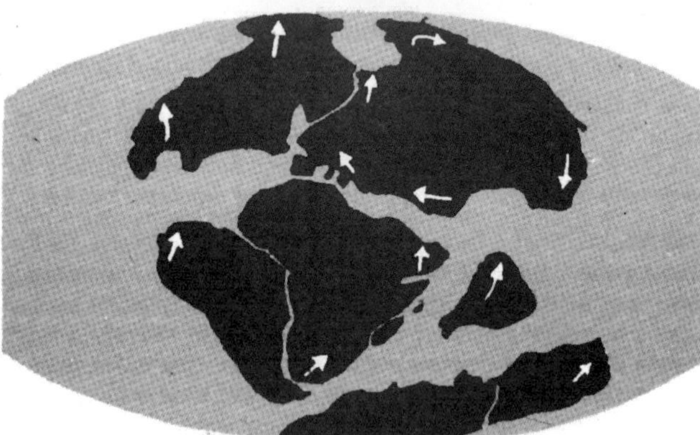

सुपर महाद्वीप में दो लंबी दरारें

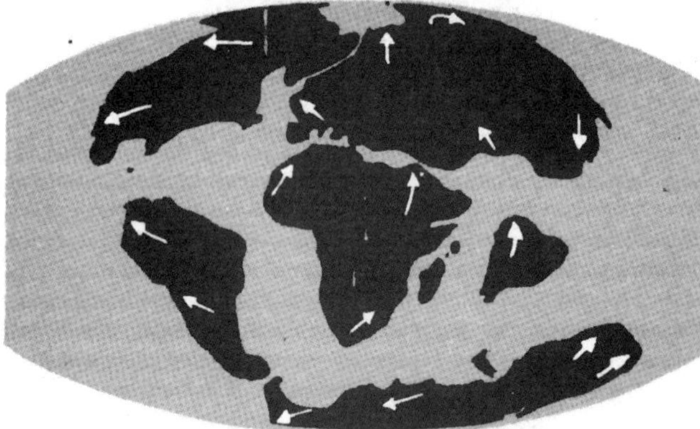

दक्षिणी दरार दो भागों में विभाजित

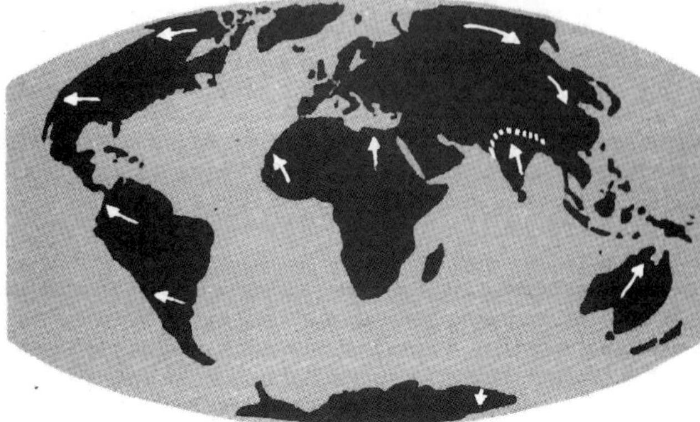

भारतीय उपमहाद्वीप का निर्माण

लगभग 25 करोड़ वर्ष पहले वर्तमान महाद्वीप एक अविभाजित महाद्वीप था और सभी समुद्र एक विशाल समुद्र था। उत्तरी छोर पर भारतीय महाद्वीप और अरब देश के बिना, उत्तरी अमेरिका ग्रीनलैंड और यूरेशिया के साथ था। नीचे अरब के साथ दक्षिण अमेरिका और अफ्रीका थे। उसके नीचे बहुत बड़ा भूमि का टुकड़ा था जिसमें अंटार्कटिका, ऑस्ट्रेलिया और भारतीय महाद्वीप थे। आर्कटिक महासागर एक बहुत बड़े खाड़ी के समान था जिसकी सीमा उत्तरी अमेरिका और यूरेशिया से छूती थी। तिथिस नाम की एक और बड़ी खाड़ी यूरेशिया और पूर्वी अफ्रीका के पूर्वी हिस्से में थी।

लगभग 5 करोड़ वर्ष के बाद इसमें दो लम्बी दरारें एक उत्तर की ओर और एक दक्षिण की ओर उत्पन्न हुई। उत्तरी दरार ने भूमि को दो हिस्सों में बाँटा। एक पूर्व में और दूसरी पश्चिम में।

भूमध्य रेखा के उत्तर में लुरेशिया और दक्षिण में गोंडवाना का गठन किया गया। उत्तरी अमेरिका ग्रीनलैंड और यूरेशिया (अरब और भारत के बिना) लुरेशिया में थे, जबकि दक्षिण अमेरिका, अरब के साथ अफ्रीका, अंटार्कटिका ऑस्ट्रेलिया और भारत दूसरा हिस्सा था। लगभग 6 करोड़ वर्ष के बाद वहाँ एक और Y आकर का दरार विकसित हुआ जिसने भारत को अंटार्कटिका से खींच लिया और 30 से.मी. की दर से उत्तर की ओर यात्रा पर रखा।

और लगभग 7 करोड़ वर्ष के बाद दूसरे दरार के कारण अमेरिका को यूरेशिया से अलग कर दिया। दक्षिण अमेरिका को अफ्रीका से अलग किया गया। उत्तरी अमेरिका और दक्षिणी अमेरिका बहकर पश्चिम की ओर पनामा के मुहाने पर जुड़कर एक हो गए। ऑस्ट्रेलिया अमेरिका से अलग होना शुरू हुआ उत्तर की ओर बढ़ने लगा। अफ्रीका अरब के साथ बहकर चला गया। लगभग 4 करोड़ वर्ष के बाद अरब अफ्रीका से अलग होकर यूरेशिया से जुड़ गया। इसके कारण अदन की खाड़ी और लाल सागर का निर्माण हुआ। ऑस्ट्रेलिया, अफ्रीका से अलग होकर उसकी ओर बढ़ने लगा।

इस प्रकार भारत अंटार्कटिका और ऑस्ट्रेलिया से अलग हो गया। भूमध्य रेखा के आसपास के गर्म क्षेत्र से पार किया। इसके परिणाम स्वरूप इसका एक हिस्सा ऊपर उठकर धीरे-धीरे चट्टानी मिट्टी में बदलकर दक्कन का पठार बन गया। इस प्रकार भरतीय महासागर से होकर अपनी यात्रा जारी रखते हुए भारतीय उपमहाद्वीप एशिया की दक्षिणी सीमा में पहुँच गए। 4.5 करोड़ वर्ष पहले एशिया बन गया। इस घटना के बाद कई परिवर्तन हुए , इनमें से कुछ निम्न हैं:

1. तिथिस महासागर के पूर्वी हिस्से में भूमि दिखाई पड़ी जो आज भारत का उत्तरी भाग है। तिथिस महासागर का वह हिस्सा, भारत और अरब के यूरेशिया का हिस्सा बनने के बाद अफ्रीका और यूरोप के बीच संलग्न हो गया। यह वर्तमान में भूमध्य सागर है।
2. महान दबाव के कारण भारत का उत्तरी हिस्सा एशिया के दक्षिणी हिस्से से टकरा गया, जिससे हिमालय पर्वतश्रेणी और तिब्बत के पठार का निर्माण हुआ। इसने हिमालय और दक्षिणी दक्कन पठार का क्षेत्र बना दिया। हिमालय की नदियों गंगा, सिंधु सदियों में नीचे की ओर बहने लगे जिससे यह बहुत ही जलोढ़ और सबसे उपजाऊ इंडो-गंगा के मैदानों में फैल गया। दक्षिण में भारत के दक्षिणी भाग ने हिंद महासागर के उत्तरी भाग को दो हिस्सों में अलग कर दिया। पश्चिम में अरब सागर और पूर्व में बंगाल की खाड़ी।

इस प्रकार वर्तमान भारत की 25 करोड़ वर्ष की लंबी यात्रा समाप्त होती है। यह अभी भी प्रति वर्ष 4.5 सेंटीमीटर पर उत्तर की ओर बढ़ रहा है।

भारतीय उपमहाद्वीप की विशेषताएँ

स्वतंत्रता: 15 अगस्त, 1947
गणतंत्र और हमारा संविधान: 26 जनवरी, 1950
भौगोलिक विशेषताएँ:
क्षेत्र: 32,87,263 वर्ग किलोमीटर
घनत्व: 382 प्रति वर्ग किलोमीटर
जनसंख्या: 136.6 करोड़, दिसम्बर 2019 के अंत तक
लिंग अनुपात: प्रति पुरुष 1000 में 940 महिलाएँ
राजधानी : नई दिल्ली
राजभाषा: हिंदी, एसोसियोटेड भाषा अंग्रेजी
साक्षरता : 74.04, पुरुष 82.14 प्रतिशत
महिला : 65.46 प्रतिशत
स्थान: यह पूरी तरह से उत्तरी गोलार्द्ध में स्थित है। जो 8° 4' और 37° 6' उत्तरी अक्षांश और 67° 7' और 97° 25' पूर्वी देशान्तर के बीच स्थित है। उत्तर से दक्षिण तक इसकी लंबाई 3214 और पूर्व से पश्चिम तक इसकी लंबाई 2933 किलोमीटर है। कर्क रेखा का उष्ण कटिबंधीय क्षेत्र इसके पास से गुजरता है और इसे लगभग दो समान क्षेत्रों उत्तर भारत तथा दक्षिणी भारत में विभाजित करता है। इसके भूमि की सीमा लगभग 15,200 किलोमीटर है। जबकि इसकी तटरेखा (पूर्व में अंडमान निकोबार और पश्चिम में लक्षद्वीप 7,516.6 किलोमीटर है।

भारत विश्व में क्षेत्रफल के मामले में 7वाँ तथा जनसंख्या के मामले में दूसरा देश है। भारत के उत्तर पश्चिम में अफगानिस्तान और पाकिस्तान की सीमा है, उत्तर में चीन, नेपाल, भूटान और पूर्व में बांग्लादेश और म्यांमार हैं।

इसकी प्राकृतिक सीमाओं में उत्तर में हिमालय, पूर्व में बंगाल की खाड़ी, पश्चिम में अरब सागर और दक्षिण में हिंद महासागर है। श्रीलंका दक्षिण में है। समुद्र में एक संकीर्ण जलसंधि पाक चैनल तथा मन्नार की खाड़ी है जो इसे भारत से अलग करती है। देश की सबसे दक्षिणी भूमि पर केमोरिन अंतरीप (कन्या कुमारी) है। जबकि दक्षिणी की एक ओर सबसे बड़ी द्वीप अंडमान और निकोबार में इंदिरा प्वाइंट है। हिमालय पर्वत दक्षिणी प्रायद्वीप के आसपास के सागरों के साथ इसे अद्वितीय भौगोलिक स्थिति प्रदान करता है। भारत अपनी विशाल जनसंख्या विभिन्न जाति, धर्म, भाषा और साहित्य, धर्म और संस्कृति के साथ भारतीय उपमहाद्वीप का नाम कमाया है।

प्राकृतिक विभाजन :
मुख्य भूमि चार क्षेत्रों में शामिल हैं:
1. महान पर्वत क्षेत्र, 2. गंगा और सिंधु के मैदान, 3. मरुस्थलीय क्षेत्र, 4. दक्षिणी प्रायद्वीप

1. उत्तर में महान पर्वतीय क्षेत्र: हिमालय को ईश्वर का निवास स्थान कहा जाता है। इसका शांत वातावरण, बर्फ से ढकी चोटियाँ, तेज बहाव वाली नदियाँ और विशाल हरी घाटी आध्यामिकता को समान रूप से प्रदर्शित करती है। इस क्षेत्र में हिमालय की तीन समानांतर श्रेणियाँ शामिल हैं। पर्वत की दीवार 20 डिग्री और 36 डिग्री उत्तरी अक्षांश के बीच, 74 डिग्री और 96 डिग्री पूर्व रेखांश पर 240 से 320 किमी गहराई के साथ 2,400 किमी की दूरी तक फैली हुई है। पूर्व में भारत म्यांमार और बाँग्लादेश के बीच पहाड़ी पर्वतमाला बहुत छोटी हैं। गारो, खासी, जैन्तिया और नागा पहाड़ियाँ प्राय: पूर्व-पश्चिम की ओर चलती हैं। यह उत्तर से दक्षिण की ओर जाने वाली मिजो और अराकान पहाड़ियों से जा मिलती हैं। इनके तहत इसका अध्ययन किया जा सकता है: ट्रांस हिमालय (तिब्बती हिमालय, काराकोरम, कैलाश पर्वत और के-2 (ऑस्टिन गाडविन) चोटियाँ सर्वोच्च हैं। 2. ग्रेटर हिमालय या हिमाद्री (माउंट ऐवरेस्ट चोटी, कंचनजंगा, धौलागिरि और नंदा देवी 3. मध्य या सेन्ट्रल हिमालय (शिमला, चैल, रानीखेत, मसूरी, देहरादून, अल्मोड़ा और दार्जिलिंग) 4. पटकाई और उससे जुड़े पर्वत समस्त भारत-बाँग्लादेश-म्यांमार की सीमा पर फैले हुए है। इन्हें सामूहिक रूप से पूर्वांचल कहा जा सकता है। माउंट एवरेस्ट का नाम पूर्व सर्वेयर जनरल कर्नल सर जॉर्ज एवरेस्ट के नाम पर रखा गया था।

विश्व की सबसे ऊँची चोटी एवरेस्ट (नेपाल में) दूसरी सबसे ऊँची चोटी के-2, नंगा पर्वत नंदा देवी, धौलागिरि, अन्नपूर्णा कंचनजंगा और पवित्र धार्मिक स्थल बद्रीनाथ, केदारनाथ, हेमकुंड साहेब और ऋषिकेश यहाँ स्थित है। सीमाओं के मध्य में अरुणाचल प्रदेश, मणिपुर, नागालैंड और सिक्किम तथा कश्मीर राज्य के अतिरिक्त दुनिया भर में मशहूर शिमला मसूरी, दार्जलिंग नैनीताल, कुल्लू, देहरादून और लोकप्रिय पटकई नागा पहाड़ियाँ, खासी और जैंतिया पहाड़ियाँ जैसे गर्मियों के प्रसिद्ध रिसार्टस हैं। हिमालय की कई चोटियों के बीच सबसे अनोखा पर्वत कैलाश पर्वत है। यह एशियाई धर्म का सबसे पवित्र पर्वत है। हिमालय के झीलों में मानसरोवर सबसे पवित्र है। कैलास के पवित्र शिखर को भगवान शिव का निवास माना जाता है। हिंदू और बौद्ध तीर्थ यात्री पुरातन काल से मानसरोवर की पवित्र झील के दर्शन के लिए यहाँ आते रहे हैं। शिखर और नदियों दोनों में मानसिक और आध्यात्मिक रूप से पुनर्जीवित और ताजादम करने की अपूर्व क्षमता है। उनका नाम हमेशा सम्मान एवं श्रद्धा के साथ लिया जाता है।

हिमालय उत्तरी भारत के प्राय: सभी प्रमुख नदियों का स्रोत है। ये नदियाँ उनकी विशाल चोटियों से निकलते हैं। पर्वत की चोटियों पर बर्फ का ढेर होने के कारण नीचे की चोटी लगातार पिघलती जाती है जो इन नदियों के प्रवाह के साथ पानी प्रदान करता है। उत्तर भारत के मैदानी इलाकों के लोग सदा इसका लाभ उठाते हैं।

सिंधु और गंगा के मैदान:
ये मैदान नदी प्रणालियों की घाटियों से बनते हैं। सिंधु, गंगा और ब्रह्मपुत्र-2400 किलोमीटर लम्बी और 230-240 किलोमीटर चौड़ी है। यह क्षेत्र सबसे घनी आबादी का क्षेत्र होने के अतिरिक्त दुनिया के सबसे उपजाऊ भागों में से एक है। दिल्ली से बंगाल की खाड़ी तक का यह पूरा क्षेत्र एक समान है।

मरुस्थलीय क्षेत्र: महान भारतीय रेगिस्तान (थार) कच्छ के रण से शुरू होकर राजस्थान और सिंध (पाकिस्तान) की सीमाओं को छूते हैं। कुछ क्षेत्र लूनी नदी के पार फैला है (जैसलमेर और जोधपुर के बीच में)।

प्रायद्वीप के पठार: यह स्थिरता और कभी-कभार भूकंपीय गड़बड़ी वाले क्षेत्र हैं।
यह पश्चिम में अरब सागर के पार्श्व भाग में है, दक्षिण में हिंद महासागर, जबकि विंध्य और सतपुड़ा की पर्वत श्रेणी इंडो गंगेटिक के मैदान में प्रायद्वीप को काटती हुई चलती है। पूर्वी घाट पूर्वी तट के सामानातंर चलते हैं और पश्चिमी घाट पश्चिमी तट के सामानांतर चलते हैं। जबकि पूर्वी तटीय क्षेत्र विस्तृत है पश्चिमी घाट संकीर्ण हैं। पश्चिमी घाट अरब और हिंद महासागर के हवाओं और मानसून के निर्देशन में एक महत्त्वपूर्ण भूमिका निभाते हैं। जिसके कारण पश्चिमी तट पर भारी वर्षा होती है। जबकि पूर्वी घाटों की जगहों पर पानी की कमी होती है।

नर्मदा और ताप्ती नदियाँ पूर्व से पश्चिम की ओर प्रवाहित होकर अरब सागर में मिलती हैं, जबकि महानदी, गोदावरी, कृष्णा और कावेरी पश्चिम से पूर्व की ओर बहकर बंगाल की खाड़ी से जा मिलती है। पूर्वी घाट और पश्चिमी घाट के मिलने की जगह पर नीलगिरि पहाड़ियाँ है। उसके बाहर कार्डमम की पहाड़ियाँ पश्चिमी घाटों की ओर है। विंध्य और सतपुड़ा के बीच के पठार को मालवा के पठार के रूप में जानते है। उसके दक्षिण में महाराष्ट्र, कर्नाटक, और आंध्रप्रदेश राज्य पूर्वी ओर पश्चिमी घाट के बीच में स्थित है। ऊटी कोडाईनाल और मन्नार के ग्रीष्मकालीन रिसाट्र्स पश्चिमी घाट के दक्षिण भाग में है। सबरी मलाई भी यहाँ स्थित है। पूर्वी घाट की ऊँचाई 1,220 मीटर है, जबकि पश्चिमी घाट की ऊँचाई 2,500 मीटर है।

नदियाँ: यदि भारत दुनियाँ की सबसे अधिक आबादी वाले देशों में से एक है तो इसका कारण सिंधु, बह्मपुत्र, और गंगा की नदियाँ हैं, जिनकी उत्पत्ति हिमालय से होती है। ये नदियाँ बारहमासी है, क्योंकि ये बर्फ के पिघलने से निकलती है। मानसून के मौसम के आगमन के साथ ये नदियाँ मैदानों में फैलकर बाढ़ लाती है। जिसमें असीम मात्रा में जान-माल और धन की क्षति होती है। प्रायद्विपीय नदियाँ वर्षा के कारण बाढ़ लाती है। इसलिये उनके प्रवाह में उतार चढ़ाव होता रहता है। जबकि पश्चिमी तट की नदियाँ कम प्रवाहित होती है। इनका जलग्रहण सीमित क्षेत्र में होता है। नदियाँ बिजली, सिंचाई, परिवहन और उद्योग के लिए महत्त्वपूर्ण होती हैं। उनके तटों पर कई बड़े शहर स्थित हैं।

हिमालय की नदियाँ

(i) **सिंधु:** यह हिमालय के कैलाश पर्वत (तिब्बत में) से निकलती है। झेलम, चिनाब, रावी, व्यास और सतलज-पंजाब की पाँच इसकी सहायक नदियाँ भारत और पाकिस्तान से होकर अरब सागर में जाकर मिल जाती हैं।

(ii) **गंगा:** अलकनंदा के बद्रीनाथ और मंदाकिनी के निकट अलकापुरी ग्लेशियर से निकलकर रुद्रप्रयाग में मिलती है और अंत में भागीरथी (जो गंगोत्री ग्लेशियर के गोमुख से निकलती है) में देवप्रयाग में जाकर मिल जाती है। ये तीनों नदियाँ कई सहायक नदियों, मुख्य रूप से यमुना जो यमुनोत्री से शुरू होती है, गोमती, घाघरा, गंडक और कोशी के साथ उत्तर प्रदेश, बिहार और बंगाल होकर बहते हुए बांग्लादेश के बंगाल की खाड़ी में जाकर मिल जाती है। चंबल, सिंध, बेतवा और दामोदर इसकी सहायक नदियाँ हैं। जो दक्षिण से उत्तर की ओर बहकर गंगा से मिल जाती है। यमुना में गंगा के साथ संगम को त्रिवेणी के रूप में माना जाता है। क्योंकि एक अदृश्य भूमिगत नदी सरस्वती भी यहाँ इन दोनों नदियों से मिलती है। हिंदुओं के सबसे पवित्र तीर्थस्थल ऋषिकेश, हरिद्वार, वाराणसी (कासी), इलाहाबाद (प्रयाग) आदि गंगा तट पर स्थित हैं। विश्व प्रसिद्ध कुंभ और अर्द्धकुंभ मेला जो 12 वर्षों और 6 वर्षों में एक बार क्रमशः इलाहाबाद और हरिद्वार में आयोजित होता है, जहाँ आकर गंगा अंतिम रूप से मैदानों में उभरती है। कुंभ मेला का वार्षिक संस्करण माघ मेला प्रत्येक वर्ष जनवरी में मकर संक्राति से शुरू होकर फरवरी में महाशिवरात्रि में समाप्त होता है।

नोट: इसरो रिमोट सेंसिंग सेटेलाइट ने पाया है कि सरस्वती नदी अभी भी थार रेगिस्तान के नीचे से प्रवाहित होती है।

विश्व प्रसिद्ध सुंदरबन: दुनिया के सबसे उपजाऊ भूमि में से एक गंगा का मैदान है, जिसमें से अधिकांश अब बांग्लादेश में है।

(iii) **ब्रह्मपुत्र :** मानसरोवर से 100 किलोमीटर उत्तर-पश्चिम में चेमयांग घाटी से शुरू होकर सांगपो के नाम से तिब्बत में 1625 किलोमीटर बहकर भारत में प्रवेश करती है। यहाँ यह असम और अरुणाचल प्रदेश में आकर दिवांग और लोहित नदियों से जुड़कर ब्रह्मपुत्र बन जाती है। इसके पश्चात यह बांग्लादेश में प्रवेश कर गोलुंडो में गंगा से मिलती है। इन दोनों का संयुक्त नाम पद्मा के नाम से जाना जाता है, जो मेघना में शामिल होकर बंगाल की खाड़ी में गिर जाती है। ब्रह्मपुत्र तिब्बत में 1,625 किलोमीटर, भारत में 918 किलोमीटर तथा बांग्लादेश में 337 किलोमीटर प्रवाहित होती है। यह उन जगहों से होकर गुजरती है जहाँ चाय, जूट, अनाज आदि उगाये जाते हैं। इन फसलों को बोटों के माध्यम से ले जाया जाता है।

प्रायद्विपीय नदियाँ

यदि नर्मदा और ताप्ती पश्चिम की यात्रा करने के बाद अरब सागर में प्रवेश करती हैं तो महानदी, गोदावरी, कृष्णा और कावेरी पूर्व में बंगाल की खाड़ी में प्रवेश करती हैं।

गोदावरी, पश्चिमी घाट में नासिक के निकट त्रिंबकम से निकलती है और महाराष्ट्र, आंध्रपदेश से होकर गुजरती है। कृष्णा महाराष्ट्र के महाबलेश्वर में पश्चिमी घाट से निकलती है, और कर्नाटक तथा आंध्रप्रदेश से होकर गुजरती हैं। ये दोनों नदियाँ बंगाल की खाड़ी में जाकर मिल जाती हैं। कावेरी दुर्ग जिले में स्थित ब्रह्मगिरि की पहाड़ियों से बाहर निकलती है और कर्नाटक और तमिलनाडु होकर बहती है। गोदावरी, आंध्रप्रदेश के बसाड (अदिलाबाद जिला) से निकलकर और कृष्णा मक्ताल (महबूबनगर जिला) में प्रवेश करती है, कावेरी कर्नाटक से निकलकर "बिलीगुंडलू" में प्रवेश करती है। ये सभी नदियाँ वर्षा से प्रभावित होती हैं, इसलिए इनका प्रवाह घटता बढ़ता है।

गंगा के मैदान के बगल में गोदावरी का मैदान है, उसके बाद कृष्णा, महानदी, नर्मदा, कावेरी आदि हैं। ताप्ती और पेन्ना नदियाँ लम्बाई में काफी छोटी हैं, लेकिन सिंचाई के मामले में उसका योगदान बहुत महत्त्वपूर्ण है।

तटीय नदियाँ:

शारवती, नेत्रवती, चेय्येरु, पेरियार और पम्बा कुछ तटीय नदियाँ हैं। ये सभी पश्चिमी घाट से शुरू होकर अरब सागर में मिल जाती हैं। ये सभी वर्षा से प्रभावित होती हैं लेकिन वे बारहमासी नहीं है। ये देश के जल संसाधनों का 11 प्रतिशत और भूमि क्षेत्र का 10 प्रतिशत योगदान करते हैं। पश्चिमी घाटों में नदी के पानी का उपयोग इस लिहाज से जटिल है कि अरब सागर के पास एक ढलान है। भारी वर्षा के बावजूद सारा पानी छोटे-छोटे नदी-नालों के माध्यम से निकल जाता है और काफी बरसात के बाद भी कोई बड़ी नदी नहीं बन पाती है।

अंतर्देशीय नदियाँ : ये अधिकतर राजस्थान में पायी जाती हैं। ये छोटी नदियाँ वर्षा के कारण उत्पन्न होती है और गर्मियों में मिट्टी में गायब हो जाती है। एक या दो जैसे लूनी जो कच्छ के रण में मिलती है, कुछ लम्बी है और पानी गंतव्य स्थल सांभर झील तक पहुँचती है।

जलवायु: अपनी भौगोलिक स्थिति के कारण भारत में केवल उष्णकटिबंधीय जलवायु है। हमारे यहाँ चार मौसम पाए जाते हैं। 1. शीतकालीन: दिसंबर से फरवरी 2. ग्रीष्मकालीन: मार्च से मई 3. बरसात: जून से सितंबर (दक्षिण पश्चिमी मानसून के कारण) 4. मानसून के बाद का मौसम : अक्टूबर से लेकर मध्य दिसंबर (दक्षिण भारत में उत्तर-पूर्व मानसून के कारण)

अप्रैल और मई के महीनों में हमारे उपमहाद्वीप के उत्तर पश्चिमी भाग के भूमि क्षेत्रों में गर्मी होती है। यह भूमि के निकट की हवा को गर्म कर देती है और गर्म होने से हवा हल्की हो जाती है। यहा हल्के दबाव का क्षेत्र उत्पन्न हो जाता है। लेकिन उसी महीने में दक्षिणी गोलार्ध में शीतकाल होता है और वहाँ की हवा शांत और घनी रहती है। इसलिए बड़े क्षेत्र में एक उच्च दबाव का क्षेत्र उत्पन्न हो जाता है। इसलिए हम दक्षिण में उच्च दबाव पाते है और उत्तर-पश्चिम में कम दबाव पाते हैं।

वर्षा: देश को दक्षिण-पश्चिम और उत्तर-पूर्वोत्तर मानसून से बारिश प्राप्त होता है, दक्षिण पश्चिम मानसून से अधिक वर्षा प्राप्त होता है।

ऋतु का समय	वर्षा	मानसून
1. जनवरी से फरवरी तक	2.6 %	उत्तरोतर-मानसून
2. मार्च से मई	10.4 %	दक्षिण पश्चिम-मानसून
3 जून से सितंबर	73.7 %	दक्षिण पश्चिम-मानसून
4. अक्टूबर से दिसंबर	13.3 %	उत्तर पूर्वी-मानसून

वर्षा : वर्षा की मात्रा के हिसाब से भारत को चार क्षेत्रों में विभाजित किया सकता है।

1. **160 सेमी. और इससे अधिक :** पश्चिम बंगाल, असम और पश्चिमी घाट क्षेत्र।
2. **100-150 सेमी. :** मध्य भारत, हिमालय से लेकर गोदावरी, पूर्वी तटीय क्षेत्र, पश्चिमी घाट का पूर्वी भाग तथा गुजरात के बीच।
3. **50-100 सेमी. :** लगभग शुष्क क्षेत्र, तमिलनाडु, ढक्कन के दक्षिण की ओर पठार और दक्कन के उत्तर-पश्चिम।
4. **50 सेमी. से नीचे :** मरुस्थलीय क्षेत्र

वर्तमान आँकड़ों के अनुसार चेरापुँजी से 16 किमी. दूर मॉसिनराम को भारत का सबसे अधिक वर्षा वाली जगह होने का अनुमान है।

भारत का राजनीतिक विभाजन: प्रशासन की सुविधा के लिए भारत को 9 संघों और 28 राज्यों में विभाजित किया गया है।

(2011 की जनगणना के अनुसार)

क्र. सं.	राज्य	राजधानी	क्षेत्रफल (1000 स्क्वेयर में)	जनसंख्या (लाख में)	घनत्व (प्रति स्क्वेयर (कि.मी.)	सारक्षता (प्रति 100)
1.	आंध्रप्रदेश	अमरावती	162.97	846.6	308	68
2.	अरुणाचल प्रदेश	ईटानगर	83.7	13.8	17	67
3.	असम	दिसपुर	78.5	311.7	397	73
4.	बिहार	पटना	94.2	1038.0	1102	64
5.	छत्तीसगढ़	रायपुर	136.0	255.4	189	71
6.	गोवा	पणजी	3.7	14.6	394	87
7.	गुजरात	गांधीनगर	196.0	603.8	308	79
8.	हरियाणा	चंडीगढ़	44.2	253.5	573	77
9.	हिमाचल प्रदेश	शिमला, धर्मशाला	55.7	68.6	123	84
10.	तेलंगाना	हैदराबाद	112.07	125.5	124	69
11.	झारखंड	रांची	79.7	329.7	414	68

12.	कर्नाटक	बेंगलूरू	191.8	611.3	319	76
13.	केरल	तिरूवनंतपुरम	38.9	333.9	859	94
14.	मध्य प्रदेश	भोपाल	308.0	726.0	236	71
15.	महाराष्ट्र	मुम्बई	307.7	1123.7	365	83
16.	मणिपुर	इम्फाल	22.3	27.2	122	80
17.	मेघालय	शिलांग	22.4	29.6	132	76
18.	मिजोरम	आइजोल	21.0	10.9	52	92
19.	नागालैंड	कोहिमा	16.6	19.8	119	80
20.	ओडिसा	भुवनेश्वर	155.7	419.5	269	74
21.	राजस्थान	जयपुर	50.4	277.0	550	77
22.	सिक्किम	गंगटोक	342.2	686.2	201	67
23.	पंजाब	चंडीगढ़	7.1	6.1	86	82
24.	तमिलनाडु	चेन्नई	130.1	721.4	555	80
25.	त्रिपुरा	अगरतला	10.5	36.7	350	88
26.	उत्तर प्रदेश	लखनऊ	240.9	1995.8	828	70
27.	उत्तराखंड	देहरादून	53.5	101.2	189	80
28.	पश्चिम बंगाल	कोलकाता	88.8	913.5	1029	77

संघ शासित प्रदेश **(2011 की जनगणना के अनुसार)**

क्र. सं.	राज्य	राजधानी	क्षेत्रफल (1000 स्क्वेयर में)	जनसंख्या (लाखों में)	जनसंख्या घनत्व (प्रति वर्ग कि.मी.)	सारक्षता (प्रति 100)
1.	अंडमान और निकोबार	पोर्टब्लेयर	8.2	3.8	46	86
2.	चंडीगढ़	चंडीगढ़	0.1	10.5	9252	86
3.	दादर और नगर हवेली	सिलवासा	0.5	3.4	698	78
4.	दिल्ली	दिल्ली	1.5	167.5	11297	87
5.	लक्षद्वीप	कावारत्ती	0.03	0.6	2013	92
6.	पुदुचेरी	पुदुचेरी	0.5	12.4	2598	87
7.	दमन और दीव	दमन	0.1	2.4	2169	87
8.	लद्दाख	लेह	117.00			
9.	जम्मू एवं कश्मीर	श्रीनगर	155.00			

	सबसे बड़ा या छोटा	राज्य	केन्द्रशासित प्रदेश
1.	विस्तार में सबसे बड़ा	राजस्थान	अंडमान और निकोबार
2.	विस्तार में सबसे छोटा	गोवा	लक्षद्वीप
3.	जनसंख्या में सबसे अधिक	उत्तर प्रदेश	दिल्ली
4.	सबसे कम जनसंख्या	सिक्किम	लक्षद्वीप
5.	सबसे अधिक घनी आबादी वाला राज्य	बिहार	दिल्ली
6.	सबसे कम जनसंख्या वाला राज्य	अरुणाचल प्रदेश	अण्डमान और निकोबार द्वीप समूह
7.	सर्वोच्च साक्षरता	केरल	लक्षद्वीप
8.	सबसे कम साक्षरता वाला राज्य	बिहार	दादर एवं नगर हवेली
9.	महिलाओं का सबसे अधिक लिंगानुपात प्रति 1000 पुरुष	केरल (1084)	पुदुचेरी (1038)
10.	सबसे कम लिंगानुपात	हरियाणा (877)	दमन एवं दीव (618)

नोट:

1. असम, उत्तरांचल और उड़ीसा राज्यों के नाम बदलकर असोम, उत्तराखंड और ओडिशा रखा गया है। पांडिचेरी का नाम बदलकर पुदुचेरी रखा गया है।
2. सम्बंधित राज्य की शीतकालीन राजधानी से संदर्भित है।
3. जनसंख्या के आँकड़े करोड़ एवं लाखों में दिए गए हैं।
4. 2, जून 2014 को तेलंगाना का गठन 29वें राज्य के रूप में हुआ।

धर्म के अनुसार जनसंख्या (1991 की जनसंख्या के अनुसार– 2001 के आँकड़े उपलब्ध नहीं है।)

1. हिंदु-82%, 2. मुस्लिम-11%, 3. क्रिश्चियन-3%, 4. सिख-2%, 5. बौद्ध-0.75%, 6. जैन-0.5%, 7. अन्य-0.75%

राज्य एवं संघशासित प्रदेशों की अधिकारिक भाषाएँ

1. बिहार, झारखंड, मध्य प्रदेश, छत्तीसगढ़, हिमाचल प्रदेश, राजस्थान, उत्तर प्रदेश, उत्तराखंड, हरियाणा, अंडमान और निकोबार समूह, चंडीगढ़ और दिल्ली - हिंदी
2. आंध्र प्रदेश- तेलगु, उर्दू
3. पश्चिम बंगाल - बंगाली
4. महाराष्ट्र - मराठी
5. तमिलनाडु, पांडीचेरी - तमिल
6. गुजरात, दमन और दीव, दादरा और नगर हवेली-गुजराती
7. कर्नाटक - कन्नड़
8. केरल, लक्षद्वीप - मलयालम
9. ओडिशा - उड़िया
10. पंजाब - पंजाबी
11. असम - असमिया
12. जम्मू और कश्मीर - कश्मीरी, उर्दु, डोगरा
13. मणिपुर - मणिपुरी
14. सिक्किम - नेपाली

संस्कृत, सिंधी, कोकंणी भाषा को भी संविधान के द्वारा मान्यता प्राप्त है।

राष्ट्रीय ध्वज-तिरंगा: केसरिया रंग सबसे ऊपर, सफेद रंग मध्य में, गहरा हरा रंग नीचे बराबर अनुपात में लगाया गया है। इसके मध्य में 24 चक्रों वाला अशोक चक्र है, इसे सारनाथ के शेर चिह्न से लिया गया है।

राष्ट्रगान - जन गण मन, **राष्ट्रगीत** - वंदे मातरम, **राष्ट्रीय पक्षी** - मयूर, **राष्ट्र पशु** - बाघ, **राष्ट्रीय फूल** - कमल,

राष्ट्रीय कलैंडर - सातवाहन शक कैलेंडर को 22 मार्च, 1957 को अपनाया गया है। यह प्रत्येक वर्ष चैत्र महीने के 22 मार्च से और लीप ईयर में 21 मार्च से आरंभ होता है।

राष्ट्रीय प्रतीक - दिखाई पड़ने वाले तीन शेर और उसके नीचे मध्य में एक चक्र, दाहिनी ओर सांड और बाईं ओर एक सिंह है। मुंडको उपनिषद से लिखा गया शब्द 'सत्यमेव जयते' देवनागरी मे अंकित है। (अशोक की राजधानी सारनाथ से कुछ बदलाव के साथ अपनाया गया है।)

अंतरराष्ट्रीय हवाई अड्डे

1. इंदिरा गांधी इंटरनेशनल एयरपोर्ट, (नई दिल्ली)
2. छत्रपति शिवाजी इंटरनेशनल एयरपोर्ट (मुम्बई)
3. राजीव गांधी इंटरनेशनल एयरपोर्ट (हैदराबाद)
4. बेंगलूरू इंटरनेशनल एयरपोर्ट (बेंगलूरू)
5. अन्नादुराई अंतर्राष्ट्रीय हवाई अड्डा (चेन्नई)
6. नेताजी सुभाष चंद्र बोस अंतर्राष्ट्रीय हवाई अड्डा (कोलकाता)
7. कोचिन अंतर्राष्ट्रीय हवाई अड्डा (कोच्चि)
8. सरदार वल्लभभाई अंतर्राष्ट्रीय हवाई अड्डा (अहमदाबाद)
9. गोवा अंतर्राष्ट्रीय हवाई अड्डा (पणजी)
10. तिरूवनंतपुरम अंतर्राष्ट्रीय हवाई अड्डा (तिरूवनंतपुरम)
11. जयपुर अंतर्राष्ट्रीय हवाई अड्डा (जयपुर)
12. श्रीनगर अंतर्राष्ट्रीय हवाई अड्डा (श्रीनगर)
13. श्री गुरू रामदासजी इंटरनेशनल एयरपोर्ट (अमृतसर)
14. लोकप्रिय गोपीनाथ बारडोली इंटरनेशनल एयरपोर्ट (गुवाहाटी)
15. बाबा साहेब अम्बेडकर हवाई अड्डा (नागपुर)
16. कालीकट अंतर्राष्ट्रीय हवाई अड्डा
17. वीर सावरकर अंतर्राष्ट्रीय हवाई अड्डा (पोर्ट ब्लेयर)

कुछ बड़े बंदरगाह:

पश्चिमी तट		पूर्वी तट	
1.	मुम्बई (महाराष्ट्र)	7.	कोलकाता हल्दिया, (पश्चिम बंगाल)
2.	नवाशेवा (जवाहर लाल नेहरू पोर्ट, मुम्बई, महाराष्ट्र)	8.	पाराद्वीप (ओडिशा)
3.	कांडला (गुजरात)	9.	विशाखापतनम (आंध्र प्रदेश)
4.	मर्मागोआ (गोआ)	10.	चेन्नई (तमिलनाडु)
5.	न्यू मंगलौर (कर्नाटक)	11.	एन्नोरे (चेन्नई टी. एन.)
6.	कोची (केरल)	12.	तुतीकोरन (तमिलनाडु)

भारत का सबसे बड़ा समुद्री बंदरगाह मुम्बई और सबसे गहरा बंदरगाह विशाखापत्तनम है।

रेलवे लाइन और कारखाने:

1. **भाप इंजन :** चित्तरंजन (प. बंगाल), जमशेदपुर(झारखंड)
2. **विद्युत इंजन :** चित्तरंजन (प. बंगाल)
3. **डीजल इंजन :** वाराणसी (उत्तर प्रदेश)
4. **डीजल इंजन के पुर्जे :** पटियाला (पंजाब)
5. **रेलवे कोच :** पेराम्बुर (चेन्नई, तमिलनाडु), कपूरथला (पंजाब), कोलकाता (प.बंगाल), बंगलुरू (कर्नाटक)
6. पहिया और धुरी : येलहंका (बंगलुरू, कर्नाटक)
7. भूमिगत ट्रेन (मेट्रो रेलवे): कोलकाता (पश्चिम बंगाल), मेट्रो रेलवे, दिल्ली
8. ऊपरी ट्रेन (एम.आर.टी.एस.) : चेन्नई (तमिलनाडु)
9. **रेल पथ (ट्रैक) की चौड़ाई**

			रेलमार्ग कि.मी.
1.	ब्राड गेज	: 1.676 मिमी.	44,383
2.	मीटर गेज	: 1 मीटर	15,013
3.	नैरो श्रेज	: 762 किमी. और 610 मिमी.	3,363

रेलवे क्षेत्र

	क्षेत्र (जोन)	मुख्यालय	किलोमीटर
1.	मध्य	मुम्बई	3,905
2.	पूर्वी	कोलकाता	2,435
3.	पूर्व मध्य	हाजीपुर	3,656
4.	पूर्वी तटीय	भुवनेश्वर	2,645
5.	उत्तरी	नई दिल्ली	6,968
6.	उत्तर-मध्य	इलाहाबाद	3,151
7.	उत्तर-पूर्वी	गोरखपुर	3,721
8.	उत्तर-पूर्व सीमांत	मालीगाँव (गुआहाटी)	3,908
9.	उत्तर-पश्चिम	जयपुर	5,464
10.	दक्षिण	चेन्नई	5,102
11.	दक्षिण-मध्य	सिकंदराबाद	5,810
12.	दक्षिण-पूर्व	कोलकाता	2,632
13.	दक्षिण-पूर्व मध्य	बिलासपुर	2,455
14.	दक्षिण-पश्चिम	हुबली	3,177
15.	पश्चिमी	मुम्बई	6,440
16.	पश्चिम-मध्य	जबलपुर	2,965
17.	मेट्रो रेलवे	कोलकाता	25

राष्ट्रीय जलमार्ग

1. गंगा (इलाहाबाद (यू.पी.) और हल्दिया (प. बंगाल) के बीच - 1,620 किमी.
2. ब्रह्मपुत्र (सादिया से घुबरी) - 891 किमी.
3. वेस्ट कोस्ट केनाल (कोल्लम से कोट्टापुरम) 168 किमी. केरल में चंपाकारा नहर (14 किमी) और उद्योग मंडल (22 किमी.)

कुछ राज्यों की लम्बाई (सतह और असतह) (1000 किमी. में)

1. महाराष्ट्र (3,62) 2. ओडिशा (2,63) 3. उत्तर प्रदेश 4. तमिलनाडु (2,21) 5. मध्य प्रदेश (2,00) 6. आंध्र प्रदेश (1,78) 7. केरल (1,46) 8. कर्नाटक (1,44)

अंतरिक्ष अनुसंधान केंद्र

1. विक्रम साराभाई अंतरिक्ष केंद्र, तिरूवनंतपुरम (केरल)
2. इसरो सेटेलाइट सेंटर (ISAC), बंगलुरू (कर्नाटक)
3. सतीश धवन अंतरिक्ष केंद्र (SHAR), श्री हरिकोटा (आंध्रप्रदेश)
4. स्पेस अल्पीकेशन सेंटर और डेवलपमेंट ऑफ एजुकेशनल कम्युनिकेशन (अहमदाबाद)
5. सहायक प्रणोदन ईकाई प्रणाली, बंगलुरु (कर्नाटक) और तिरुवंतपुरम (केरल)
6. सेटेलाइट कंट्रोल सेंटर, हसन (कर्नाटक)
7. राष्ट्रीय रिमोट सेसिंग एजेंसी, हैदराबाद (आंध्रप्रदेश)
8. तरल प्रणोदन प्रणाली केंद्र (लिक्विड प्रोपल्सन सिस्टम), तिरुवंतपुरम, बंगलुरु और महेंद्रगिरी (तमिलनाडु)
9. एन.एम.आर.एफ. केंद्र, गंडकी (तिरुपति, आंध्रप्रदेश के निकट)
10. ग्राउंड स्टेशन, श्रीहरिकोटा, तिरुवंनतपुरम, बंगलुरू, लखनऊ, पोर्ट ब्लेयर

कृषि और फसलें

1. **खरीफ फसल:** ये गर्मियों में होने वाली फसलें हैं। इनमें से कुछ धान, बाजरा, कपास आदि हैं जिन्हें जून में बोया जाता है।
2. **रबी फसल:** ये सर्दियों में उगने वाली फसलें हैं। इनमें गेहूँ, हरा चना, सरसों, कपास आदि हैं।

महत्वपूर्ण फसल और उसके उत्पादक राज्य

खाद्य फसल:

1. धान : आंध्रप्रदेश, पश्चिम बंगाल, तमिलनाडु, उत्तर प्रदेश, बिहार, छत्तीसगढ़, झारखंड, असम, गुजरात, हरियाणा
2. गेहूँ : उत्तर प्रदेश, बिहार, पंजाब, हरियाणा, मध्य प्रदेश, राजस्थान, छत्तीसगढ़, झारखंड, गुजरात
3. बाजरा : महाराष्ट्र, कर्नाटक, आंध्रप्रदेश, मध्य प्रदेश
4. मक्का : बिहार, राजस्थान, उत्तर प्रदेश, पंजाब, मध्य प्रदेश, कर्नाटक, छत्तीसगढ़, झारखंड
5. बाजरा (सुज्जा) : गुजरात, राजस्थान, उत्तर प्रदेश, महाराष्ट्र, तमिलनाडु
6. रागी : कर्नाटक, तमिलनाडु, आंध्रप्रदेश
7. जौ : उत्तर प्रदेश, राजस्थान, पंजाब, हरियाणा
8. दलहन : राजस्थान, उत्तर प्रदेश, पंजाब, महाराष्ट्र, ओडिसा, मध्य प्रदेश, बिहार, छत्तीसगढ़, झारखंड

वाणिज्यिक फसलें:

1. गन्ना : उत्तर प्रदेश, महाराष्ट्र, बिहार, आंध्रप्रदेश, कर्नाटक, तमिलनाडु, हरियाणा
2. कपास : गुजरात, महाराष्ट्र, मध्य प्रदेश, तमिलनाडु, आंध्रप्रदेश, कर्नाटक, पश्चिम बंगाल, बिहार, असम, ओडिशा
3. जूट : पश्चिम बंगाल, बिहार, असम, ओडिसा
4. मूँगफली : गुजरात, तमिलनाडु, आंध्र प्रदेश, कर्नाटक, छत्तीसगढ़
5. सरसों : उत्तर प्रदेश, राजस्थान
6. गोगू : दकिन्नी हेंप, आंध्र प्रदेश, बिहार
7. मिर्च : तमिलनाडु, आंध्र प्रदेश, बिहार
8. गिंगली : उत्तर प्रदेश, राजस्थान
9. सन : उत्तर प्रदेश, मध्य प्रदेश
10. केस्टर : गुजरात, आंध्र प्रदेश
11. चाय : असम, केरल, मेघालय, अरुणाचल प्रदेश, पश्चिम बंगाल, तमिलनाडु, उत्तर प्रदेश, कर्नाटक
12. काफी : कर्नाटक, केरल, तमिलनाडु
13. तम्बाकू : महाराष्ट्र, तमिलनाडु, आंध्रप्रदेश, कर्नाटक, गुजरात, बिहार
14. तेल : बिहार, ओडिसा, उत्तर प्रदेश, मध्य प्रदेश, महाराष्ट्र, गुजरात, आंध्रप्रदेश, पंजाब, छत्तीसगढ़, आसाम
15. काली मिर्च : केरल, कर्नाटक
16. लौंग और इलायची : केरल, कर्नाटक, तमिलनाडु
17. अदरख : केरल, हिमाचल प्रदेश
18. धनिया : राजस्थान, आंध्रप्रदेश
19. कुसमा (श्वेत खाद्य तेल बीज) : महाराष्ट्र, कर्नाटक
20. केसर : काश्मीर
21. नारियल : केरल, तमिलनाडु, कर्नाटक, आंध्र प्रदेश, कर्नाटक, गोवा
22. पोपी : उत्तर प्रदेश (गाजीपुर, वाराणसी), पंजाब, तमिलनाडु
23. रबर : केरल, तमिलनाडु, कर्नाटक
24. काजु : आंध्र प्रदेश, गोवा, केरल, तमिलनाडु
25. आलू : अरुणाचल प्रदेश, बिहार
26. सुपारी : असम, गोवा, कर्नाटक, तमिलनाडु

महत्त्वपूर्ण अयस्क

1. बाक्साइट : बिहार (रांची, लोहरदगा), मध्य प्रदेश (जबलपुर), गोवा, गुजरात, कर्नाटक (बेलगांव), महाराष्ट्र, ओडिसा, तमिलनाडु (सेलम), आंध्रप्रदेश, केरल, उत्तर प्रदेश, जम्मू और कश्मीर, राजस्थान
2. लोहा: गोवा, मध्य प्रदेश, झारखंड (सिंहभूम), कर्नाटक, महाराष्ट्र, तमिलनाडु, ओडिशा
3. मैंगनीज : ओडिसा, कर्नाटक, गोवा, मध्य प्रदेश, महाराष्ट्र, तमिलनाडु, गुजरात, बिहार, राजस्थान, आंध्रप्रदेश
4. ताँबा : बिहार, राजस्थान, मध्य प्रदेश, महाराष्ट्र, कर्नाटक, आंध्र प्रदेश, पश्चिम बंगाल
5. क्रोमाइट : ओड़िसा, कर्नाटक, बिहार, महाराष्ट्र, तमिलनाडु, मणिपुर
6. जस्ता : राजस्थान, गुजरात, तमिलनाडु
7. लेड : राजस्थान, आंध्र प्रदेश, ओड़िसा, गुजरात
8. निकेल : ओडिशा
9. सोना : कर्नाटक (कोलार, रायचूर, हट्टी), आंध्र प्रदेश (रामगिरी-अनंतपुर जिला)
10. चाँदी : राजस्थान, बिहार

11. इलकानाइट : केरल, ओडिशा, तमिलनाडु
12. थोरियम : बिहार, केरल, तमिलनाडु
13. बेरीलियम : राजस्थान, बिहार, आंध्रप्रदेश
14. यूरेनियम : झारखंड, मेघालय
15. टंगस्टन : राजस्थान, पश्चिम बंगाल, बिहार
16. कोरैंडम : मध्य प्रदेश, कर्नाटक, महाराष्ट्र, असम, राजस्थान
17. मैग्नीसाइट : तमिलनाडु, उत्तर प्रदेश, कर्नाटक

अधातु:

1. हीरा : मध्य प्रदेश, उत्तर प्रदेश
2. अन्य बहुमूल्य पत्थर : नीलम (नीला), कश्मीरी माणिक (लाल) राजस्थान, पन्ना (हरा)
3. अबरख : बिहार, आंध्रप्रदेश, राजस्थान
4. नमक : राजस्थान, तमिलनाडु, आंध्रप्रदेश, कर्नाटक, गुजरात, महाराष्ट्र ओडिसा
5. रॉक साल्ट : हिमाचल प्रदेश, राजस्थान
6. मोनोजिट : केरल, तमिलनाडु
7. ग्रेफाइट : ओडिसा, राजस्थान, मध्य प्रदेश, तमिलनाडु, केरल, आंध्रप्रदेश, कर्नाटक
8. ऐसबेस्टस : आंध्रपदेश, कर्नाटक, राजस्थान, बिहार
9. संगमरमर : राजस्थान, मध्य प्रदेश
10. सिलिका : राजस्थान, उत्तर प्रदेश (ग्लास उद्योग में इसका काम होता है।)

ईंधन:

1. कोयला : पश्चिम बंगाल (रानीगंज), आंध्रप्रदेश (सिगरेनी), मध्य प्रदेश (सिंगरौली), महाराष्ट्र, ओड़िसा, अरुणाचल प्रदेश, असम, मेघालय, नागालैंड, जम्मू और काश्मीर, उत्तर प्रदेश, छत्तीसगढ़, झारखंड
2. लिग्नाइट : तमिलनाडु (नवेली)
3. कच्चा तेल : महाराष्ट्र, असम, गुजरात
4. प्राकृतिक गैस : असम, गुजरात, महाराष्ट्र, आंध्र प्रदेश

कुछ उद्योग और उनके स्थान

1. ग्लास उद्योग : फिरोजाबाद, अमृतसर, अम्बाला, दिल्ली, मुम्बई, दुर्गापुर
2. चमड़ा उद्योग : चेन्नई, कोयम्बटूर, आगरा, कानपुर, दिल्ली, मुम्बई, कोलकाता, बंगलुरु
3. आटोमोबाइल : वर्णपुर, कोलकाता, चेन्नई, मुम्बई, जमशेदपुर, दिल्ली, बंगलुरू
4. केमिकल और फार्मास्टियुकल : डी.डी.टी. : दिल्ली; बेन्जाइन हाइड्रोक्लोराइड – कोलकाता और अलयवे; पेंसलिन – पिम्परी (महाराष्ट्र); दवाइयाँ – कोलकाता; एंटीबायोटिक्स – ऋषिकेश; सिंथेटिक ड्रग – हैदराबाद; सर्जीकल उपकरण – चेन्नई, अहमदाबाद, बड़ोदरा
5. तेलशोधक कारखाना : बरौनी (बिहार), कोची (केरल), डिग्बोई (असम), हल्दिया, कोयाली, मथुरा (उत्तर प्रदेश), ट्रॉम्बे (मुम्बई), विशाखापत्तनम, चेन्नई, करनाल
6. उर्वरक : नामरूप (असम), दुर्गापुर (पश्चिम बंगाल), हल्दिया (पश्चिम बंगाल), बरौनी (बिहार), सिंदरी (झारखंड), भटिंडा, नांगल (पंजाब), पानीपत (हरियाणा), ट्रॉम्बे, थल्वेशाट (महाराष्ट्र), गोरखपुर, कानपुर, वाराणसी (उत्तर प्रदेश), राउरकेला (ओड़िसा), रामागुंडम, विशाखापत्तनम, काकीनाड़ा (आंध्र प्रदेश), तुतिकोरिन, चेन्नई (तमिलनाडु), (कोटा), बड़ोदरा (गुजरात), गोवा, कोरबा (मध्य प्रदेश)
7. इस्पात उद्योग : राउरकेला (ओड़िसा), भिलाई, (मध्य प्रदेश), दुर्गापुर, बर्नपुर, (पश्चिम बंगाल), भद्रावति (कर्नाटक), बोकारो और जमशेदपुर (झारखंड) स्पंज लोहा : कोठागुडम (आंध्र प्रदेश); स्टीलनेस स्टील : सलेम (तमिलनाडु); इस्पात संयंत्र एवं बरतन : विशाखपत्तनम (आंध्रप्रदेश)
8. एल्युमीनियम : रेणुकूट (उत्तर प्रदेश), अलवे (केरल), आसनसोल (पश्चिम बंगाल), कटनी (मध्य प्रदेश), मेत्तुर (तमिलनाडु), कोरबा (मध्य प्रदेश)
9. जस्ता : देवरी (राजस्थान), विशाखपत्तनम (आंध्र प्रदेश), अलुवा (केरल)
10. लीड : तांटू (बिहार), विशाखापत्तनम (आंध्र प्रदेश)
11. भारी विद्युत : रामचंद्रपुरम (आंध्र प्रदेश), तिरुचिरापल्ली (तमिलनाडु), झांसी, हरिद्वार (उत्तराखंड), भोपाल (मध्य प्रदेश)
12. भारी-इंजीनियरिंग : रांची (झारखंड), खनन उपकरण : दुर्गापुर (पश्चिम बंगाल)
13. घड़ियाँ और मशीनरी : बंगलुरु (कर्नाटक), पिंजौर (हरियाणा), कलामेसरी (केरल), जैनकोट (जम्मू और कश्मीर), हैदराबाद (आंध्र प्रदेश), अजमेर (राजस्थान), देहरादून (उत्तराखंड)
14. जहाजरानी निर्माण : विशाखपत्तनम (आंध्र प्रदेश), कोच्चि (केरल), मुंबई (महाराष्ट्र) कोलकाता (पश्चिम बंगाल), मंगलौर (कर्नाटक)
15. एयरोनॉटिक्स : नासिक (महाराष्ट्र), हैदराबाद (आंध्र प्रदेश), बंगलुरू (कर्नाटक), लखनऊ, कानपुर (उत्तर प्रदेश)
16. (i) परमाणु शक्ति : तारापुर (महाराष्ट्र), राणा प्रताप सागर, रावत भाटा (राजस्थान), कलपक्कम (तमिलनाडु), नरोरा (उत्तर प्रदेश), ककरापुर, (गुजरात) कैग (कर्नाटक)
    (ii) परमाणु ईंधन रिफाइनरी: हैदराबाद (आंध्रप्रदेश)
    (iii) भारी जल उद्योग: नांगल (पंजाब), बड़ोदरा (गुजरात), तुतिकोरन (तमिलनाडु), कोटा (राजस्थान), भानुगुरु (आंध्रप्रदेश), तलवैश्त (महाराष्ट्र), तलचर (ओडिशा)
17. राकेट परीक्षण : श्रीहरिकोटा (आंध्र प्रदेश), थुम्बा (केरल)
18. मुद्रा छपाई : नासिक (महाराष्ट्र)
19. सिक्युरिटी पेपर मिल : होशंगाबाद (मध्य प्रदेश)
20. समाचार पेपर : नेपानगर (मध्य प्रदेश), भद्राबति (कर्नाटक), वेल्लौर केरल (पुगलोर, तमिलनाडु)
21. कपड़ा : अहमदाबाद (गुजरात), मुम्बई (महाराष्ट्र), कोयम्बटूर, मदुरई (तमिलनाडु)
22. फोटो फिल्म : ऊटी (तमिलनाडु)
23. जूट उद्योग : कोलकाता (पश्चिम बंगाल)
24. टेलीफोन : बंगलुरु (कर्नाटक), सहायक उपकरण : बंगलुरु (कर्नाटक), श्रीनगर (जम्मू और काश्मीर), रायबरेली (उत्तर प्रदेश), पलक्कड़, केरल
25. टेलीफोन केबल्स : रूपनारायणपुर (पश्चिम बंगाल), टेलीकाम्युनिकेशन: मुम्बई (महाराष्ट्र), कोलकाता (पश्चिम बंगाल), भिलाई, (छत्तीसगढ़), जबलपुर (मध्य प्रदेश), टेलीप्रिंटर्स : चेन्नई (तमिलनाडु)
    टेलीकॉम्युनिकेशन्स : मुम्बई (महाराष्ट्र), कोलकाता (पश्चिम बंगाल), भिलाई (छत्तीसगढ), जबलपुर (मध्य प्रदेश), टेलीप्रिंटर्स : चेन्नई (तमिलनाडु)
26. संवेदनशील उपकरण : कोटा (राजस्थान), पुदुचेरी (केरल)
27. हीरा (पालिश) : सूरत, नवासेरी (गुजरात), मुम्बई (महाराष्ट्र)
28. कंप्यूटर उपकरण एवं तकनीक : बंगलुरु, हैदराबाद, चेन्नई, मुम्बई

भारत के निर्यात (4000, करोड़ रुपये से अधिक)

वस्त्र, हीरा, रत्न और आभूषण, रसायन, इंजीनियरिंग, उपकरण, कृषि उत्पाद (कॉफी, चाय, मसाले इत्यादि) चमड़ा, और चमड़े से बनी वस्तुएँ, मछलियाँ और झींगे, पेट्रोलियम उत्पाद, खनिज, हस्तशिल्प, इलेक्ट्रॉनिक्स और कम्प्यूटर सॉफ्टवेयर।

भारत का आयात (4000, करोड़ रुपये से अधिक)

कच्चा तेल एवं पेट्रोलियम उत्पाद, मोती एवं अर्ध कीमती पत्थर (बिना तराशे हीरे इत्यादि), मशीनरी, खाद्य तेल (पाम आयल इत्यादि), कोयला, अखबारी कागज, उर्वरक, अनाज।

औद्योगिक शहर:

1. आगरा (उत्तर प्रदेश) : संगमरमर, चमड़ा, दरियाँ (कारपेट)
2. अहमदाबाद (गुजरात) : सूती वस्त्र
3. अलीगढ़ (उत्तर प्रदेश) : ताले, चाकू, दुग्ध उत्पाद
4. अम्बाला (हरियाणा) : वैज्ञानिक वस्तुएँ
5. अमृतसर (पंजाब) : शाल, अम्ल, (एसिड), कालीन लकड़ी के वस्त्र, छपाई के उपकरण
6. आनंद : खाद्य उत्पाद
7. भागलपुर (बिहार) : रेशम काला
8. बंगलुरु (कर्नाटक) : चंदन का तेल, साबुन एवं डिटर्जेंट
9. कोयम्बटुर (तमिलनाडु) : सूती वस्त्र के मिल
10. दार्जिलिंग (पश्चिम बंगाल) : नारंगी, सिंकोना
11. डिंडिगुल (तमिलनाडु) : सिगार, ताला
12. धारीवाल (पंजाब) : ऊनी उत्पाद
13. दमदम (कोलकाता) : हथियार
14. इलुरू (आंध्रप्रदेश) : कालीन
15. गुंटुर (आंध्रपदेश) : तंबाकु
16. जयपुर (राजस्थान) : प्रिंटेड वस्त्र, संगमरमर के पत्थर एवं उत्पाद, खिलौने
17. झरिया (झारखंड) : कोयले की खदान
18. जालंधर (पंजाब) : सर्जरी के उपकरण, खिलौने
19. कलिंमपोंग (पश्चिम बंगाल) : ऊनी व्यापार
20. कलपक्कम (तमिलनाडु) : आणविक केन्द्र
21. कांचीपुरम (तमिलनाडु) : सिल्क की साड़ियाँ
22. कानपुर : टेंट एवं फुटवेयर
23. कोलार : सोने की खदान
24. लुधियाना (पंजाब) : ऊनी वस्त्र, जुराबे, कपड़े सीने की मशीन
25. मदुरई (तमिलनाडु) : सूती कपड़ा, सिल्क के वस्त्र
26. मेरठ (उत्तर प्रदेश) : खिलौने
27. मिर्जापुर (उत्तर प्रदेश) : कालीन, मिट्टी के बर्तन, पीतल उद्योग
28. मुरादाबाद (उत्तर प्रदेश) : पीतल के समान, चाकू, इनामेल
29. मैसूर (कर्नाटक) : हाथी दाँत, सिल्क, चंदन लकड़ी
30. नागपुर (महाराष्ट्र) : कपड़े के मिल, नारंगी
31. पन्ना (मध्य प्रदेश) : हीरे की खान
32. रूपनारायणपुर (प. बंगाल) : विद्युत तार
33. शोलापुर (महाराष्ट्र) : कपड़े
34. श्रीनगर (कश्मीर) : ऊनी शाल, कालीन, सिल्क, केसर, हस्तशिल्प, कढ़ाई किये वस्त्र
35. सूरत (गुजरात) : सिल्क, सुंदर कपड़े, कढ़ाई किये वस्त्र, हीरे
36. सहारनपुर (उत्तर प्रदेश) : आम, सिगरेट, कागज के मिल
37. टाटानगर (पश्चिम बंगाल) : जूते, चप्पल
38. टीटागढ़ (पश्चिम बंगाल) : लौह उद्योग
39. तुतीकोरन (तमिलनाडु) : उर्वरक उद्योग
40. उदयपुर (राजस्थान) : जिंक उद्योग

सिंचाई, जल विद्युत और ताप विद्युत परियोजनाएँ

राज्य	सिंचाई और जलाशय	जल विद्युत परियोजना	ताप विद्युत परियोजना
आंध्रप्रदेश	नागार्जुन सागर, प्रकाशम बैराज, पोचमपेड, केदम सोमसिला, वसुंधरा, श्रीसेलम	श्रीसेलम, नागार्जुन सागर, मचकुंड, अपर एवं लोअर सिलेरू, निजाम सागर, बलीमेला	रामगुंडम, कोठागुडेम, श्रीसेलम, विजयवाड़ा, कोवूर (नेल्लौर, सिंहाद्री मुद्दनुर कुडप्पा)
अरुणाचल प्रदेश	–	बसर	–
असम		कर्बी-लंग्पी	चंद्रपुर, नामरूप, लकवा, बोंगाईगाँव
बिहार	–	चुक्का, कोसी, स्वर्ण रेखा	बरौनी, मुजफ्फरपुर, कहलगाँव पतरातू
छत्तीसगढ़	रविशंकर सागर, पैरी, महानदी अर्पा, कोदार, जोंक	सरगुजा	कोरबा
गोवा	सेलुलिम, अंजुनम	–	–
गुजरात	सरदार सरोवर (नर्मदा)	–	ध्रुवरण, उकाई, उत्तरी गुजरात
हरियाणा	पश्चिमी यमुना नहर, गुड़गांव नहर, भारवरा नहर, हथनीकुंड बैराज	–	–
हिमाचल प्रदेश	शाहनेहर परियोजना गिरी बाथ घाटी, भवभोर साहेब	पारवती, चमेरा करछम वांगटू	
जम्मू और कश्मीर	–	उरी, (बगलिहार, किशनगंगा, सेवा	
झारखंड	–	सक्किद्री दा.व.कॉ. (DVC)	तेनुघाट, पतरातू
कर्नाटक	तुंगभद्रा, घाटप्रभा, मालप्रभा, अपर कृष्णा, भद्रा, कावेरी, हेमवती, अलमती	तुंगभद्रा, भद्रा, वरही, शरावथि कालिन्दी, शिव समुद्रम	रायचूर और डीजल यूनिट येलाहंका (बंगलुरू)
केरल	मलमपुझा, पम्बा, पीची, चलक्कुड़ी, पेरियार, नेय्यार, कुट्टियादी, चिमरनीनी, चितूरपुझा	शोलयार, सबरीगिरी, इदुक्की, कुट्टियादी	कसारगोडे
मध्य प्रदेश	चंबल वेन गंगा	इंदिरा सागर, ओंकारेश्वर	सतपुड़ा, अमरकंटक, सिंगरौली
महाराष्ट्र	गिरना, प्युमा, तुलसी, अपर, गोदावरी, मूला, भीम, जयकवारी, कृष्णा, अपर पेनगंगा	खापर, खेड़ा, परली, कोयला, दमोल, टाटा पेटरीना	ट्राम्बे, नासिक, खापर, खेड़ा भूसावल, पूरलिया, पारस, चोला बल्लारशाइ, कोराड़ी
मणिपुर	–	लोकटक, कोपिली, खांडोंग,	लेमरवोंग
मिजोरम	–	कोलोड्यने, ट्यूरियल, बैराबी	–
ओडिशा	हीराकुंड	बलीमेला, हीराकुंड, मचकुंड, चिपलिमा, रेंगली	तलचर
पंजाब	भाखड़ा नांगल, रंजीत सागर, माधोपुर, व्यास, हरीके बराज	मुकेरियन व्यास-सतलज लिंक, रंजीत सागर	गुरु गोविंद लेहरा (भटिंडा)
राजस्थान	राणा प्रताप सागर, इंदिरा गांधी नहर परियोजना केनाल, माही	राणा प्रताप सागर, जवाहर सागर	–
सिक्किम	–	लचुंग	–
तमिलनाडु	मेट्टूर, अमरावती, वैगाई, परम्बिकुलम, अलियार, साथनुर	कुंडा, मेट्टूर, अलियार, पेरियार कोउयूर, पैकारा, शोलापुर, पापनाशम	नयवेली, तुतिकोरन, चेन्नई (इन्नोरे)
उत्तराखंड	–	यमुना, भागीरथी, गंगा, रामगंगा,	–
उत्तरप्रदेश	–	रिहंद, यमुना	कानपुर, हरदुआगंज, पनकी, ओरबा
पश्चिम बंगाल	दामोदर घाटी, मयुराक्षी, स्वर्ण रेखा, कंग्सावती, तीस्ता	दामोदर घाटी	बंडेल, संतल, डीह, दुर्गापुर, कोलकाता, टीटागढ़-फरक्का

कुछ तीर्थस्थल के स्थान

1. **आंध्रप्रदेश:** अहोविलम, अमरावती, अन्नावरम, अरसाविल्ली, भद्राचलम, द्रक्षारामम्, कालेश्वरम, लेपाक्षी, काटिपली, महानदी, मंत्रालयम, मेडक, मुलिंगम, नगलापुरम, ओंटिभित्तों, पुष्पागिरी, पुट्टपर्थी, सिंहाचलम, श्रीकालहस्ती, श्रीकुमारम, तिरूचानूर, तिरूमला, तिरुपति, वेमुलवाड़ा, यादगिरीगुट्टा, विजयवाड़ा
2. **असम:** गुआहटी, शिवसागर, तेजपुर
3. **बिहार:** बिहारशरीफ, बोधगया, पावापुरी, गया, पार्श्वनाथ, नरसपुर, सोनेपुर, वैशाली, सासाराम
4. **छत्तीसगढ़:** खरोड़, जंजीर चम्पा, सिकी नारायण, जंजगीर, रतनपुर, मल्लहार
5. **गोवा:** पणजी, बिचौली, मपुसा, मडौल, मंगूसी, बंडोरा
6. **गुजरात:** कैत द्वारका, द्वारका, जूनागढ़, पलिताना, पावागढ़, शामलाजी, सोमनाथ, श्रीनाथ, द्वारका, अम्बा जी, भद्रेश्वर
7. **हरियाणा:** अंबाला, कुरूक्षेत्र
8. **हिमाचल प्रदेश:** धर्मशाला, ज्वालामुखी, मणिकरण, चंतापुरी, कांगड़ा, चामुण्डा देवी
9. **जम्मू और कश्मीर:** अमरनाथ, किश्तफर, वैष्णो देवी, जम्मू
10. **झारखंड:** चाईबासा, देवघर, दुमका
11. **कर्नाटक:** बसवकलाण, बेलूर, थर्मस्थल, गोकर्ण, हरिहर, हेलबिडु, कोल्लूर, महादेश्वर, मंगलौर, मरूदेश्वर, मेलकोट, मैसूर, नंजनगुड, श्रवणबेलगोला, शृंगेरी, विदुरस्वार्था, सुब्रमण्यम, उड़िपी, वरनाड, विदुरस्वार्था, सोमनाथपुर
12. **केरल:** गुरूवायूर, कलाड़ी, करकला, काग्रनुर, कोट्टायम
13. **मध्य प्रदेश:** ग्वालियर, इंदौर, सांची
14. **महाराष्ट्र:** अम्बरनाथ, होशंगाबाद, बाहुबली, कोल्हापुर, नांदेड, नासिक, पैथान, पंदेरपुर, पर्ली, वैद्यनाथ, शिरडी, त्रिम्बकेश्वर, भीमशंकर, हरिहरेश्वर, परभंगी, घरीशनेख
15. **ओडिशा:** भुवनेश्वर, गुप्तेश्वर, पुरी, संबलपुर, सोनेपुर, धौली
16. **पांडिचेरी:** कराइकल, माहे, तिरूनेलार
17. **पंजाब:** पंजाब, अमृतसर, डेरा बाबा, नानक, सरहिंद, तरनतारण
18. **राजस्थान:** अजमेर, एकलिंगजी, माउंट आबु, नाथद्वारा, पुष्कर, सवाई माधोपुर
19. **तमिलनाडु:** चिदंबरम, कांचीपुरम, कन्याकुमारी, कुंभकोणम, मदुरै, नामक्कल, पलानी, रामेश्वरम, श्रीरंगम, श्रीवेलीपुट्टर, तंजावुर, तिरूचेंडुर, तिरूक्काडउयुर, तिरूतानी, तिरूवन्नामलाई, नागुर, वेलंकान्नी
20. **त्रिपुरा:** अगरतला, ब्रह्मकुंड
21. **उत्तर प्रदेश:** इलाहाबाद, अयोध्या, प्रयाग, कुशीनगर, मथुरा, नैमेष्यारण्य, बरसाना, वृंदावन, सारनाथ, वाराणसी, विध्यांचल, श्रावस्ती, कौशाम्बी, फतेहपुर सिकरी
22. **उत्तराखंड:** हरिद्वार, चम्पावत, अल्मोड़ा, चमोली, उत्तरकाशी, बागेश्वर, गंगोत्री, यमुनोत्री, बदरीनाथ, केदारनाथ ऋषिकेश, हेमकुंड साहेब, ननमट्टा
23. **पश्चिम बंगाल:** बेलूर, नवद्वीप, तारकेशपुर, तारापीठ
24. **दादर नगर एवं हवेली:** ताडकेश्वर
25. **मणिपुर:** विष्णुपुर
26. **सिक्किम:** रूमटेक मठ

कुछ ऐतिहासिक स्थल

1. **आंध्रप्रदेश:** अमरावती, चंद्रगिरी, गोलकुंडा, वारंगल
2. **असम:** शिवसागर, सिल्चर, तेजपुर
3. **बिहार:** नालंदा, पटना, राजमहल, सासाराम, राजगीर
4. **गुजरात:** जामनगर, लोहर, मोथेरा, पोरबंदर, पाटन, सिद्धपुर
5. **हरियाणा:** पानीपत, सूरजकुंड, अंबाला
6. **जम्मू और कश्मीर:** अवंतिपुर, मार्थंडा
7. **कर्नाटक:** एहोल, बदामी, बीदर, बीजापुर, गुलबर्गा, हम्पी पट्टाडकल, श्रीरंगपटनम
8. **केरल:** कालीकट, कन्नानोर, क्विलोन
9. **मध्य प्रदेश:** ग्वालियर, इंदौर, सांची
10. **महाराष्ट्र:** अहमदनगर, औरंगाबाद, बेदासा, दौलताबाद, पुणे, सितारा, सिंहगढ़, शिवनेरी
11. **ओडिशा:** बारीपद, बौद्ध, कटक, जयपुर, सीताभंज
12. **पंजाब:** फरीदकोट, पटियाला, रूपनगर
13. **राजस्थान:** चित्तौड़गढ़, जोधपुर
14. **तमिलनाडु:** गिंजी, महाबलीपुरम, पम्पहर, वेल्लौर
15. **उत्तर प्रदेश:** आगरा, फतेहपुर सिकरी, झांसी, श्रावस्ती, लखनऊ
16. **पश्चिम बंगाल:** विष्णुपुर, गौड, मुर्शिदाबाद

पर्यटकों के कुछ आकर्षण केन्द्र

1. **आंध्र प्रदेश :** अनंतगिरि, अराकू घाटी, भीमुनिपटनम, एथिपोथला, जलप्रात, हार्सलेसेली हिल्स, हैदराबाद, कोलेस झील, कुंथला वॉटर फाल (जल प्रपात), मचकंद बीच नागार्जुन सागर, विजयवाड़ा, विशाखापत्तनम।
2. **अरुणाचल प्रदेश :** अलोंग, भोंदीला, इटानगर, तवांग।
3. **असम :** गुवाहाटी, काजीरंगा।
4. **पटना :** पटरा, मधुबनी।
5. **छत्तीसगढ़ :** उदन्ति अभ्यारण्य रायपुर के निकट, पाली, केंदई वॉटर फाल, केशकल घाटी, कैलाश गुफाएँ, कुटुम्बसार गुफाएँ, कंगेरी घाट, नेशनल पार्क, खुतलघाट वॉटर फाल्स।
6. **गोवा :** घुड सागर, वॉटरफाल, मोर्मा गोवा, पणजी, वास्कोडिगामा, फेराओ (डा. सलीम अली वर्ड सेंक्चुअरी)
7. **गुजरात :** अहमदाबाद, भावनगर, भुज, कुंडला, नल सरोवर पोरबंदर, राजकोट, सुरत, बडोदरा, मांडवी, गिरघन।
8. **हरियाणा :** बड़खल झील, भिवानी, हिसार, करनाल, सोन, सुल्तानपुर, गुरुग्राम।
9. **हिमाचल प्रदेश :** भाखड़ा बाँध, चैल, उलोसी, कांगड़ा, कुल्लू घाटी, शिमला, मनाली, रोहतांग दर्रा।
10. **जम्मू और कश्मीर :** अनंतनाग, बबोती, गुलमर्ग, जम्मू, कारगिल, कोपरनाग, पहलगाम, सोनमर्ग, श्रीनगर, कश्मीर घाटी।
11. **पंजाब :** बटिंडा, जालंधर, कपूरथला, लुधियाना, भाखड़ा नांगल बाँध, पठानकोट, बाघा बार्डर।
12. **झारखंड :** रांची, हुंडरन जल प्रपात, टिरणी झरना, दोसम झरना, हजारीबाग, जमशेदपुर, मयुराक्षी, नेतरहाट, वालमा।
13. **राजस्थान :** भरतपुर, बीकानेर, बुँदी, जयपुर, कोटा, सरिस्का, उदयपुर।
14. **केरल :** अलाप्पुझा, अलुआ, कोच्चि, इदुक्की बाँध, मालापंपुझा बाँध, थक्कड़ी, नैयार बाँध, मन्नार, कमोबलम तट, पीरामडे।
15. **मध्य प्रदेश :** बाग गुहल, भिलाई, भोपाल, चित्रकुट झरना, गांधी सागर, जबलपुर, खजुराहो, सेवाटी।
16. **महाराष्ट्र :** अजंता गुफा, अकोला, मुम्बई, एलीफेन्टा गुफा, एलोरा लोनावला, खंडाला, महाबलेश्वर, माथेराम, नागपुर, पंचनगनी, तडोबा, वर्धा, कन्हेरी।
17. **मणिपुर :** इंफाल, लॉगटक, उखरूल, लामोजो नेशनल पार्क, दुजुको घाटी।
18. **मेघालय :** चेरापुँजी, जोफल, शिलांग।
19. **मिजोरम :** आइजोल, चैम्फी।
20. **नागालैंड :** दीमापुर, कोहिमा।
21. **उड़ीसा :** चिल्का झील, गोपालपुर, हीराकुंड बाँध, क्योंझर कोर्णाक, पाराद्वीप, तप्तापानी।
22. **पंजाब :** भटिंडा, जालंधर, कपूरथला, लुधियाना, कोटा, सरिस्का, उदयपुर।
23. **सिक्किम :** गंगटोक, लाचूम, झरना।
24. **तमिलनाडु :** अन्नामलाई, कोरतालम, नाक्कल झरने, कोदईक्कल, चेन्नई, मुदुमलाई, सैथनूर बाँध, तिरूचिरापल्ली, उदगमंडलम, वेदांतगल, येरकुट, इलागिरी हिल्स।
25. **त्रिपुरा :** अगरतला, डुम्बूर झील।
26. **उत्तर प्रदेश :** अलीगढ़, अल्मोड़ा, कार्बेट, लखनऊ, नरेन्द्र नगर।
27. **उत्तरांचल :** फूलों की घाटी, पिंजरी ग्लेशियर, औली, मसूरी, देहरादून सहस्त्रधर, चकराता, नैनीताल, बागेश्वर, रानीखेत, भीमताल, फौसानी।
28. **पश्चिम बंगाल :** बगेश्वर, कोलकाता, दार्जिलिंग, दीधा, जल्दपाड़ा, कलिंमपोंग, शांतिनिकेतन, सुन्दरबन, जलपाईगुड़ी।

नोट : चंडीगढ़, नई दिल्ली, नगर हवेली में सिल्वासा, अरोविले, पांडिचेरी में वनम, अंडमान और निकोबार में कार निकोबार, पोर्ट ब्लेयर और लक्षद्वीप में कारावाती पर्यटकों के आकर्षण के केन्द्र हैं।

भौगोलिक सूचना (अनुमान)

भारत

1. सिंधु	पाकिस्तान-भारत	अरब सागर	3,180
2. ब्रह्मपुत्र	तिब्बत-भारत-बांग्लादेश	बंगाल की खाड़ी	2,880
3. गंगा	भारत	बंगाल की खाड़ी	2,700
4. गोदावरी	भारत	बंगाल की खाड़ी	1,450
5. नर्मदा	भारत	अरब सागर	1,290
6. कृष्णा	भारत	बंगाल की खाड़ी	1,290
7. महानदी	भारत	बंगाल की खाड़ी	890
8. कावेरी	भारत	बंगाल की खाड़ी	760

पृथ्वी

आयु	460 करोड़ वर्ष	
सतह का क्षेत्र	51,06,81000	वर्ग किलोमीटर
भूमि-तल (21.19%)	14,89,51,000	वर्ग किलोमीटर
महासागरतल (70.9%)	36,17,30,000	वर्ग किलोमीटर
भूमध्य रेखीय परिधि	40,075	किलोमीटर
ध्रुवीय परिधि	40,007	किलोमीटर
भूमध्यरेखीय व्यास	12,756	किलोमीटर
ध्रुवीय	12,714	किलोमीटर
भूमितल की सबसे ऊँची चोटी	माउंट एवरेस्ट 8,848 MI (एशिया)	
भूमितल की सबसे नीची जगह	मृत सागर (एशिया) 396 मीटर समुद्र तल से नीचे	

महासागर	पृथ्वी का द्रव्यमान क्षेत्रफल (वर्ग किलोमीटर) (समुद्री क्षेत्रफल का प्रतिशत)	509×10^{21} टन सबसे अधिक गहराई
प्रशांत महासागर	16,53,84,000 [46%]	11,524
अटलांटिक महासागर	8,22,17,000 [24%]	9,560
हिंद महासागर	7,34,81,000 [20%]	9,000
आर्कटिक महासागर	1,40,56,000 [4%]	5,450
अन्य महासागर	2,22,80,000 [6%]	

महासागरों की सबसे अधिक गहराई : मेरियाना खाई (प्रशांत महासागर) फिलीपिंस के निकट का स्थान

महाद्वीप	पृथ्वी का क्षेत्रफल (वर्ग कि.मी.)	प्रतिशत	जनसंख्या (करोड़)
1. एशिया	4,50,36,492	29%	368,8
2. अफ्रीका	3,03,43,578	20%	80,5
3. उत्तरी अमेरिका	2,46,80,331	17%	48,1
4. दक्षिणी अमेरिका	1,78,15,420	12%	34,7
5. यूरोप	99,08,599	7%	72,9
6. ऑस्ट्रेलिया	88,20,962	6%	3,1
7. अंटार्कटिका	1,32,08,000	8%	निर्जन क्षेत्र
दूसरे अन्य भाग	15,59,120	1%	

2019 में विश्व की जनसंख्या : 770 करोड़

कुछ महत्त्वपूर्ण सागर

सागर	क्षेत्रफल (वर्ग किमी.)	औसत गहराई (मीटर में)
1. दक्षिणी चीन सागर	23,18,000	5,514
2. कैरेबयाई सागर	19,43,000	7,100
3. भूमध्य सागर	25,05,000	4,846
4. बेरिंग सागर	22,69,000	5,121
5. मैक्सिको की खाड़ी	15,44,000	4,377
6. ओखोट्स्क का सागर	15,28,000	3,475
7. पूर्व चीन सागर	12,48,000	2,999
8. हडसन की खाड़ी	12,33,000	259
9. जापान का सागर	10,08,000	3,743
10. अंडमान सागर	7,97,700	1096
11. काला सागर	4,61,000	2,245
12. लाल सागर	4,38,000	2,246
13. बाल्टिक सागर	4,22,000	460
14. बंगाल की खाड़ी	21.72	2600

कुछ महत्त्वपूर्ण झीलें

झील	महादेश	क्षेत्रफल (वर्ग किमी.)
1. कैस्पियन सागर	एशिया	3,94,299
2. सुपीरियर	उत्तरी अमेरिका	82,414
3. विक्टोरिया	अफ्रीका	69,485
4. अरल सागर	एशिया	66,457
5. हुरोन	उत्तरी अमेरिका	59,596
6. मिचिगन	उत्तरी अमेरिका	58,016
7. तंगनाइका	अफ्रीका	32,893
8. बैकाल	एशिया	31,500
9. ग्रेट बीयर	उत्तरी अमेरिका	31,080
10. न्यासा (मलावी)	अफ्रीका	30,044
11. ग्रेट स्लेव	उत्तरी अमेरिका	28,930
12. चाड	अफ्रीका	25,760
13. इरी	उत्तरी अमेरिका	25,719
14. विनीपेग	उत्तरी अमेरिका	23,553

सबसे गहरी झील	मीटर
1. बैकाल (एशिया-रूस)	1,620
2. टैनगनिका (अफ्रीका)	1,463
3. कैस्पियन सागर (एशिया)	1,025

कुछ मानव निर्मित झील

झील	स्थान	क्षमता
1. ओवेन झील	युगांडा	2,04,800
2. करीबा	जिम्बाब्वे	1,81,592
3. ब्रात्स्क	रूस	1,69,270
4. हाई आस्वान	मिस्त्र	1,68,000
5. अकोसोंबो	घना	1,48,000
6. डेनियल जॉनसन	कनाडा	1,41,852
7. गुरी	वेनेजुएला	1,36,000
8. कर्स्नोयार्स्क	रूस	73,300
9. बेनेट	कनाडा	70,309
10. जेया	रूस	68,400
11. कबोरा बासा	मोजाम्बिक	63,000
12. ला ग्रान्दे-2	कनाडा	61,720
13. ला ग्रान्दे-3	कनाडा	60,020
14. उस्ट-लिमस्क	रूस	59,300
15. वी. आई. लेनिन	रूस	58,000

नदी की घाटी

घाटी	क्षेत्रफल (वर्ग किमी.)	महादेश
1. अमेजन नदी घाटी	70,50,000	दक्षिण अमेरिका
2. कांगो नदी घाटी	37,00,000	अफ्रीका
3. मिसीसिपी मिसौरी नदी घाटी	32,50,000	उत्तरी अमेरिका
4. पराना नदी घाटी	31,00,000	दक्षिण अमेरिका
5. येनिसे नदी घाटी	27,00,000	एशिया
6. ओब नदी घाटी	24,30,000	एशिया
7. लेना नदी घाटी	24,20,000	एशिया
8. नील नदी घाटी	19,00,000	अफ्रीका
9. अमुर नदी घाटी	18,40,000	एशिया
10. मेकेन्जी नदी घाटी	17,65,000	उत्तरी अमेरिका
11. गंगा-ब्रह्मपुत्र की घाटी	17,30,000	एशिया
12. सिंधु नदी घाटी	9,60,000	एशिया

बड़ी नदियाँ

नदी	महादेश	मिलने की जगह	लम्बाई
1. नील	अफ्रीका	भूमध्य सागर	6,695
2. अमेजन	दक्षिण अमेरिका	अटलांटिक सागर	6,570
3. यांग्त्जे कियांग	एशिया	चीन सागर	6,380
4. मिसीसिपी-मिसोरी रेड	उत्तरी अमेरिका	मैक्सिको की खाड़ी	6,020
5. ओब	एशिया	ओब की खाड़ी	5,410
6. ह्वांग हो (पीला)	एशिया	चिली की खाड़ी	4,840
7. कांगो	अफ्रीका	अटलांटिक महासागर	4,630
8. अमूर	एशिया	जापान सागर	4,416
9. लेना	एशिया	आर्कटिक सागर	4,400
10. मैकेंजी	उत्तरी अमेरिका	आर्कटिक महासागर	4,240
11. नाईजर	अफ्रीका	गुएना की खाड़ी	4,100
12. येनिसे	एशिया	आर्कटिक महासागर	4,090
13. मुर्रे डार्लिंग	ऑस्ट्रेलिया	प्रशांत महासागर	3,750
14. वोल्गा	यूरोप	कैस्पियन सागर	3,688
15. डेन्यूब	यूरोप	काला सागर	2,850

16. जम्बेजी	अफ्रीका	मोजाम्बिक चैनल	2,655
17. पराग्वे	दक्षिण अमेरिका	परना नदी	2,549
18. यूराल	एशिया	कैस्पियन सागर	2,533
19. यूफ्रेट्स	एशिया	पर्शियन खाड़ी	2,430
20. इरावदी	एशिया	बंगाल की खाड़ी	2,090

सबसे ऊँचा प्रपात

जलप्रपात	स्थान	नदी	ऊँचाई
1. एंजेल	वेनेजुएला	केरानी की सहायक	979
2. तुगेला	नटाल, दक्षिण अफ्रीका	तुगेला	947
3. कुक्युनान	वेनेजुएला	कुक्युनन	610
4. सदरलैंड	ख्र आयरलैंड	एन. जेड. आर्थर	580
5. टक्काउ	ब्रिटिश कोलंबिया	योहो की उपनदी	503
6. रिबन	कैलिफोर्निया	क्रीक योसेमाइट में प्रवाहित होती है।	491
7. ऊपरी योसेमाइट		मसीद की सहायक कैलिफोर्निया में	436
8. ग्वर्नी	फ्रांस	गेव द्रे पाउ	422
9. वेट्टिफोस	नार्वे	मेर मोर्कद्रोला	366
10. व्रिदो टीयर्स	कैलिफोर्निया	मसींद्र की सहायक	357
11. स्टाउबैक	स्विट्जरलैंड	स्टाउबैक	300
12. किंग एडवर्ड प्रपात	गुएना	कोरांटाइने	259
13. जोग जलप्रपात	कर्नाटक	शाखती	253
14. कइएट्यूर	गुएना	पोटारो	251
15. स्काइजे फोन	नार्वे	स्वाइजडेल	250

सबसे चौड़ा जलप्रपात : खोन (लाओस) 11 कि.मी. चौड़ा

ग्रेट द्वीप

द्वीप	स्थान	क्षेत्रफल (वर्ग किमी.)
1. ग्रीनलैंड	अटलांटिक महासागर	21,75,597
2. न्यू गुएना	प्रशांत महासागर	8,20,033
3. बोर्नियो	प्रशांत महासागर	7,43,107
4. मेडागास्कर	हिंद महासागर	5,87,042
5. बफिन	उत्तर अटलांटिक महासागर	4,76,068
6. सुमात्रा	हिंद महासागर	4,73,605
7. होंशु	जापान का सागर	2,30,316
8. ग्रेट ब्रिटेन	उत्तरी अटलांटिक महासागर	2,29,883
9. एल्लिसमेयर	आर्कटिक महासागर	2,12,688
10. विक्टोरिया	आर्कटिक महासागर	2,12,199
11. सेलेब्स	प्रशांत महासागर	1,89,034
12. दक्षिणी द्वीप	प्रशांत महासागर	1,50,461
13. जावा	हिंद महासागर	1,26,884
14. उत्तरी द्वीप	प्रशांत महासागर	1,14,688
15. क्यूबा	कैरिबियन सागर	1,14,525
16. न्यू फाउण्डलैंड	अटलांटिक महासागर	1,10,681
17. लुजोन	प्रशांत महासागर	1,04,688
18. आइसलैंड	अटलांटिक महासागर	1,02,999
19. मिंडनाओ	प्रशांत महासागर	94,631
20. आयरलैंड	अटलांटिक महासागर	84,426

सबसे बड़ा द्वीप समूह : इंडोनेशिया (लगभग 13,000 द्वीप)

बड़े प्रायद्वीप

प्रायद्वीप	महादेश	क्षेत्रफल
1. अरब	एशिया	32,50,000
2. दक्षिण भारत	एशिया	20,72,000
3. अलास्का	उत्तरी अमेरिका	15,00,000
4. लेब्राडोर	उत्तरी अमेरिका	13,00,000
5. स्कैंडेन्विया	यूरोप	8,00,300
6. इबेरियन प्रायद्वीप	यूरोप	5,84,000

कुछ महत्त्वपूर्ण पर्वत चोटियाँ (देश)

चोटी	ऊँचाई (मीटर)	श्रेणी	प्रथम आरोह
1. माउंट एवरेस्ट (नेपाल-चीन)	8,848	हिमालय	29.5.1953
2. के-2 (अस्टिन गाडविन भारत)	8,611	काराकोरम	31.7.1954
3. कंचनजुंगा (नेपाल-भारत)	8,598	हिमालय	25.5.1955
4. मकालु (नेपाल-तिब्बत)	8,481	हिमालय	15.5.1955
5. धौलागिरी (नेपाल)	8,172	हिमालय	13.5.1960
6. नंगापर्वत (भारत)	8,126	हिमालय	3.7.1953
7. अंगपूर्ण (नेपाल)	8,078	हिमालय	30.6.1950
8. नंदा देवी (भारत)	7,817	हिमालय	29.8.1936
9. कामेत (भारत)	7,756	हिमालय	21.6.1931
10. गुरला मंधाता (तिब्बत)	7,727	हिमालय	(कोई नहीं चढ़ सका है)

ज्वालामुखी

ज्वालामुखी	श्रेणी	देश-महादेश	ऊँचाई (मीटर में)
1. ओजस देल सलादो	एंडीज	अर्जेंटिना-चिली (दक्षिण-अमेरिका)	6,895
2. ग्वाल्लातिरी	एंडीज	चिली (दक्षिण अमेरिका)	6,060
3. कोटोपाक्सी	एंडीज	इक्वाडोर (दक्षिण अमेरिका)	5,897
4. लैस्कर	एंडीज	चिली (दक्षिण अमेरिका)	5,641
5. तुपुंगटिटो	एंडीज	चिली (दक्षिण अमेरिका)	5,640
6. पोपोकटेपटल			5,452
7. नेवाडो डेल रूइज	एंडीज	कोलंबिया (दक्षिण अमेरिका)	5,400
8. सांगे	एंडीज	इक्वाडोर (दक्षिण अमेरिका)	5,230
9. मौना लोआ	हवाई	हवाई (उत्तरी अमेरिका)	4,170
10. टकाना	सिएरा	माड्रे ग्वाटेमाला (उत्तरी अमेरिका)	4,078
11. कैमरून	कैमरून	कैमरून (अफ्रीका)	4,070
12. इरेबस	रॉस द्वीप	अंटार्कटिका	3,795
13. फुजियाना	कैंटो	जापान (एशिया)	3,776
14. स्लैमेट	जावा	इंडोनेशिया (एशिया)	3,428
15. एटना	सिसली	इटली (यूरोप)	3,308

विशाल मरुस्थल

मरुस्थल	स्थान	क्षेत्रफल
1. सहारा	उत्तरी अफ्रीका (अलजीरिया, चाड, लीबिया, माली, मौरीटानिया, नाइजर, सूडान, ट्यूनीशिया, मोरक्को सहित लीबिया और नुबिया मरुस्थल	90,65,000
2. ऑस्ट्रेलियन	ऑस्ट्रेलिया ग्रेट सैंडी को अंगीकार करते हुए (4,20,000 वर्ग किमी.), विक्टोरिया (3,25,000 वर्ग किमी.), सिंपसन (3,10,000 वर्ग किमी.), गिब्सन (2,20,000 वर्ग किमी.) और स्टर्ट मरुस्थल	15,50,000
3. अरब	एशिया (द. अरब, सऊदी अरब, यमन के साथ अल-रब-अल-खली या इम्पटी क्वार्टर (6,47,500 वर्ग किमी), सीरिया (3,25,000 वर्ग किमी.) और एन नाफुद (1,29,500 वर्ग किमी.)	13,00,000
4. गोबी	एशिया (मंगोलिया और चीन)	12,95,000
5. फलाहार्ट	अफ्रीका (बोत्सवाना)	5,82,000
6. तकला मकन	एशिया (चीन-सिकयांग)	3,62,600
7. नामिब	अफ्रीका (नामीबिया)	3,10,000
8. थार मरुस्थल	एशिया (भारत-राजस्थान)	2,60,000
9. अटाकामा	दक्षिण अमेरिका (चिली)	1,81,300

विश्व के जहाज परिवहन योग्य नहर :

1. **स्टालिन (वोल्बा-बाल्टिक सागर) नहरः (यूरोप-रूस) :** यह बाल्टिक सागर और आर्कटिक सागर को जोड़ने के साथ सेंट पीटर्सबर्ग को ह्वाइट सागर से भी जोड़ता है। इसकी लंबाई 587 किमी. है। यह जहाज परिवहन के लिए सबसे लंबा नहर है।
2. **स्वेज नहर (अफ्रीका-यूरोप) :** यह भूमध्य सागर को लाल सागर से जोड़ता है। इसकी लंबाई 162 किमी. है, चौड़ाई 116 मीटर और गहराई 10.5 मीटर है। यह नहर और साउथम्पटन के बीच 6,410 किमी. कम करता है।
3. **कील नहर (जर्मनी-यूरोप) :** उत्तरी सागर और बाल्टिक सागर को जोड़ता है जिससे लंदन और बाल्टिक पोर्ट की दूरी 400 किमी. कम हो गई थी। यह 96 किमी. लंबा है तथा इसकी गहराई 12 मीटर है। यह भी सबसे बड़ी जहाज परिवहन नहर है।
4. **पनामा (पनामा अमरीका) :** यह अटलांटिक और प्रशांत महासागरों को आपस में जोड़ता है। इसके परिणामस्वरूप लंदन और सेनफ्रांसिस्को के मध्य की दूरी 9600 किमी. कम हो गई है। न्यूयार्क और सनफ्रांसिस्को के बीच की दूरी 14,485 किमी. कम हो गई है। यह 81 किमी. लम्बी, 150 मीटर चौड़ी और 13.5 मीटर गहरी है।

दूसरे अन्य महत्वपूर्ण नहर :

5. **अल्बर्ट (बेल्जियम) :** लं. 130 किमी.
6. **मास्को-वोल्गा (रूस) :** लम्बाई 126 किमी.
7. **गेटा-स्वीडन :** लम्बाई 87 किमी.
8. **ह्यूस्टन (अमरीका) :** लम्बाई 80 किमी.
9. **एम्स्टर्डम-राइन (नीदरलैंड) :** लम्बाई 72 किमी.
10. **बेलमाउंट-पोर्ट आर्थर (अमरीका) :** लम्बाई 64 किमी.
11. **मैनचेस्टर (यू.के.) :** लम्बाई 57 किमी.

सबसे बड़े देश (आधिकारिक घोषित जनसंख्या)

1. **जनसंख्या (करोड़ों में) :** 1. चीन (135.41); 2. भारत (121.01); 3 अमरीका (30.87); 4. इंडोनेशिया (23.75); 5. ब्राजील (19.54); 6. पाकिस्तान (18.47); बांग्लादेश (16.44); 8. नाइजीरिया (15.82); 9. रूस (14.03); 10. जापान (12.70)।
2. **विस्तार (वर्ग कि.मी.) :** 1. रूस (1,70,75,400); 2. कनाडा (99,84,670); 3. अमेरिका (98,26,630); 4. चीन (95,72,900); 5. ब्राजील (85,47,71); 6. ऑस्ट्रेलिया (72,82,300); 7. भारत (32,87,263); 8. अर्जेंटीना (27,80,400); 9. कजाकिस्तान (27,24,900); 10. अल्जीरिया (23,81,741)।
3. **घनत्व (प्रति वर्ग किमी.) :** 1. मोनाको (15,736.04); 2. सिंगापुर (7,093,65); 3. वेटिकन सिटी (1,892,18); 4. मालदीव (1,053.69); 5. माल्टा (1,297.46); 6. बांग्लादेश (1,114.25); 7. बहरीन (1,120.83); 8. ताइकन (635.56); 9. बारबाडोस (641.86); 10. मॉरीशस (637.25)।

सबसे छोटे देश

1. **जनसंख्या में :** 1. वेटिकन सिटी (800), 2. नाउरू (10,000), 3. तुवालु (10,000), 4.पलाऊ (20,000), 5. मोनाको (31,000), 6. सेन मारिनो (32,000), 7. लिकटेस्टीन (36,000), 8. सेंट किट्स और नेविस (46,000), 9. मार्शल द्वीप (56,000), 10. अमेरिका (64,000)।
2. **विस्तार में (वर्ग किमी.) :** 1. वेटिकन सिटी (0.44), 2. मोनाको (1.97), लिकटेस्टीन (160), 4. मार्शल द्वीप (181), 5. सेंट कीट्स एवं नेवीस (269.40), 6. मालदीव (298), 7 माल्टा (316)।

विश्व महत्त्वपूर्ण फसलें, खनिज और उद्योग

महत्त्वपूर्ण फसलें:

1. **चावल :** चीन, भारत, इंडोनेशिया, बांग्लादेश, थाइलैंड, वियतनाम, फिलीपींस, जापान, ब्राजील, दक्षिण कोरिया।
2. **गेहूँ :** चीन, रूस, भारत, अमेरिका, फ्रांस, कनाडा, तुर्की, जर्मनी, पाकिस्तान, यू.के., ऑस्ट्रेलिया।
3. **जौ :** रूस, जर्मनी, कनाडा, फ्रांस, अमेरिका, स्पेन, टर्की, यू.के., डेनमार्क, पोलैंड।
4. **मक्का :** अमेरिका, चीन, ब्राजील, मैक्सिको, फ्रांस, रोमानिया, भारत, दक्षिण अफ्रीका, हंगरी, अर्जेंटीना।
5. **बाजरा :** भारत, चीन, नाइजीरिया, रूस, नाइजर, माली, बुर्किना फासो, यूगांडा, सेनेगल, सूडान।
6. **जई :** रूस, अमेरिका, कनाडा, पोलैंड, जर्मनी, ऑस्ट्रेलिया, स्वीडन, फिनलैंड, फ्रांस, चीन।
7. **राई :** रूस, पोलैंड, जर्मनी, चीन, चेक, स्लोवाकिया, डेनमार्क, कनाडा, आस्ट्रिया, टर्की, अमेरिका
8. **सर्जुम :** अमेरिका, भारत, चीन, नाइजीरिया, मैक्सिको, सूडान, अर्जेंटीना, बुर्किना फासो, ऑस्ट्रेलिया, इथोपिया।
9. **आलू :** रूस, पोलैंड, चीन, अमेरिका, जर्मनी, भारत, फ्रांस, यू.के., नीदरलैंड।
10. **चुकंदर :** रूस, अमेरिका, चीन, पोलैंड, चेक, स्लोवाकिया।
11. **शकरकंद :** चीन, वियतनाम, इंडोनेशिया, भारत, ब्राजील, जापान, द. कोरिया, ताइवान, फिलीपींस, बुरूण्डी।
12. **कसावा :** ब्राजील, थाइलैंड, इंडोनेशिया, जैर, नाइजीरिया, भारत, तंजानिया, वियतनाम, चीन, मोजाम्बिक।
13. **सोयाबीन :** अमेरिका, ब्राजील, चीन, अर्जेंटीना, मैक्सिको, कनाडा, इंडोनेशिया, पेराग्वे, रूस, रोमानिया।
14. **गन्ना :** भारत, रूस, क्यूबा, ब्राजील, चीन, अमेरिका, फ्रांस, जर्मनी, ऑस्ट्रेलिया, मैक्सिको, थाइलैंड।
15. **मूँगफली :** भारत, चीन, अमेरिका, सूडान, इंडोनेशिया।
16. **कॉफी :** ब्राजील, कोलंबिया, इंडोनेशिया, कोटे डी' आइवोरी, मैक्सिको, इथोपिया, ग्वाटेमाला, भारत, अल-सल्वाडोर, यूगांडा, कोस्टारिका।
17. **चाय :** भारत, चीन, श्रीलंका, केन्या, इंडोनेशिया, टर्की, जापान, रूस, बांग्लादेश, मलावी।
18. **कोको :** कोटे की आइवोरे, ब्राजील, घाना, नाइजीरिया, कैमरून, इक्वाडोर, मलेशिया, मैक्सिको, कोलंबिया, डोमिनिकन (रिपब्लिक), न्यू गिनी।
19. **कपास :** चीन, अमेरिका, रूस, भारत, पाकिस्तान, ब्राजील, मिस्त्र, तुर्की, मैक्सिको, ग्वाटेमाला।
20. **सिल्क :** जापान, चीन, रूस, भारत, इटली।
21. **ऊन :** ऑस्ट्रेलिया, रूस, न्यूजीलैंड, चीन, अर्जेंटीना, दक्षिण अफ्रीका, उरुग्वे, यू.के, तुर्की, पाकिस्तान।
22. **जूट :** भारत, बांग्लादेश, चीन, थाइलैंड, म्यांमार, ब्राजील, नेपाल, वियतनाम, रूस, जैर।
23. **गाजर :** रूस, इटली, अमेरिका, भारत, चीन।
24. **पटसन :** रूस, बेल्जियम।
25. **मनीला गांजा :** फिलींपीस।
26. **तंबाकू :** चीन, अमेरिका, भारत, ब्राजील, तुर्की, रूस, जापान, बुल्गारिया, यूनान, इंडोनेशिया।
27. **रबर :** मलेशिया, इंडोनेशिया, थाइलैंड, भारत।
28. **अरंडी :** भारत, ब्राजील, रूस, अमेरिका, मोरक्को।
29. **टमाटर :** अमेरिका, रूस, इटली, चीन, तुर्की, मिस्र, स्पेन, यूनान, ब्राजील, रोमानिया, भारत।
30. **जैतून का फल :** इटली, स्पेन, तुर्की, यूनान, टूनिशिया, मोरक्को, पुर्तगाल, सीरिया, अल्जीरिया, अर्जेंटीना।
31. **सेब :** अमेरिका, रूस, फ्रांस, चीन, जर्मनी, इटली, स्पेन, तुर्की, पोलैंड, हंगरी, अर्जेंटीना, ऑस्ट्रेलिया, भारत।
32. **अंगूर :** फ्रांस, इटली, स्पेन, रूस, अमेरिका, तुर्की, अर्जेंटीना, पुर्तगाल, रोमानिया, यूनान।
33. **नारंगी :** ब्राजील, अमेरिका, मैक्सिको, स्पेन, इटली, भारत, मिस्त्र, इजराइल, तुर्की, अर्जेंटीना।
34. **केसर :** स्पेन, भारत।

तेल

1. **कपास बीज का तेल :** रूस, अमेरिका, भारत, ब्राजील, चीन।
2. **नारियल तेल :** फिलीपींस, श्रीलंका, भारत, मलेशिया।
3. **सूर्यमुखी का तेल :** रूस, अमेरिका अर्जेंटीना, रोमानिया, तुर्की, स्पेन, हंगरी, बुल्जारिया, दक्षिण अफ्रीका।
4. **जैतून का तेल :** स्पेन, इटली, यूनान।
5. **ताड़ का तेल (पाम ऑयल) :** घाना, मलेशिया, कांगो, अंगोल, गाम्बिया।

महत्वपूर्ण अयस्क : धातु

1. **लौह अयस्क :** रूस, ब्राजील, चीन, ऑस्ट्रेलिया, अमेरिका, कनाडा, भारत, दक्षिण अफ्रीका, स्वीडन, वेनेजुएला, लाइबेरिया, फ्रांस।
2. **बॉक्साइट :** आस्ट्रेलिया, गिनी, जमैका, ब्राजील, रूस, सुरीनाम, युयाना, हंगरी, यूनान, चीन, अमेरिका, फ्रांस।
3. **ताँबा :** अमेरिका, रूस, चिली, कनाडा, जाम्बिया, जैर, पेरू, पोलैंड, फिलीपींस, ऑस्ट्रेलिया।
4. **टिन :** मलेशिया, थाइलैंड, रूस, इंडोनेशिया, वोलिविया, चीन, ऑस्ट्रेलिया, ब्राजील, जैर, दक्षिण अफ्रीका, नाइजीरिया, यू.के.।
5. **जस्ता :** कनाडा, ऑस्ट्रेलिया, रूस, पेरू, अमेरिका, मैक्सिको, जापान, पोलैंड, आयरलैंड, स्वीडन, उत्तर कोरिया, जर्मनी।
6. **यूरेनियम :** रूस, कनाडा, ऑस्ट्रेलिया, अमेरिका, नामीबिया।
7. **सोना :** दक्षिण अफ्रीका, अमेरिका, रूस, पापुआ न्यू गिनी, फिलीपींस, जिम्बाब्वे, घाना, ब्राजील, जापान, जर्मनी।
8. **चाँदी :** मैक्सिको, अमेरिका, पेरू, रूस, कनाडा, सूरीनाम, ऑस्ट्रेलिया, पोलैंड, जापान, चिली।
9. **प्लेटिनम :** रूस, फिनलैंड, अमेरिका, ऑस्ट्रेलिया, ब्राजील, दक्षिण अफ्रीका, कनाडा।
10. **एल्यूमीनियम :** अमेरिका, रूस, जमैका, कनाडा, सूरीनाम, गुयाना।
11. **क्रोमाइट :** दक्षिण अफ्रीका, रूस, भारत, अल्ज्बानिया, तुर्की, ब्राजील, चीन, मैक्सिको, घाना, मोरक्को, जर्मनी, अमेरिका।
12. **मैंगनीज :** रूस, दक्षिण अफ्रीका, गैबॉन, ऑस्ट्रेलिया, भारत, ब्राजील, चीन, मैक्सिको, घाना, मोरक्को, जर्मनी, अमेरिका।

13. **पारा :** रूस, चीन, स्पेन, अल्जीरिया, मैक्सिको, अमेरिका, इटली।
14. **निकेल :** रूस, कनाडा, न्यू कैलेडोनिया, ऑस्ट्रेलिया, इंडोनेशिया, क्यूबा, फिलीपींस, दक्षिण अफ्रीका, यूनान, डोमिनियन रिपब्लिक।
15. **टंगस्टन :** चीन, रूस, मंगोलिया, ऑस्ट्रिया, पुर्तगाल, कनाडा, वोलिविया, ऑस्ट्रेलिया, अमेरिका, दक्षिण कोरिया, उत्तर कोरिया।
16. **कोबाल्ट :** जैर
17. **सीसा :** रूस, अमेरिका, ऑस्ट्रेलिया, चीन, कनाडा, पेरू।
18. **मैग्नेशियम :** रूस, चीन, उत्तर कोरिया, स्लोवाकिया, तुर्की, अमेरिका, नार्वे।

अधातु

1. **एस्बेस्टस :** कनाडा, जिम्बाब्वे, भारत।
2. **ग्रेफाइट :** रूस, ब्राजील, श्रीलंका, अमेरिका, दक्षिण अफ्रीका।
3. **अबरख :** भारत।
4. **फॉस्फेट :** अमेरिका, रूस, मोरक्को, चीन, ट्यूनीशिया, टोगो, जार्डन, दक्षिण अफ्रीका, नाउरू, सेनेगल।
5. **नमक :** अमेरिका, चीन, रूस, जर्मनी, यूनाइटेड किंगडम, भारत, फ्रांस, कनाडा, ऑस्ट्रेलिया, मैक्सिको।
6. **गंधक :** इटली, जापान, चिली, अमेरिका।
7. **हीरा :** ऑस्ट्रेलिया, जैर, बोत्सवाना, रूस, दक्षिण अफ्रीका, नामीबिया, घाना, सिएरा लियोन, वेनेजुएला, सेन्ट्रल एशिया, तंजानिया, अंगोला।
8. **पन्ना :** रूस, अमेरिका, ईरान, ऑस्ट्रिया, नार्वे, जाम्बिया।
9. **माणिक्य :** ब्राजील, म्यांमार, श्रीलंका, थाइलैंड, भारत, ऑस्ट्रेलिया, अमेरिका।
10. **नीलम :** ब्राजील, म्यांमार, श्रीलंका, थाइलैंड, भारत, ऑस्ट्रेलिया, अमेरिका।
11. **हरिताश्म :** म्यांमार, चीन, कनाडा, अमेरिका, न्यूजीलैंड।
12. **मोती :** जापान, चीन, श्रीलंका, भारत, ओमान, कतर, मैक्सिको।
13. **मूँगा :** यूनान, इटली।

ईंधन

1. **कोयला :** चीन, अमेरिका, रूस, भारत, दक्षिण अफ्रीका, पोलैंड, यू.के., जर्मनी, ऑस्ट्रेलिया, दक्षिण कोरिया।
2. **लिग्नाइट :** जर्मनी, रूस, चेक, स्लोवाकिया, पोलैंड, अमेरिका, ऑस्ट्रेलिया, बुल्गारिया, रोमानिया, हंगरी।
3. **कच्चा तेल :** रूस, अमेरिका, सऊदी अरब, चीन, मैक्सिको, ईरान, वेनेजुएला, नार्वे, कनाडा, नाइजीरिया, यू.के., अबू घाटी, इंडोनेशिया, लीबिया, अल्जीरिया
4. **प्राकृतिक गैस :** रूस, अमेरिका, कनाडा, नीदरलैंड, रोमानिया, यूनाइटेड किंगडम, मैक्सिको, अल्जीरिया, नार्वे, इंडोनेशिया, जर्मनी, वेनेजुएला, इटली, अर्जेंटीना, चीन, ऑस्ट्रेलिया, इरान, सऊदी अरब, ब्रुनेई, यू.ए.ई., पोलैंड, बांग्लादेश

उद्योग और उससे संबंधित देश

1. **कच्चा इस्पात :** रूस, जापान, अमेरिका, जर्मनी, चीन, इटली, फ्रांस, पोलैंड, कनाडा, चेक, स्लोवाकिया।
2. **कच्चा लोहा :** रूस, जापान, अमेरिका, जर्मनी, चीन, फ्रांस, ब्राजील, इटली, पोलैंड, कनाडा।
3. **सीमेंट :** रूस, चीन, जापान, अमेरिका, इटली, जर्मनी, फ्रांस, स्पेन, ब्राजील, पोलैंड।
4. **चीनी :** क्यूबा, रूस, ब्राजील, भारत, अमेरिका, फ्रांस, जर्मनी, मैक्सिको, ऑस्ट्रेलिया, चीन।
5. **कपास :** चीन, रूस, अमेरिका, भारत, जापान, पाकिस्तान, दक्षिण कोरिया, फ्रांस, मिस्र, पोलैंड।
6. **कृत्रिम कपड़े :** अमेरिका, जापान, रूस, जर्मनी, यू.के., ताइवान, इटली, दक्षिण कोरिया, चीन, फ्रांस।
7. **ऊनी धागे :** ऑस्ट्रेलिया, न्यूजीलैंड, रूस, चीन, अर्जेंटीना, उरूग्वे, दक्षिण अफ्रीका, यू.के., तुर्की, पाकिस्तान।
8. **रासायनिक उर्वरक (नाइट्रोजन) :** अमेरिका, रूस, चीन, भारत, फ्रांस, रोमानिया, कनाडा, नीदरलैंड, पोलैंड, जापान।
9. **रासायनिक उर्वरक (फॉस्फेट) :** अमेरिका, रूस, चीन, फ्रांस, ब्राजील, पोलैंड, ऑस्ट्रेलिया, भारत, जापान, जर्मनी।
10. **कास्टिक सोडा :** अमेरिका, जर्मनी, जापान, रूस, चीन, फ्रांस, कनाडा, इटली, रोमानिया, भारत।
11. **कृत्रिम रबड़ :** अमेरिका, रूस, जापान, फ्रांस, जर्मनी, कनाडा, इटली, ब्राजील, यू.के., हॉलैंड।
12. **प्लास्टिक :** अमेरिका, जर्मनी, जापान, रूस, फ्रांस, यूनाइटेड किंगडम, इटली, हालैंड, बेल्जियम, कनाडा।
13. **पेट्रोलियम उत्पाद :** अमेरिका, जापान, फ्रांस, इटली, जर्मनी, यू.के., कनाडा, चीन, हालैंड, वेनेजुएला।
14. **कागज की लुगदी :** अमेरिका, कनाडा, रूस, जापान, स्वीडन, फिनलैंड, फ्रांस, जर्मनी, चीन, ब्राजील।
15. **अखबारी कागज :** कनाडा, अमेरिका, जापान, स्वीडन, रूस, फिनलैंड, जर्मनी, नार्वे, यू.के.।
16. **मोटरकार :** जापान, अमेरिका, यू.के., जर्मनी, फ्रांस, दक्षिण कोरिया।
17. **टेलीविजन :** अमेरिका, जापान, जर्मनी, दक्षिण कोरिया, ताइवान, हालैंड।
18. **व्यापारी जहाज :** जापान, दक्षिण कोरिया, स्पेन, पोलैंड, रोमानिया, चीन।
19. **एल्यूमीनियम :** अमेरिका, रूस, कनाडा, जापान, जर्मनी, नार्वे, फ्रांस, यू.के., चीन, इटली।
20. **ताँबा :** अमेरिका, रूस, जापान, चिली, जाम्बिया, कनाडा, जर्मनी, पोलैंड, जैर।
21. **रसायन :** अमेरिका, फ्रांस, जर्मनी, यू.के., पोलैंड, इटली, बेल्जियम, हंगरी, स्पेन, बुल्गारिया, रूस, चीन, जापान, कनाडा।
22. **टिन :** मलेशिया, थाइलैंड, बोलिविया, इंडोनेशिया, चीन, रूस, ब्राजील, यू.के., ऑस्ट्रेलिया, बेल्जियम।
23. **पालिश किया गया हीरा :** बेल्जियम, इजरायल, भारत, अमेरिका।
24. **इमारती लकड़ी :** रूस, अमेरिका, चीन, ब्राजील, इंडोनेशिया, अर्जेंटीना, ब्राजील, इटली, पोलैंड, ऑस्ट्रेलिया।
25. **मांस :** अमेरिका, चीन, रूस, फ्रांस, जर्मनी, अर्जेंटीना, ब्राजील, इटली, पोलैंड, ऑस्ट्रेलिया।
26. **दूध :** रूस, अमेरिका, भारत, फ्रांस, जर्मनी, पोलैंड, यू.के., नीदरलैंड, इटली, ब्राजील।
27. **बीयर :** अमेरिका, जर्मनी, यू.के, रूस, जापान।
28. **शराब :** फ्रांस, इटली, स्पेन, जर्मनी।
29. **मत्स्यपालन :** जापान, रूस, चीन, पेरू, अमेरिका, नार्वे, चिली, भारत, दक्षिण कोरिया, ब्राजील।
30. **विद्युत :** अमेरिका, रूस, जापान, जर्मनी, कनाडा, यू.के., चीन, फ्रांस, इटली, ब्राजील।

परिवहन

1. **रेल :** अमेरिका, रूस, कनाडा, भारत, चीन, ऑस्ट्रेलिया, अर्जेंटीना, फ्रांस, जर्मनी, ब्राजील।
2. **सड़क :** अमेरिका, भारत, ब्राजील, जापान, चीन, रूस, कनाडा, ऑस्ट्रेलिया, फ्रांस, जर्मनी।
3. **वायु :** अमेरिका, रूस, यू.के., जापान, कनाडा, फ्रांस, ब्राजील, ऑस्ट्रेलिया, जर्मनी, स्पेन।

प्रमुख धर्मों के अनुयायी की जनसंख्या

धर्म	जनसंख्या (लाख में)	देशों की संख्या
ईसाई	* 197,41	238
रोमन कैथोलिक	104,42	235
प्रोटेस्टेंट	33,73	230
आर्थोडॉक्स	21,39	135
एंग्लिकन	7,85	168
मुसलमान	115,51	208
हिन्दू	79,90	114
चीनी लोक परंपरावादी	38,16	91
बौद्ध	35,62	128

गैर-ईसाई धर्मवादी	22,54	144
सिख धर्म	2,28	34
यहूदी	1,43	138
बहाई	69	221
कन्फ्यूशियन्स	62	15
जैन	41	10
शिंतोधर्म	27	8
अनिद्रिष्ट	76,26	237
नास्तिक	14,97	165

कुछ धर्मों की पवित्र पुस्तकें

हिन्दू धर्म : वेद, उपनिषद

बौद्ध : त्रिपिटक

इस्लाम : कुरान

ईसाई : बाईबल (पुराने और नए नियम)

सिख : गुरु ग्रंथ साहिब

यहूदी : तोराह

विश्व की मुख्य भाषाएँ

भाषा	बोलने वालों की संख्या (लाख)
मंदारिन (चीन)	97,50
अंग्रेजी	46,00
हिन्दी	43,00
स्पेनिश	30,00
रशियन	28,80
अरबी	20,00
पुर्तगाली	16,80
मलय (इंडोनेशिया, मलेशिया)	15,90
जापानी	12,50
जर्मन	11,70
फ्रेंच	10,00
कोरियाई (कोरिया, चीन, जापान)	7,50
वियतनामी (वियतनाम)	6,50
जावानीज (जावा, इंडोनेशिया)	6,40
इतालवी	6,30
मिन (चीन, ताइवान, मलेशिया)	5,00
फारसी (ईरान, अफगानिस्तान)	3,50.
नेपाली (नेपाल, भारत, भूटान)	1,60
सिंहली (श्रीलंका)	1,30
भारत	
हिंदी	43,00
बंगाली (भारत, बांग्लादेश)	12,00
उर्दू (भारत, पाकिस्तान)	10,20
तेलुगु	7,40
तमिल (भारत, श्रीलंका)	7,10
मराठी	7,00
कन्नड़	4,40
गुजराती	4,10
मलयालम	3,50
ओड़िया	3,20
असमिया (भारत, बांग्लादेश)	2,20
सिंधी (भारत, पाकिस्तान)	1,80

कुछ प्रचलित भौगोलिक नाम

सिटी ऑफ स्काईस्क्रेपर्स एम्पायर सिटी	न्यूयार्क सिटी (यूएसए)
सिटी ऑफ गोल्डन गेट	सैन फ्रांसिस्को (यूएसए)
एटरनल सिटी, सिटी ऑफ सेवन हिल्स	रोग (इटली)
काकपिट ऑफ यूरोप	बेल्जियम (यूरोप)
डार्क काण्टीनेंट	अफ्रीका
एमरल्ड आइलैंड	आयरलैंड (यूरोप)
फॉरबिड्डन सिटी	ल्हासा
गिफ्ट ऑफ नील	मिस्र
गार्डेन ऑफ इंग्लैंड	केंट (इंग्लैंड)
हेरिंग पोंड	अटलांटिक महासागर
होली लैंड	फिलिस्तीन
आइलैंड ऑफ पर्ल्स	बहरीन (एशिया)
आइलैंड ऑफ क्लोव्स	जंजीबार (अफ्रीका)
की ऑफ मेडीटेरिनियन	स्ट्रेट्स ऑफ जिब्राल्टर
पिलर्स ऑफ हरक्यूलिस	स्ट्रेट्स ऑफ जिब्राल्टर
लैंड ऑफ गोल्डन फ्लीस	ऑस्ट्रेलिया
लैंड ऑफ कंगारू	ऑस्ट्रेलिया
लैंड ऑफ कांटीनेंट	ऑस्ट्रेलिया
लैंड ऑफ गोल्डन पैगोडास	म्यांमार
लैंड ऑफ लिलीज	कनाडा
लैंड ऑफ थाउजैंड लेक्स	फिनलैंड
लैंड ऑफ राइजिंग सन	जापान
लैंड ऑफ सेटिंग सन	अमेरिका
लैंड ऑफ मिडनाइट सन	नार्वे
लैंड ऑफ थंडर बोल्ट्स	भूटान
लैंड ऑफ एलीफैंट्स	थाइलैंड
लैंड ऑफ मार्निंग काल्म	कोरिया
होर्न ऑफ अफ्रीका	सोमालिया
लोनिएस्ट आइजलैंड	ट्रिस्टान डा कुन्हा (अटलांटिक)
लैंड ऑफ केक्स	स्कॉटलैंड (इंग्लैंड)
नेवर नेवर लैंड	प्रेयरीज ऑफ नार्थन ऑस्ट्रेलिया
वर्ल्ड ब्रेकफास्ट	प्रेयरीज ऑफ नार्थ अमेरिका
प्ले ग्राउंड ऑफ यूरोप	स्विटजरलैंड
क्वीन ऑफ द एड्रीएटिक	वेनिस (इटली)
रूफ ऑफ द वर्ल्ड	पामीर प्लेटो
सुगर बाउल ऑफ द वर्ल्ड	क्यूबा
भारत	
स्विट्जरलैंड ऑफ इंडिया	कश्मीर
लैंड ऑफ फाइव रिवर्स	पंजाब
सिटी ऑफ गोल्डन टैंपल	अमृतसर (पंजाब)
टैंपल ऑफ सेवन हिल्स	तिरुमला (तिरुपति-आंध्रप्रदेश)
वेनिस ऑफ द इस्ट	अल्लपुझा (केरल)
स्पाइस गार्डेन ऑफ इंडिया	केरल
सिटी ऑफ प्लेसेज	कोलकाता (पश्चिम बंगाल)
सिटी ऑफ सेवन आइजलैंड्स	मुंबई (महाराष्ट्र)
गेटवे ऑफ इंडिया	मुंबई (महाराष्ट्र)
ब्लू माउंटेंस	निलगिरिज (तमिलनाडु)
गुलाबी-पिंक सिटी	जयपुर (राजस्थान)
इमरल्ड आइजलैंड	अंडमान और निकोबार
सिलिकान सिटी (साफ्टवेयर)	बंगलुरु
एबोड ऑफ क्लाउड्स	मेघालय

विश्व के सबसे बड़े, लम्बे एवं ऊँचे महासागर

1. सबसे बड़ा एवं गहरा - प्रशांत महासागर
2. सबसे छोटा - आर्कटिक महासागर
3. सबसे बड़ा समुद्र - दक्षिण चीन सागर
4. सबसे लम्बी खाड़ी - हडसन की खाड़ी
5. सबसे चौड़ी खाड़ी - बंगाल की खाड़ी
6. सबसे बड़ी खाड़ी - मैक्सिको की खाड़ी (15,44,000 कि.मी.^{2})

नदियाँ

सबसे लम्बी नदी - नील (मिस्र)

जहाजों के चलने योग्य सबसे लम्बी नदी - अमेजन (नील 6,695 किमी. लम्बी है इसकी लम्बाई अस्वान डैम बनने के कारण कुछ किमी. कम हो गयी है।)

अमेजन के पास कई मुहाने हैं इसलिए इसका अंतिम बिंदु अनिश्चित है; लेकिन इसका स्थान की दृष्टि से काफी विस्तृत मुहाना है, जिसकी लम्बाई लगभग 6,750 किमी. है।

सबसे छोटी नदी - डी (अमेरिका, 37 मी.)

सबसे लम्बी सहायक नदी - मेडरिया (3380 किमी., अमेजन)

सबसे लम्बी द्रोणी नदी - अमेजन

सबसे लम्बा जल संयोजी - 1. टरर्वी जल संयोजी (रूस), 2. मलक्का (मलाया - सुमंत्रा)

सबसे चौड़ी जल संयोजी - डेविस (ग्रीनलैंड - बफीन द्वीप)

झीलें

1. सबसे बड़ा खारे पानी वाला झील - कैस्पियन झील
2. सबसे बड़ा मीठी पानी वाला झील - बैकाल (रूस)
3. सबसे गहरा झील - बैकाल
4. सबसे लम्बा शुद्ध पानी वाला झील- सुपीयर झील (सं.यू. एस.ए. - कनाडा, 82,414 मी)
5. सबसे उँची झील - टीटीकाका (3,811 मी.)
6. सबसे नीच समुद्र सीमा - लोस्टसे (100 मी. नीचे-अमेरिका)

द्वीप

1. सबसे बड़ा प्रायद्वीप - अरेबिया
2. सबसे बड़ा द्वीप - ग्रीनलैंड (कलादीत नुनात)

3. सबसे बड़ा द्वीप समूह - इंडोनेशिया
4. सबसे लम्बा जल शैल - द ग्रेट वेरियर जल शैल (2,027 किमी., ऑस्ट्रेलिया)
5. सबसे बड़ा डेल्टा - सुन्दरवन (75,000 किमी.^{2}, भारत-बांग्लादेश)
6. सबसे बड़ा पेडकट - पंतचार ट्रेन झील के पास (37 किमी., अमेरिका)

सबसे लम्बी हिम नदी (ग्लेशियर)

लाम्बर्ट हिम नदी (64 किमी. चौड़ी 700 किमी. लम्बी) ऑस्ट्रेलिया-अंटार्कटिका-राज्यक्षेत्र

सबसे बड़ा झरना

सुनटी सिटी झरना, सिंगापुर (वजन-85 टन, उँचाई-14 मी., कुल क्षेत्रफल 1,683 वर्ग मी.)

महाद्वीप

1. सबसे बड़ा : एशिया 2. सबसे छोटा : ऑस्ट्रेलिया

पर्वत

1. सबसे ऊँचा : हिमालय (109 में से उची खड़ी चट्टान 7000 मी. ऊँचाई तथा 96 हिमालय में से है।)
2. सबसे लम्बा पर्वत : माउना कोया (सफेद पहाड़-हवाई-प्रशांत महासागर पानी के अंदर तथा 4205 मी. समुद्र तट से ऊँचाई) कुल 10,205 मी., 1357 मी. माउंट एवरेस्ट से ऊँचा।
3. सबसे ऊँची पर्वत चोटी - माउंट एवरेस्ट (8,848 मी.)
4. सबसे ऊँचा सक्रिय ज्वालामुखी - द ओजस देल खलाडो, चीली से अर्जेन्टीना के बीच (7,084 मी)
5. सबसे लम्बा सक्रिय ज्वालामुखी - माउना लोआ (हवाई 120 × 50 किमी.)
6. सबसे लम्बा वाष्प वाला रिंग - सीसीली की चंचल ज्वालामुखी माउंट एटना।
7. सबसे गहरा नदी घाटी - यारलुंग जांगवो नदी घाटी (तिब्बत से बांग्लादेश 5832 मी., ग्रैंड केनयोन से 3 × गहरी।)
8. सबसे बड़ा नदी घाटी - ग्रैंड केनयोन (कोलोराडो नदी 446 किमी. लम्बा 16 किमी. चौड़ा-उत्तरी अमेरिका)
9. सबसे ऊँचा एवं चौड़ा पठार - तिब्बत (4,950 ऊँचाई तथा 1,99,430 किमी.^{2} चौड़ी)

क्षेत्र

1. सबसे ठंडा स्थान- वोस्तोक (अंटर्कांटिका –57ºC)
2. सबसे ठंडी जगह - ओइयाकोन (पूर्वी साइवेरियन, रूस –50ºC से –70ºC)
3. सबसे गर्म - अल-अजेजिया (लिबया) +58ºC
4. सबसे अधिक बरसाती दिन - माउंट बैलाले (हवाई में 350 बरसाती दिन, 1 वर्ष में)
5. सबसे सुखी जगह - कलमा (चीली)
6. सबसे ज्यादा हवा वाली जगह - कामन वेल्य खाड़ी स्टेशन (अंटर्कांटिका हवा चाल 320 किमी./घंटा)

सबसे बड़ा उष्ण-कटिबंधीय आरक्षित वन

मामुरिया (अमेजन तथा जापुरा नदी के किनारे)

देश

1. सबसे विस्तृत आकार में - रूस
2. सबसे छोटा - वेटिकन सिटी (इटली)
3. सबसे ज्यादा लोकप्रिय - पीन
4. सबसे कम - वेटिकन सिटी
5. सबसे ज्यादा प्रदूषित - मकाऊ (27,500 प्रति वर्ग किमी.-चीन)
6. सबसे छोटा स्वतंत्र देश - नाउरू
7. सबसे अमीर देश - कतर, यूनाइटेड अरब इमपायरेट्स
8. सबसे गरीब देश - भूटान
9. सबसे ज्यादा कार्बन डाईऑक्साइड वाला - यू.एस.ए.
10. सबसे कम कार्बन डाईऑक्साइड - फ्रांस
11. सबसे ज्यादा कॉफी की खपत करने वाला - फिनलैण्ड
12. सबसे ज्यादा चाय की खपत करने वाला - भारत, चीन
13. सबसे ज्यादा सौर ऊर्जा का इस्तेमाल - स्विट्ज़रलैंड

शहर और गाँव

1. सबसे ऊँचा गाँव - अकान क्लिका (5,354 मी. समुद्र तल से उ. चीली)
2. सबसे ऊँचा नगर - वेंचुअन (चीन 4,877 मी. समुद्र तल से उ.)
3. सबसे ऊँचा राज्य - ला पाज (वोलिविया)
4. सबसे लम्बा शहर - डेड सी के चारों ओर का शहर (390 मी. समुद्र तल से पीछे)
5. सबसे ज्यादा धनी आबादी वाला शहर - ग्रेटर लंदन (1,580 वर्ग किमी.)
6. सबसे ज्यादा प्रदूषित शहर - मैक्सिको सिटी

सुरंग

सबसे लम्बी रेल सुरंग : ओसिमजू सुरंग (नापान-22 किमी.), सबसे लम्बी सड़क की सुरंग: सेंट गोधाद्र सुरंग (स्विट्ज़रलैंड-16 किमी.), सबसे लम्बी पानी पहुँचाने वाला सुरंग : न्यूयार्क (यू.एस.ए. 169 किमी.)

नदी के ऊपर पुल

1. सबसे लम्बा : महात्मा गांधी सेतु (गंगा पर 5,575 मी., पटना-बिहार, भारत)
2. सबसे ऊँचा : अराकंसास नदी पर (321 मी., कोलोराडो, अमेरिका)
3. सबसे लम्बा काउजवे : सैकेण्ड पी. काउजवे (38.42 किमी., अमेरिका)।

समुद्री बंदरगाह

1. सबसे बड़ा : न्यूयार्क
2. सबसे व्यस्त - रोट्रडेप (नीदरलैंड)

रेलवे

1. सबसे तेज ट्रेन : 1. फ्रेंच टी.जी.वी. (515 किमी. प्रति घंटा), 2. बुलेट ट्रेन (जापान)।
2. सबसे बड़ा रेलवे स्टेशन : ग्रांड सेन्ट्रल टर्मिनल (न्यूयार्क, अमेरिका)।
3. सबसे लम्बा महाद्वीपीय रेलवे : ट्रांस साइबेरियन रेलवे (रूस सेंट पीटर्स वर्ग से ब्लादिवत्सोक, 9438 किमी.)।
4. सबसे लम्बा प्लेटफार्म : खड़गपुर (भारत, 833 मी.)।
5. सबसे ऊँचा रेलवे का रास्ता (किरनदाल से कोटावलासा)।
6. सबसे ऊँचा रेलवे मार्ग (ब्रॉद्ध गेज) : कोरंदल (उड़ीसा से कोटावलासा, 998 मी. ऊँचा)
7. सबसे ऊँचा रेलवे रास्ता (मीटर गेज) : लासीमा के नजदीक (4,817 मी., पेरु एस. अमेरिका)।
8. सबसे लम्बा भूमिगत रेलवे : लंदन (418 किमी.)।
9. सबसे ऊँचा रेलवे स्टेशन : कांडर (बोलिविया, दक्षिण अमेरिका-4,787)।
10. सबसे लम्बा रेलवे का पुल : पौंटचार ट्रेन झील, काउजवे लुसियाना, अमेरिका (38.42 किमी.)।

हवाई अड्डा

1. सबसे ऊँचा : भागंड़ा हवाई अड्डा (पूर्वी तिब्बत-चीन 4,739)
2. सबसे लम्बा रन वे : भागंड़ा हवाई अड्डा (5,500 मी.)
3. सबसे कम अन्तर्राष्ट्रीय हवाई अड्डा : रोटरडैम (नीदरलैंड, समुद्र तल से 5 मी. नीचे।
4. सबसे छोटा घरेलू हवाई अड्डा : एट लैसन (मृत सागर, 360 मी. समुद्र तल से नीचे)
5. सबसे बड़ा : राजा अब्दुल अजीज अंतर्राष्ट्रीय हवाई अड्डा (जेद्दा, सउदी अरब)।

सड़क

सबसे बड़ा सड़क की मीलों में दूरी : यू.एस.ए. (3,48,227 किमी.)

भवन

1. सबसे लम्बा : सी. एन. टॉवर (टोरंटो, कनाडा, 553.34 मी.)
2. सबसे लम्बा कार्यालय भवन : 1. पेंटरोनस टॉवर (क्वालालंपुर, मलेशिया 735 मी.), 2. सीयरस् टॉवर (शिकागो, यू.एस.ए.)
3. सबसे बड़ा शाही (राजकीय) भवन : एम्पीरियल भवन (बीजिंग, चीन, 178 एकड़)
4. सबसे बड़ा शाही महल : 1. सुल्तान महल (बंदर सेरी बेगावान, ब्रुनी 25 हेक्टेयर, 1800 रुम), 2. वेटिकन महल (इटली 5 हेक्टेयर, 1400 रुम)।

खेल का मैदान

सबसे ऊँचा क्रिकेट खेल का मैदान : चैल (हिमाचल प्रदेश)।

यात्री भवन

सबसे लम्बा : डिजनी वंडरलैंड (अमेरिका - 11,105 हेक्टेयर)

स्टेडियम

सबसे बड़ा : स्ट्राहोव स्टेडियम (परागु, सीजेच 2,40,000 स्पेक्ट्स)।

संग्रहालय

1. सबसे पुराना : ओसमोलिन संग्रहालय (इंग्लैंड)
2. सबसे बड़ा : 1. अंतर्राष्ट्रीय इतिहास का अमेरिकन संग्रहालय (न्यूयार्क), 2. ब्रिटिश संग्रहालय (लंदन)।
3. सबसे बड़ा कला केंद्र : विंटर भवन में स्टेट हर्मिटेज संग्रहालय (रूस, 322 गैलेरी, प्रत्येक व्यक्ति को 24 किमी. तक चल के जाना पड़ता है, कला केंद्र देखने के लिए)।

पुस्तकालय

सबसे बड़ा : यू.एस.ए. का कांग्रेस पुस्तकालय (12 करोड़ 52 लाख व समान को मिलाकर 1.8 करोड़ किताब इत्यादि)।

सार्वजनिक उद्यान

सबसे बड़ा : बुफैलो अंतर्राष्ट्रीय सार्वजनिक उद्यान (कनाडा)।

दीवार

सबसे बड़ी : द ग्रेट वाल ऑफ चायना (3,460 किमी. लम्बा)।

कॉरीडोर

सबसे लम्बा : श्री रामानाथ स्वामी मंदिर (रामेश्वरम्, भारत, 1524 मी. लम्बा)

प्रकाश गृह (लाइट हाउस)

1. सबसे लम्बा : योकोहामा (जापान, 106 मी.)
2. सबसे चमकीला : क्रीक दिक्वेनेन्ट (फ्रांस, 50 करोड़ कंडल शक्ति)

टॉवर

1. सबसे लम्बा : टी.वी. प्रसारण टॉवर दाकोटा (628 मी., यू.एस.ए.)
2. बिना सहारे का खड़ा : कुतुबमीनार (दिल्ली, भारत)
3. सबसे बड़ा मंदिर : अंकोरवाट (कम्बोडिया)
4. परंपरागत हिंदु मंदिर (भारत के बाहर) : श्री स्वामी नारायण मंदिर (नेसडेन, लंदन, 6,071 वर्ग मी.)।
5. सबसे धनी हिंदु मंदिर : भगवान वेंकटेश्वर मंदिर, तिरूमला, तिरूपति, भारत।
6. सबसे बड़ी मस्जिद : शाह फैजल मस्जिद (इस्लामाबाद, पाकिस्तान-1,89,700 वर्ग मी.)
7. सबसे बड़ी चर्च : सेंट पीटर वासिलीका(वेटिकन सिटी, रोम)

धनी विश्वविद्यालय

हाडवर्ड विश्वविद्यालय

प्रतिमा/ मूर्ति

1. सबसे भारी : स्टेटयू ऑफ लिबर्टी (यू.एस.ए., 24,493 टन)।
2. सबसे लंबा : ब्रोंज वुध (120 मी. ऊँचा ☒ 35 मी. चौड़ा, टोक्यो जापान)।
3. सबसे बड़ा : दूरदर्शन-ट्वीन केक दूरबीन हवाई में
4. सबसे तेज कम्प्यूटर : RS/6000 ASCI सफेद IBM (12 ट्रि लियन गणना प्रति सैकेंड)

भारत का सबसे बड़ा, लम्बा और ऊँचा

1. सबसे ऊँचा बाँध : भाखड़ा बाँध, पंजाब में सतलज नदी पर
2. सबसे लम्बा बाँध : हीराकुंड बाँध, उड़ीसा में महानदी पर
3. सबसे लम्बा कंकरीट बाँध : नागार्जुन सागर, कृष्णा नदी पर (ए.पी.)
4. सबसे बड़ा बैराज : फरक्का बैराज, गंगा नदी पर (पं. बंगा, 2,245 मी.)
5. नदी के ऊपर सबसे लम्बा पुल : पटना में गंगा नदी पर महात्मा गांधी सेतु
6. समुद्र के ऊपर सबसे लम्बा पुल : एने इंदिरा गांधी पुल (भंटापाम से रामेश्वरम्, 23.4 किमी.)
7. सबसे ऊँचा पुल : वैली पुल (खरदुंगला में, लद्दाख, 5,602 मी.)
8. सबसे लम्बा सिंचाई : इंदिरा गांधी नहर परियोजना सिंचाई (राजस्थान, 649 किमी.)
9. सबसे बड़ा (निजी) जल संचार प्रणाली : अनंतपुरा जिला में पीने का पानी 750 गाँवों में, श्री सत्य साई सेन्ट्रल ट्रस्ट, पुट्टापर्थी
10. सबसे बड़ा राष्ट्रीय हाईवे : एन.एच. 7 (2,369 किमी. लम्बा, वाराणसी से कन्याकुमारी)।
11. सबसे छोटा राष्ट्रीय हाईवे : एन.एच. 47। (6 किमी., वीलिंगटन द्वीप से कोच्चि वाड़पास)
12. सबसे ऊँचा विद्युत से चलने वाली सड़क : खरदुंगला रोड (लेह-मनाली, 5682 मी.)
13. स्टील सड़क : राउरकेला से नजदीक 1 किमी. लम्बा
14. सबसे बड़ा सड़क सुरंग : चिपलुम-नौजा-कोयना नगर (महाराष्ट्र, 1 किमी. लम्बा)।
15. सबसे बड़ा रेलवे सुरंग : खरवुदे सुरंग (मुम्बई से गोवा, 6.45 किमी., कोंकण रेलवे)
16. सबसे लम्बा रेलवे प्लेटफार्म : खड़गपुर (पं. बंगाल, 833 मी.)
17. सबसे लम्बा रेलवे रास्ता : जम्मू तवी से कन्याकुमारी (3,751 किमी. से हिमसागर एक्सप्रेस, 66 घंटा यात्रा)।
18. उत्तर दिशा का दूरस्थ रेलवे स्टेशन - बजालता (जम्मू-उदयपुर)।
19. दक्षिण दिशा का दूरस्थ रेलवे स्टेशन - कन्याकुमारी (तमिलनाडु)।
20. पूर्वी दिशा का दूरस्थ रेलवे स्टेशन - दारजर, लेखपानी (असम)
21. पश्चिम दिशा का दूरस्थ रेलवे स्टेशन - नालिया (गुजरात)
22. सबसे ऊँचा पेट्रोल पम्प - 1. काजा में, स्पिति घाटी, 2. लेह में, लद्दाख।
23. सबसे ऊँचा हवाई अड्डा : लेह हवाई अड्डा लद्दाख में (3,256 मी.)
24. सबसे बड़ा हवाई अड्डा : छत्रपति शिवाजी हवाई अड्डा (मुम्बई)
25. सबसे बड़ा बस अड्डा :
    1. कोयमवेदु एम.बी.टी. (चेन्नई), 2. इमलीवन बस अड्डा, हैदराबाद (74 प्लेटफार्म), 3. गोरैय बस अड्डा, मुम्बई (165 बसों की पार्किंग)
26. सबसे लम्बी मीनार : कुतुबमीनार (दिल्ली)
27. सबसे बड़ा गेटवे : बुलंद दरवाजा, फतेहपुर सीकरी (उ. प्रदेश)
28. सबसे लम्बी दीवार : राजस्थान में अरावली पहाड़ी के साथ
29. सबसे बड़ी गुंबद : गोल गुंबज बीजापुर (कर्नाटक)।
30. सबसे लम्बा झंडा : फोर्ट सेंट जार्ज, चेन्नई (45.7 मी तमिलनाडु) सबसे पहला यूनियन जैक की मेजबानी 1687 साल में हुई थी।
31. सबसे बड़ा आवासीय भवन : राष्ट्रपति भवन (नई दिल्ली)।
32. सबसे बड़ा स्नानघर : शिरडी में सुलभ शौचालय के देख-रेख में (30,000 लोग को प्रतिदिन)
33. 365 मंदिरों के साथ किला : कुम्भलगढ़ (राजस्थान)।
34. पहला भूमिगत बाजार : पालिका बाजार (नई दिल्ली)
35. सबसे लम्बा प्रकाश गृह : विशाखापत्तनम (ए.पी.)
36. सबसे शक्तिशाली प्रकाश गृह : गोवा की दियु प्रकाश गृह
37. सबसे बड़ी गुफा : करली गुफा लोनावला के नजदीक (महाराष्ट्र)
38. सबसे ऊँचा रेडियो स्टेशन : लेह में (लद्दाख, 3231 मी. ऊँचा समुद्र तल से)
39. सबसे भारी जहाज : आई. एन. एस. विराट
40. सबसे बड़ा नौसैनिक हवाई अड्डा और सबसे लम्बा रनवे : आई. एन. ए. रजाली अराखोनम (तमिलनाडु)
41. सबसे ऊँची वेधशाला : 'चंद्र' वैद्यशाला लद्दाख में मि. सरस्वती के उच्च शिखर पर
42. सबसे बड़ा शुद्ध पानी का झील : 1. वुलर झील (कश्मीर); 2. कोलेख झील (ए. पी.)
43. सबसे ऊँचा जलप्रपात : जोग जलप्रपात (कर्नाटक)
44. सबसे बड़ा देश के भीतरी भाग में जलमार्ग : केरल
45. सबसे बड़ा मरुस्थल : थार मरुस्थल (राजस्थान)
46. सबसे बड़ा समुद्र तट : चेन्नई में मरीन समुद्र तट
47. सबसे बड़ा द्वीपसमूह : अंडमान (324 टापू)
48. सबसे बड़ा ताप गृह : कोरबा तापीय शक्ति गृह (मध्य प्रदेश)
49. सबसे लम्बी पेट्रोलियम पाइपलान : कांडला से भंटिडा (1,443 किमी.)
50. सबसे लम्बा गैस पाइपलाइन : हाजिरा-बीजापुर-जगदीशपुर (1,850 किमी.)
51. सबसे बड़ी बुद्ध की प्रतिमा : हैदराबाद (आंध्र पदेश)
52. सबसे बड़ा मंदिर का स्थान : श्रीरंगनाथास्वामी मंदिर श्रीरंगम (तमिलनाडु)
53. सबसे बड़ा चर्च : द से कांथेड्रल पणजी में (गोवा, 80 मी. लम्बा)
54. सबसे बड़ी मस्जिद - जामा मस्जिद (दिल्ली)
55. सबसे बड़ा गुरुद्वारा : द गोल्डन टेंपल, अमृतसर (पंजाब)
56. सबसे पहला हवाई प्रशिक्षण का स्कूल : भारतीय हवाई प्रशिक्षण केंद्र, हैदराबाद (ए.पी.)
57. पहला हेलीकॉप्टर प्रशिक्षण स्कूल : हिन्दुस्तान विमान विज्ञान लिमिटेड, बैंगलोर (कर्नाटक)
58. सबसे पुराना आधुनिक विश्वविद्यालय : कलकत्ता, बम्बई तथा मद्रास विश्वविद्यालय 1857 में सभी निर्मित
59. सबसे बड़ा आधुनिक मुक्त विश्वविद्यालय : डॉ. अम्बेडकर मुक्त विश्वविद्यालय, हैदराबाद (आंध्र प्रदेश)
60. सबसे पहला कॉलेज : फोर्ट विलियम कॉलेज, 1800 में कलकत्ता
61. सबसे पहला मेडिकल कॉलेज : कलकत्ता डॉक्टरी कॉलेज, 1835 में
62. सबसे पहला इंजीनियरिंग कॉलेज : थामसन कॉलेज, 1847 में राउरकेला
63. सबसे पहला लॉ कॉलेज : नेशनल लॉ स्कूल ऑफ इंडिया, बैंगलोर
64. सबसे बड़ा विद्यालय : द सिटी मोंटेश्वरी स्कूल, लखनऊ (22,617 विद्यार्थी)
65. सबसे पूर्व औषधालय : आयुर्वेद के दवाइयों का नियम (3,000 साल पहले)
66. सबसे पहले भारतीय भाषा में छपाई : कारथिला (तमिल) 554 में छपाई लिस्बन के रोमन की प्रतिलिप (पूर्तगाल)
67. सबसे पहला माउंट एवरेस्ट पर चढ़ने वाला : तेनसिंग नोरगे तथा सर एडमंड हिलेरी 29 मई, 1953 पर
68. सबसे पहली माउंट एवरेस्ट पर चढ़ने वाली महिला : बछेंद्री पाल 24 मई, 1984 पर
69. माउंट एवरेस्ट पर दोबारा चढ़ने वाली महिला : संतोष यादव (12 मई, 1992 तथा 10 मई 1993)
70. सबसे कम समय पर बनने वाली सुपर स्पेशियेलिटी : पुट्टापार्थी में 10 महीने के अंदर (ए.पी.)।
71. सबसे बड़ा प्रदर्शनी स्थल : प्रगति मैदान कॉम्पलेक्स (दिल्ली, 150 एकड़)

प्रमुख देशों की मूलभूत जानकारी

देश (राजधानी)	क्षेत्रफल (वर्ग किमी.)	आबादी (लाख में)	समय
पूर्वी एशिया			
चीन (बीजिंग)	95,72,900	13,541	+2.30
जापान (टोक्यो)	3,77,944	1,270	+3.30/4
उत्तर कोरिया (प्योंगयांग)	1,22,762	240	+3.30
दक्षिण कोरिया (सिओल)	99,461	485	+3.30
मंगोलिया (उलान बढार)	15,55,008	27	+2.36
फिलीपिंस (मनिला)	3,00,076	936	+2.30
ताइवान (ताओ)	36,188	230	+2.30
दक्षिण-पूर्व एशिया			
ब्रुनेई (बंदर सेरी बेयावान)	5,765	4	+2.30
म्यांमार (नेप्यीडॉव)	6,76,577	505	+1.00
इंडोनेशिया (जाकार्ता)	18,90,754	2,375	+1.30/3
कंबोडिया (फनोम पेनह)	1,81,035	150	+1.30
लाओस (वियंजचेन/वियनटाइन)	2,36,800	64	+1.30
मलेशिया (क्वालालम्पुर वित्तीय) पुत्राजया (प्रबंधन)	3,30,803	275	+2.30
सिंगापुर (सिंगापुर)			
थाइलैंड (बैंकॉक)	682	48	+2.30
तिमोर लेसटे (दिलि)	5,13,115	681	+1.30
वियतनाम (हनोई)	14,919	11.7	+4.30
	3,31,212	890	+1.30
दक्षिण एशिया			
बांग्लादेश (ढाका)			
भूटान (थिम्पु)	1,47,570	1,644	+0.30
नेपाल (काठमांडु)	46,650	7	+0.30
भारत (नई दिल्ली)	1,47,181	298	1st
मालदीव (माले)	32,87,263	12,101	1st
पाकिस्तान (इस्लामाबाद)	298	-0.30	-0.30
श्रीलंका (कोलम्बो)	7,96,096	1,847	-0.30
	65,610	204	1st
दक्षिण पश्चिम एशिया			
अफगानिस्तान (काबुल)			
बहरीन (मनामा)	6,45,807	291	-1.00
ईरान (तेहरान)	720	8	-2.30
ईराक (बगदाद)	16,48,195	750	-2.00
इजराइल (जेरूसलम)	4,34,128	315	-2.30
जोर्डन (अम्मान)	22,072	73	-3.30
कुवैत (कुवैत)	89,342	65	-3.30
लेबानान (बेरुत)	17,818	30	-2.30
ओमान (मस्कट)	10,452	43	-3.30
कतर (दोहा)	3,09,500	26	-1.30
सउदी अरब (रियाध)	11,571	16	-2.30
सीरिया (दमस्कस)	21,49,690	262	-2.30
यूनाइटेड अरब अमीरात (अबुधाबी)	1,85,180	225	-3.30
यमन (साना)	83,800	47	-1.50
	5,55,000	242	-2.3
यूरासिया			
अर्मेनिया (येरेवानन)	29,743	31	-2.30
अजरबैजान (बाकू)	86,600	89	-2.30
बेलारूस (मिनास्क)	2,07,500	96	-3.30
साइप्रस (निकोसिया)	9,251	9	-3.30
एस्टोनिया (तालिनन)	45,227	13	-3.30
जार्जिया (तिब्लिसी)	69,700	42	-3.30
कजाखितान (अस्ताना)	27,24,900	158	-1.00
किर्गिजस्तान (विस्केक)	1,99,945	56	-1.00
लातविया (रिगा)	64,589	22	-3.30
लिथुआनिया (विलनियस)	65,200	33	-3.30
मेसिडोनिया (स्कोपजे)	25,713	20	-4.30
मालडोवा (चिसिनाउ)	33,848	36	-3.30
रूस फेडरेशन (मोस्को)	1,70,75,400	1,403	-3.30 + 7.30
तजाकिस्तान (दुशनावे)	1,43,100	71	-1.00
तुर्की (अंकारा)	7,83,562	725	-2.30
तुर्कमेनिस्तान (अस्गाबाट)	4,48,100	725	-1.30
युक्रेन (कीव)	6,03,628	454	-3.30
उज्बेकिस्तान (तास्कंद)	4,47,400	277	-1.00
यूरोप			
अलबानिया (तिराना)	28,748	311	-4.30
अन्डोरा (अन्डेरा-ला-वेला)	464	0.84	-5.30
ऑस्ट्रिया (वियाना)	83,858	83	-4.30
बेल्जियम (ब्रुसेल्स)	30,528	107	-4.30
बोर्सिनिया एवं हर्जेगोविना (साराजेवो)	51,129	37	-4.30
बुल्गारिया (सोफिया)	1,10,993	75	-3.30
कोएटिया (जागदेव)	56,542	44	-4.30
चेक (पराग्वे)	78,866	104	-4.30
डेनमार्क (कोपेनहेगन)	43,098	54	-4.30
फिनलैंड (हलेसिंकी)	3,03,907	53	-4.30

देश (राजधानी)	क्षेत्रफल (वर्ग किमी.	आबादी (लाख में)	समय
जर्मनी (बर्लिन, बोन)	3,57,119	820	-4.30
यूनान (एथेंज)	1,31,957	111	-3.30
हंगरी (बुडापेस्ट)	93,030	99	-4.30
आइसलैंड (रिक्जेविक)	1,02,819	3.3	-5.30
आयरलैंड (डबलीन)	70,273	46	-5.30
इटली (रोम)	3,01,227	601	-4.30
लिकटेस्टीन (वाडेज)	160	0.3	-4.30
लजेमबर्ग (लक्जेमबर्ग)	2,586	5	-4.30
माल्टा (वैलेटा)	316	4	-4.30
मोनाको (मोनाको)	2	0.3	-5.00
मोन्टेनीग्रो (पोडगोरिका)	3,812	6.2	-4.30
नीदरलैंड (एम्स्टर्डम/द हेग)	41,543	166	-4.30
नार्वे (ओस्लो)	3,23,789	48	-4.30
पोलैंड (वारसॉ)	3,12,685	386	-4.30
पुर्तगाल (लिस्बन)	91,947	107	-5.30
रोमानिया (बुखारेस्ट)	2,38,391	211	-3.30
सान मारिनो (सान मारिनो)	61	0.3	-4.30
सर्बिया (बेलग्रेड)	88,361	98.6	-4.30
स्लोवाकिया (ब्रालीस्लावा)	49,035	54	-4.30
स्लोवेनिया (जुब्लाना)	20,273	20	-4.30
स्पेन (मेड्रिड)	4,92,592	453	-4.30
स्वीडन (स्टॉकहोम)	4,50,295	93	-4.30
स्विट्जरलैंड (बर्न)	41,285	76	-4.30
यूनाइटेड किंगडम (लंदन)	2,43,072	619	-5.30
वेटिकन सिटी (वेटिकन सिटी)	44 हेक्टेयर	0.008	-430
उत्तर अमेरिका			
कनाडा (ओटावा)	99,84,670	342	-9 से -14.30
मैक्सिको (मैक्सिको सिटी)	19,64,375	1,106	-11.30
यू.एस.ए. (वाशिंगटन डी.सी.)	98,26,630	3,087	-10.30 से -15.30
मध्य अमेरिका			
बेलीज (बेल्मोपान)	22,963	3.1	-11.20
कोस्टारिका (सेन जोंस)	51,100	46	-11.30
एल सल्वाडोर (सेन सल्वाडोर)	21,041	62	-11.30
ग्वाटेमला (ग्वाटेमाला सिटी)	1,08,890	143	-11.30
होंडुरस (टेगुसिगलपा)	1,12,492	76	-11.30
निकारागुआ (मनागुवा)	1,31,812	58	-11.30
पनामा (पनामा सिटी)	75,001	35	-10.30
दक्षिण अमेरिका			
अर्जेंटीना (न्यूनस आयरस)	27,80,400	406	-9.30
बोलिविया (ला पाज/सुक्रे)	10,98,581	100	-9.30
ब्राजील (ब्रासीलिया)	85,47,404	1,954	-7.30 से -10
एक्वाडोर (क्विटो)	2,72,045	137	-10.30
चिली (सेंटियागो)	7,56,096	171	-10.00
कोलम्बिया (बोगोटा)	11,41,748	463	-10.30
गुयाना (जार्ज टाउन)	2,14,999	7	9.30
पराग्वे (असुनसियन)	4,06,752	64	-9.30
पेरू (लीमा)	12,85,216	295	-10.30
सुरीनाम (पारामारिवो)	1,63,820	52	-9.00
उरुग्वे (मोंटेविडियो)	1,76,215	34	-9.00
वेनेजुएला (काराकास)	9,16,445	290	-10.00
कैरेबियन क्षेत्र			
एंटीगुआ एवं बरमुडा (सेंट जोंस)	442	0.67	-10.30
बहामास (नसाउ)	13,939	3.5	-10.30
बरबाडोस (ब्रिजटाउन)	430	2.7	-9.30
क्यूबा (हवाना)	1,00,886	112	-10.30
डोमिनिका (रॉसेओ)	750	0.7	-9.30
डोमिनिकन रिपब्लिक (सांटो डोमिंगो)	48,137	102	-9.30
ग्रेनाडा (सेंट जार्जस)	344	1	-9.30
हैती (पोर्ट ओ प्रिंस)	27,065	101	-10.30
जिमैका (किंगस्टन)	10,991	27	-10.30
प्यॉटो रिका (सान गुआन)	9,104	38	-9.30
सेंट किट्स और नेविस (बुसेतेरे)	269	0.46	-10.00
सेंट लुसिया (कास्ट्रिज)	617	1.7	-10.00
सेंट विन्सेंट एवं ग्रेनाडिनिस (किंग्स्टन)	389	1.1	-10.00
त्रिनिदाद एवं टोवैगो (पोर्ट ऑफ स्पेन)	5,128	13	-9.30
अफ्रीका			
अल्जीरिया (अल्जीयर्स)	23,81,741	354	-5.00
अंगोला (लुवाडा)	12,46,600	189	-4.30
बेनिन (पोर्टोनोवो)	1,22,622	92	-5.00
बोत्सवाना (गेब्रोन)	5,81,730	19.8	-4.00
बुर्किना फासो (औगाडौग)	2,70,764	163	-5.30
बुरुंडी (बुजुम्बुरा)	27,834	85	-5.5
कैमरून (याओऊंडे)	4,75,650	1200	-4.30

प्रमुख देशों की मूलभूत जानकारी

देश (राजधानी)	क्षेत्रफल (वर्ग किमी.)	आबादी	समय
मध्य अफ्रीकन गणतंत्र (बेंगुई)	6,28,83	45	-4.30
चाड (ए जमेना)	12,84,000	115	-4.30
कोमोरोस द्वीप (मोरोनि)	1,862	7	-2.30
कोंगो डेमोक्रेटिक रिपब्लिक (किन्सासा)	23,44,798	678	-4.30
जिबूती (जिबूती सिटी)	23,200	9	-2.30
मिस्र (काहिरा)	10,09,450	844	-3.30
इक्विटोरिया गुईनिया (मलावो)	28,051	7	-4.30
इथोपिया (अड्डिस अबाबा)	11,27,127	850	-3.30
इरित्रिया (असमारा)	1,21,100	52	-3.00
गाबोन (लिबरेविल्ले)	2,67,667	15	-4.30
गाम्बिया (बंजुल)	10,689	17	-6.30
घाना (अक्रा)	2,38,537	243	-5.30
गिनी (कॉनाक्री)	2,45,851	103	-6.30
गिनी विसाउ (बिसाउ)	36,125	16.5	-6.30
कोट दिव्वार (यामूसोकोरो)	3,22,463	215	-5.30
केन्या (नैरोबी)	5,82,646	408	-2.30
लेसेथो (मासेरू)	30,355	20	-3.50
लाइबेरिया (मोनरोविया)	97,036	41	-5.30
लिबिया (त्रिपोली)	17,59,540	65	-4.30
मेडागास्कर (अंटासनरिबो)	5,87,041	201	-2.50
मलावी (लि लोंग्वे)	1,81,484	156	-3.50
माली (बामाको)	12,48,574	133	-5.30
मॉरीतानिया (नवाक्शूल)	10,30,700	33	-5.30
मोरिशस (पोर्ट लुईस)	2,040	13	-1.30
मोरक्को (राबत)	7,10,850	323	-5.30
मोजाम्बिक (मापुतो)	7,99,380	234	-3.50
नामीबिया (विंडहॉक)	8,25,112	22	-4.30
नाइजर (नियामे)	11,86,408	158	-5.30
नाइजीरिया (अम्बुजा)	9,23,768	1,582	-4.30
रिपब्लिक ऑफ कांगो (ब्रजाविल्ले)	3,42,000	37	-4.30
रवांडा (किगाली)	25,314	102	-3.30
साओ टोमे एवं प्रिंसिपे (सो टोम)	1,001	1.6	-5.30
सेनेगल (दाकार)	1,96,722	128	-5.30
सेशेल्स (विक्टोरिया)	455	0.9	-1.30
सिमाप लियोन (फ्री टाउन)	71,740	58	-5.30
सोमालिया (मोगादिसु)	6,37,651	93	-2.3
सुडान (खारतोउम)	18,55,810	350	-3.30
दक्षिण सुडान (जुबा)	6,40,000	82	-3.30
दक्षिण अफ्रीका (प्रोटोरिया)	12,19,090	154	-3.50
केपटाउन (फोटैन) न्यायिक			
स्वाजिल लैंड (म्वाबैन)	17,364	12	-3.50
तांजानिया (दोदोमा)	9,42,799	450	-2.30
तोगो (लोमे)	56,785	67	-5.30
ट्यूनीसिया (ट्यूनिस)	1,63,610	103	-4.30
युगांडा (कंपाला)	2,41,038	338	-2.30
जाम्बिया (लुसाका)	7,52,612	132	-3.30
जिम्बाब्वे (हरारे)	3,90,751	126	-3.30
ऑस्ट्रेलिया-ओसेनिया			
ऑस्ट्रेलिया (केनबरा)	77,02,315	2.5	+2.30 से +4.30
फिजी (सुवा)	18,33	8.5	+6.50
किरिबाती (बैरिकी तरावा)	811	0.9	-16.30
मार्शल दीप (दालाप-उगा दारित)	181	0.56	+6.30
माइक्रोनेसिया (कोलोनिया)	701	1.1	-3.30 से -5.30
नाउरू (यारेन)	21	0.11	+6.30
न्यूजीलैंड (वैलिंगटन)	2,70,534	43	+6.30
पालाउ (कोरार)	488	0.2	+3.30
पापुआ न्यू गिनी (पोर्टमोरिस्बे)	4,62,840	69	+6.30
सामोआ (एपिया)	2,785	1.8	-16.30
सोलोमन दीप (होनियारा)	28,370	5.4	+5.30
टोंगा (नुकुआलोफा)	748	1	+7.30
तुवालु (फोंगाफाले)	26	0.1	+6.30
वातु रिपब्लिक (विला)	12,190	2.5	+5.30

अभ्यास-प्रश्नावली

विश्व और भारत

1. **हमारे सौरमंडल की उम्र क्या है?**
   (a) 4.6 बिलियन वर्ष (b) 2.9 बिलियन वर्ष
   (c) 5.6 बिलियन वर्ष (d) 4.0 बिलियन वर्ष
2. **निम्नलिखित में से कौन-सा आकर के अनुसार सौरमंडल का सबसे बड़ा ग्रह है?**
   (a) बुध (b) बृहस्पति
   (c) शनि (d) अरुण
3. **पृथ्वी की सतह का _______ % भाग जलीय और _______ % भाग स्थल है।**
   (a) 29, 71 (b) 79, 21
   (c) 71, 29 (d) 69, 31
4. **निम्नलिखित में से कौन-सी परत पृथ्वी की आतंरिक संरचना से सम्बन्धित है?**
   (a) कोर (b) मेंटल
   (c) क्रस्ट (d) उपरोक्त सभी
5. **पृथ्वी का कोर किससे बना है?**
   (a) रॉक और सॉल्ट (b) रॉक और मेंटल
   (c) (a) और (b) दोनों (d) उपरोक्त सभी
6. **मानचित्र बनाने का अध्ययन निम्नलिखित में से किससे सम्बन्धित है?**
   (a) कार्टोग्राफी (b) भौतिक भूलोग से
   (c) जलवायु भूगोल से (d) स्केच बनाने से
7. **निम्नलिखित में से कौन-सा मानचित्र का एक प्रकार नहीं है?**
   (a) राजनितिक मानचित्र (b) भौगोलिक मानचित्र
   (c) थीमेटिक मानचित्र (d) एसेंशियल मानचित्र
8. **निम्नलिखित में से कौन-सा कथन नक्शे के संबंध में सही है?**
   (a) नक्शा कागज के एक समतल सतह पर गोल पृथ्वी का प्रति. निधित्व करता है।
   (b) नक्शों के द्वारा पृथ्वी की सतह के वास्तविक भागों को दिखाया जा सकता हैं।
   (c) (a) और (b) दोनों
   (d) उपरोक्त में से कोई नहीं
9. **कर्क रेखा निम्न में से किस देश से होकर नहीं गुजरती है?**
   (a) भारत (b) बांग्लादेश
   (c) पाकिस्तान (d) चीन
10. **मकर रेखा निम्न में से किन देशों से गुजरती है?**
    (a) चिली (b) अर्जेंटीना
    (c) ब्राजील (d) उपरोक्त सभी
11. **भारत उत्तरी गोलार्ध में _______ उत्तरी अक्षांश और _______ पूर्वी देशांतर के मध्य स्थित है।**
    (a) 6°4-27°6 उत्तरी से 68°7-97°05 पूर्वी
    (b) 8°4-37°6 उत्तरी से 68°7-97°25 पूर्वी
    (c) 7°4-37°6 उत्तरी से 48°7-97°25 पूर्वी
    (d) 8°6 -33°6 उत्तरी से 68°7-97°25 पूर्वी
12. **भारत की राजनैतिक सीमा से कौन-सा देश अपनी सीमा नहीं बनाता है?**
    (a) बांग्लादेश (b) भूटान
    (c) तजाकिस्तान (d) अफगानिस्तान
13. **भारत की जलीय सीमा से संबंधित कितने देश है?**
    (a) 6 (b) 7
    (c) 8 (d) 5
14. **भारत का सबसे दक्षिणी बिंदु _______ है-**
    (a) इंदिरा पॉइंट (b) नेहरु पॉइंट
    (c) कोलवा पॉइंट (d) इंदिरा कॉल
15. **भारत और चीन की सीमा को _______ रेखा कहते हैं-**
    (a) रेडक्लिफ (b) मैकमोहन
    (c) डूरंड (d) उपरोक्त में से कोई नहीं
16. **भारत का वह कौन-सा राज्य है जो सर्वाधिक राज्यों की सीमा से लगा है?**
    (a) उत्तर प्रदेश (b) राजस्थान
    (c) मध्य प्रदेश (d) महाराष्ट्र
17. **निम्नलिखित में से कौन-सा देश भारत के साथ सबसे बड़ी स्थल सीमा बनाता है?**
    (a) चीन (b) नेपाल
    (c) बांग्लादेश (d) पाकिस्तान
18. **भारत का सबसे ऊँचा शिखर कौन है ?**
    (a) माउंट-K-2 (b) कंचनजंगा
    (c) निलगिरी (d) नंदादेवी
19. **काराकोरम दर्रा किस राज्य में स्थित है?**
    (a) जम्मू-कश्मीर (b) हिमाचल प्रदेश
    (c) उत्तराखंड (d) अरुणाचल प्रदेश
20. **निम्नलिखित में से कौन-सा भारतीय राज्य क्षेत्रफल के दृष्टिकोण से बड़ा है?**
    (a) हिमाचल प्रदेश (b) पंजाब
    (c) हरियाणा (d) उत्तराखंड
21. **छोटा नागरपुर का पठार कहाँ स्थित है?**
    (a) झारखण्ड (b) छत्तीसगढ़
    (c) उतर प्रदेश (d) तेलांगना
22. **जम्मू-कश्मीर में पूर्व से पश्चिम की ओर पर्वत श्रेणियों का क्रम क्या है?**
    (a) जास्कर, लद्दाख, कराकोरम, पीर पंजाल
    (b) लद्दाख, जास्कर, पीर पंजाल, काराकोरम
    (c) कराकोरम, लद्दाख, जास्कर, पीर पंजाल
    (d) पीर पंजाल, लद्दाख, जास्कर, कराकोरम

23. अरावली पर्वत श्रेणी का विस्तार कहाँ से कहाँ तक फैला है?
(a) केवल राजस्थान में (b) दिल्ली से अहमदाबाद
(c) छोटानागपुर में (d) पूर्वांचल क्षेत्र में

24. पूर्वी घाट का सर्वोच्च शिखर _______ है।
(a) महेंद्रगिरी (b) नीलगिरी
(c) अनैमुदी (d) कंचनजंगा

25. निम्नलिखित में से कौन-सा द्वीप भारत के पश्चिमी तट पर स्थित है?
(a) दमन-द्वीप (b) दादर-नगर हवेली
(c) लक्ष्य द्वीप (d) (a) और (b) दोनों

26. बेतला वन अभ्यारण कहाँ स्थित है?
(a) झारखण्ड (b) उत्तर प्रदेश
(c) बिहार (d) मध्य प्रदेश

27. पिलिभिती टाइगर रिजर्व कहाँ स्थित है?
(a) झारखण्ड (b) उत्तर प्रदेश
(c) बिहार (d) मध्य प्रदेश

28. निम्नलिखित शहरों को पश्चिम से पूर्व दिशा में उनकी स्थित के अनुसार कौन-सा क्रम सही है?
(a) कानपुर-लखनऊ-इलाहाबाद-रांची
(b) लखनऊ-कानपुर-इलाहबाद-रांची
(c) इलाहाबाद-कानपुर-लखनऊ-रांची
(d) रांची-इलाहाबाद-कानपुर-लखनऊ

29. निम्नलिखित में से कौन-सी श्रेणियाँ प्रायद्वीपीय पठार का भाग है?
(a) सतपुरा (b) महादेव
(c) मैकाल (d) उपरोक्त सभी

30. आकार के अनुसार सबसे बड़ा राज्य _______ और सबसे छोटा राज्य _______ है-
(a) महाराष्ट्र और गोवा (b) राजस्थान और सिक्किम
(c) राजस्थान और गोवा (d) उत्तर प्रदेश और सिक्किम

31. गुरुशिखर _______ की सर्वोच्च शिखर है।
(a) अरावली (b) मैकाल
(c) विन्ध्याचल (d) पारसनाथ

32. सतपुरा की पहाड़ी किस राज्य में है?
(a) छत्तीसगढ़ (b) मध्य प्रदेश
(c) उड़ीसा (d) कर्नाटक

33. निम्नलिखित में से कौन-सी नदियों का क्रम उत्तर भारत में प्रवाहित नहीं होती है?
(a) सतलज-सिन्धु-व्यास (b) रवि-चिनाव-गंगा
(c) गोदावरी-महानदी-ताप्ति (d) गंगा-यमुना-ब्रह्मपुत्र

34. दक्षिण भारत की सबसे प्रमुख नदी कौन-सी है?
(a) गोदावरी (b) महानदी
(c) नर्मदा (d) कृष्णा

35. 10° चैनल कहाँ स्थित है?
(a) छोटा अंडमान और कार निकोबार के मध्य
(b) मालदीव और मिनिकॉय के मध्य
(c) कावरती और मिनिकॉय के मध्य
(d) उपरोक्त में से कोई नहीं

36. मध्य प्रदेश में गांधी सागर बाँध किस नदी पर बनाया गया है?
(a) नर्मदा (b) ताप्ती
(c) बेतवा (d) चम्बल

37. निम्नलिखित में से भारत के मुख्य लौह अयस्क उत्पादक राज्य कौन है?
(a) उड़ीसा (b) कर्नाटक
(c) छत्तीसगढ़ (d) उपरोक्त सभी

38. भारत विश्व का सबसे बड़ा थोरियम निर्माता देश है, इसका भण्डार किस राज्य में संचित है?
(a) तमिलनाडु (b) आंध्रप्रदेश
(c) केरल (d) झारखण्ड

39. भारत का सबसे लम्बा राष्ट्रीय राज्य मार्ग नेशनल हाईवे नंबर-44 है। यह निम्न में से किस राज्य से होकर नहीं गुजरता है?
(a) जम्मू-कश्मीर (b) दिल्ली
(c) कर्नाटक (d) उड़ीसा

40. निम्नलिखित में से कौन-सा भारत का मुख्य पत्तन है?
(a) हल्दिया (b) पाराद्वीप
(c) कांडला (d) उपरोक्त सभी

41. भारत का मुख्य न्यूक्लियर उर्जा केंद्र से सम्बन्धित कौन-सा कूट सही है?
(a) कलपक्म-तमिलनाडु (b) नरौरा-उत्तर प्रदेश
(c) काकरापारा-गुजरात (d) उपरोक्त सभी

42. निम्नलिखित में से किस राज्य में कोवलम समुद्र तट (बीच) स्थित है?
(a) केरल (b) तमिलनाडु
(c) गोवा (d) उड़ीसा

43. निम्लिखित में से कौन-सा कूट सही नहीं है?
(a) पेरियार अभ्यारण–केरल
(b) काजीरंगा राष्ट्रीय उद्यान–केरल
(c) जिम कॉर्बेट राष्ट्रीय उद्यान–उत्तरांचल
(d) राजाजी राष्ट्रीय उद्यान–उत्तरांचल

44. निम्नलिखित द्वीपों में से कौन-सा द्वीप अंडमान द्वीप समूह का सबसे बड़ा द्वीप है?
(a) मध्य अंडमान (b) रॉस द्वीप
(c) सैडल पीक (d) पिलोमिलो द्वीप

45. निम्नलिखित केंद्र शासित प्रदेशों/राज्यों में से किसमें "डंकन पास" स्थित है?
(a) पुदुचेरी
(b) अंडमान और निकोबार द्वीपसमूह
(c) दमन और द्वीव
(d) लक्षद्वीप

महाद्वीप और प्रदेश

46. बैकाल झील और कैस्पियन सागर कहाँ स्थित है?
(a) साइबेरिया (b) मंगोलिया
(c) तजाकिस्तान (d) अफगानिस्तान

47. एशिया महाद्वीप में विश्व का सबसे ऊँचा पर्वत शिखर माउण्ट एवेरेस्ट _______ में स्थित है।
(a) भारत (b) नेपाल
(c) चीन (d) उपरोक्त में से कोई नहीं

48. निम्नलिखित में से कौन-सा अलग है?
(a) पामीर का पठार (b) हिन्दुकुश पर्वत
(c) कैलाश पर्वत (d) किलिमंजरो पर्वत

49. येलो सागर कहाँ स्थित है?
(a) चीन के पूर्वी भाग में
(b) जापान सागर के दक्षिण में
(c) पूर्वी चीन सागर के उत्तर में
(d) उपरोक्त सभी

50. निम्नलिखित जापानी द्वीपसमूह में से किस पर हिरोशिमा और नागासाकी शहर स्थित हैं?
(a) होंशू और क्यूशू (b) क्यूशू और शिकोकू
(c) होकैडो और क्यूशू (d) होकैडो और शिकोकू

51. समशीतोष्ण घास के मैदान के सन्दर्भ में कौन-सा कूट सही है?
(a) मध्य एशिया में स्टेपी
(b) उत्तरी अमेरिका में प्रेयरी
(c) (a) और (b) दोनों
(d) उपरोक्त में से कोई नहीं

52. निम्नलिखित में से कौन-सा देश चीन की सीमा से नहीं जुड़ा हुआ है?
(a) कजाकिस्तान (b) उज्बेकिस्तान
(c) पाकिस्तान (d) तजाकिस्तान

53. बाल्टिक सागर से उत्तरी सागर को जोड़ने वाली नहर __________।
(a) पनामा नहर (b) स्वेज नहर
(c) नील नहर (d) कील नहर

54. निम्नलिखित में से कौन-सा जलडमरूमध्य यूनाइटेड किंगडम और फ्रांस को जोड़ता है?
(a) डेनमार्क स्ट्रेट (b) डोवर जलसंधी
(c) जिब्राल्टर की खाड़ी (d) डेविस स्ट्रेट

55. सरगासो सागर ____________ का एक हिस्सा है।
(a) उत्तरी प्रशांत महासागर (b) उत्तरी सागर
(c) उत्तरी अटलांटिक महासागर (d) दक्षिण अटलांटिक महासागर

56. निम्नलिखित में से आकार के अनुसार सबसे बड़ा देश कौन-सा है?
(a) थाईलैंड (b) कम्बोडिया
(c) लाओस (d) वियतनाम

57. निम्नलिखित में से कौन-सा कूट सही नहीं है?
(a) मलेशिया-कुवालालम्पुर (b) फिलिपींस-मानिला
(c) थाईलैंड-बैंकाक (d) वियतनाम-वियनतियाने

58. निम्नलिखित में से कौन-सी नदी एशिया महादेश से सम्बन्धित नहीं है?
(a) ह्वांग-हो (b) लिंपोपो
(c) मेकोंग (d) अमूर

59. निम्नलिखित में से कौन-सा रेगिस्तान एशिया महादेश से सम्बन्धित नहीं है?
(a) सहारा (b) थार
(c) अरब (d) गोबी

60. ओंटेरियो झील कहाँ स्थित है?
(a) संयुक्तराज्य अमेरिका
(b) कनाडा
(c) संयुक्त राज्य अमेरिका और कनाडा दोनों में
(d) उपरोक्त में से कोई नहीं

61. विक्टोरिया झील किन देशों के मध्य सीमा बनाती है?
(a) तंजानिया और यूगांडा के मध्य
(b) केन्या और सोमालिया के मध्य
(c) तंजानिया और मलावी के मध्य
(d) केन्या और इथोपिया के मध्य

62. निम्न में से कौन-सी नदी फ्रांस में नहीं प्रवाहित होती है?
(a) राइन/रिन (b) सीन
(c) लॉयर (d) एल्ब

63. निम्नलिखित में से कौन-सा पर्वत यूरोप महादेश से संबंधित है?
(a) आल्पस (b) प्यरेनेस
(c) कार्पथिंस (d) उपरोक्त सभी

64. निम्नलिखित में से किन देशों के समूह को 'स्कैंडिनेविया' कहा जाता है?
(a) नॉर्वे, स्वीडन, आइसलैंड और डेनमार्क
(b) लिथुआनिया, लातविया और एस्टोनिया
(c) यूगोस्लाविया, ग्रीस, रोमानिया और अल्बानिया
(d) स्पेन, पुर्तगाल, ग्रीस और रोमानिया

65. एशिया को यूरोप से निम्नलिखित में से कौन अलग करता है?
(a) अटलांटिक महासागर और भूमध्य सागर
(b) कैस्पियन सागर और उरल पहाड़
(c) कैस्पियन सागर और भूमध्य सागर
(d) उपरोक्त में से कोई नहीं

66. स्वेज नहर_________ और _________ को आपस में जोड़ता है-
(a) भूमध्य सागर और उत्तरी समुद्र
(b) लाल सागर और कैस्पियन सागर
(c) भूमध्य और लाल सागर
(d) बाल्टिक और कैस्पियन समुद्र

67. निम्नलिखित में से कौन-सा यूरोप का सर्वोच्च शिखर _________ काकेशस पर्वत पर स्थित है?
(a) माउंट चिम्बोरजो (b) माउंट मौना केआ
(c) माउंट एल्ब्रुस (d) माउंट एटना

68. निम्नलिखित में से किस देश में गुआंतानामो खाड़ी स्थित है?
(a) क्यूबा (b) ग्वाटेमाला
(c) मेक्सिको (d) निकारागुआ

69. निम्नलिखित में से कौन-सा रेगिस्तान उत्तरी अमेरिका का नहीं है?
(a) अटाकामा (b) चिहुआहुआन
(c) मोजावे (d) सोनोरन

70. निम्नलिखित में से यूरोप के कौन-कौन से देश काला सागर से अपनी सीमा बनाते हैं?
(a) रूस (b) तुर्की
(c) जॉर्जिया (d) उपरोक्त सभी

71. निम्नलिखित में से कौन-सा समुद्र इटली की सीमा को नहीं घेरता है?
(a) लिगुरियन समुद्र (b) एड्रियाटिक समुद्र
(c) आयोनियन सागर (d) कैस्पियन सागर

72. निम्नलिखित में से कौन-सा कथन सही है?
(a) उत्तरी अमेरिका का पूर्वी तट अटलांटिक महासागर से घिरा है
(b) पेसिफिक महासागर उत्तरी अमेरिका के पश्चमी तट को घेरता है
(c) मेक्सिको की खाड़ी उत्तरी अमेरिका के दक्षिण में है
(d) उपरोक्त सभी

73. निम्नलिखित में से कौन-सा जलडमरूमध्य उत्तरी अमेरिका को एशिया महाद्वीप से अलग करता है?
(a) डेविस जलडमरूमध्य (b) बेरिंग जलडमरूमध्य
(c) हेकेटी जलडमरूमध्य (d) सेबू जलडमरूमध्य

74. उत्तरी अमेरिका की सबसे ऊँची चोटी कौन-सी है।
(a) माउंट एटना (b) माउंट अलघेनी
(c) माउंट मैकेंजी (d) उपरोक्त में से कोई नहीं

75. निम्न में से कौन-सा पठार उत्तर अमेरिका में नहीं है?
(a) कोलंबिया का पठार (b) कोलोराडो का पठार
(c) ओजार्क पठार (d) बोलोवियन पठार

76. निम्नलिखित में से कौन उत्तरी अमेरिका के भौतिक क्षेत्रों का हिस्सा नहीं है?
(a) अटलांटिक तटीय मैदान (b) अप्पलाचियन पर्वत
(c) इथियोपियाई उच्च भूमि (d) कनाडाई शील्ड

77. निम्नलिखित में से कौन संयुक्त राज्य अमेरिका और कनाडा के बीच विभाजन रेखा के रूप में कार्य करती है?
(a) इरी झील और ओंटारियो झील
(b) अथाबस्का झील और रेनडियर झील
(c) सुपीरियर लेक और हूरन झील
(d) ग्रेट झील और सेंट लॉरेंस नदी

78. निम्नलिखित में से कौन-सा अक्षांश संयुक्त राज्य अमेरिका और कनाडा के बीच की सीमा बनाता है?
(a) 47° उत्तरी अक्षांश (b) 46° उत्तरी अक्षांश
(c) 49° उत्तरी अक्षांश (d) 45° उत्तरी अक्षांश

79. निम्नलिखित में से कौन-सी नदी दक्षिण अमेरिका की सबसे लम्बी और दुनिया की दूसरी सबसे लंबी नदी है?
(a) रियो साओ फ्रांसिस्को (b) नील नदी
(c) ओरिनोको नदी (d) अमेजन नदी

80. निम्नलिखित में से कौन-सा दक्षिण अमेरिकी देश समुद्र तट से नहीं जुड़ा हुआ है?
(a) बोलीविया (b) चिली
(c) वेनेजुएला (d) सूरीनाम

81. निम्नलिखित में से _________ देश के मध्य से होकर मकर रेखा गुजरती है?
(a) कोलंबिया (b) इक्वेडोर
(c) अर्जेंटीना (d) चिली

82. एंजेल्स फॉल दुनिया का सबसे ऊँचा झरना है जो _________ पर स्थित है।
(a) गुयाना पठार (b) बोलिविया पठार
(c) मटो-ग्रासो पठार (d) उपरोक्त में से कोई नहीं

83. टिटिकाका झील दक्षिण अमेरिका के बोलिवियाई पठार पर स्थित है, जो _________ और _________ देशों के मध्य सीमा बनाती है-
(a) बोलीविया और पेरू (b) बोलीविया और चिली
(c) पेरू और ब्राजील (d) चिली और पेरू

84. अटाकामा मरुस्थल किन देशों में विस्तृत है?
(a) उत्तरी चिली और दक्षिणी पेरू के मध्य
(b) ब्राजील में केवल
(c) बोलोविया और पराग्वे
(d) उपरोक्त में से कोई नहीं

85. निम्नलिखित में से देशों और उनके राजधानी के कौन-सा कूट सही नहीं है?
(a) पेरू-लिमा (b) कोलंबिया-बोगोटा
(c) इक्वेडोर-क्यूटो (d) उरुग्गुय-ला पाज

86. निम्नलिखित में से कौन से दोनों देश कॉफी उत्पादन में विश्व में अग्रणी हैं?
(a) बोलीविया और पेरू (b) कोलंबिया और ब्राजील
(c) उरुग्वे और बोलीविया (d) चिली और पैराग्वे

87. सोना, ताँबा, नाइट्रेट एवं सल्फर के भण्डार दक्षिण अमेरिका में कहाँ अवस्थित है?
(a) अर्जेंटीना (b) ब्राजील
(c) बोलीविया पठार (d) अट्कामा मरुस्थल

88. जिब्राल्टर जलसंधि निम्न में से किनको अलग करता है?
(a) अफ्रीका को यूरोप से
(b) सोमालिया को यमन से
(c) मोजाम्बिक को मेडागास्कर से
(d) उपरोक्त में से कोई नहीं

89. अफ्रीका की जैरे नदी/कांगो नदी किस महासागर में प्रवाहित होती है ?
(a) अटलांटिक महासागर (b) हिन्द महासागर
(c) गुयना की खाड़ी में (d) अदन की खाड़ी में

90. निम्लिखित में से किस अफ्रीकी देश की सबसे लंबी तटरेखा है?
(a) लीबिया (b) आइवरी कोस्ट
(c) दक्षिण अफ्रीका (d) सोमालिया

91. अफ्रीका का सबसे दक्षिणी छोर निम्नलिखित में से कौन-सा है?
(a) केप हॉर्न (b) केप मकर
(c) केप ऑफ गुड होप (d) केप अगुलहास

92. निम्नलिखित में से कौन-सी अफ्रीकी नदी दो बार भूमध्य रेखा को पार करती है?
(a) ऑरेंज (b) नील
(c) कांगो (d) जाम्बेजी

93. अफ्रीकी महाद्वीप में चाय का सबसे बड़ा उत्पादक देश कौन-सा है?
(a) केन्या (b) कांगो
(c) मिश्र (d) नाइजीरिया

94. निम्नलिखित में से कौन-सी भौगोलिक रेखा अफ्रीका से होकर गुजरती है?
(a) कर्क रेखा, मकर रेखा और विषुवत रेखा
(b) मकर रेखा और विषुवत रेखा
(c) कर्क रेखा और विषुवत रेखा
(d) मकर रेखा और कर्क रेखा

95. अफ्रीका में कितने क्षेत्र है?
(a) 4 (b) 5
(c) 6 (d) 7

96. ऑस्ट्रेलिया में उच्च पठारों की शृंखला को ________ कहा जाता है।
(a) ग्रेट डिवाइडिंग रेंज (b) ग्रेट बैरियर रीफ
(c) ग्रेट आर्टेसियन बेसिन (d) उपरोक्त में से कोई नहीं

97. ऑस्ट्रेलिया महाद्वीप महासागरों और समुद्रों से चारो ओर से घिरा हुआ है। निम्नलिखित में से कौन महाद्वीप को नहीं घेरता है?
(a) तस्मान सागर (b) अराफुरा सागर
(c) बंगाल की खाड़ी (d) तिमोर सागर

98. निम्नलिखित में से कौन-सी पर्वत शृंखला अंटार्कटिका को दो भागों में विभाजित करती है?
(a) ग्रेट डिवाइडिंग रेंज (b) ट्रांस-अंटार्कटिका पर्वत
(c) क्वीन मौड़ रेंज (d) उपरोक्त में से कोई नहीं

99. अंटार्कटिका की सबसे ऊँची चोटी कौन-सी है?
(a) माउण्ट विन्सन मासिफ (b) माउंट एरेबेस
(c) माउण्ट विदा (d) क्वीन मौड़ रेंज

100. निम्मिलखित में से चुंबकीय उत्तरी ध्रुव किस देश में स्थित है?
(a) नॉर्वे (b) कनाडा
(c) ग्रीनलैंड (d) उपरोक्त में से कोई नहीं

उत्तरमाला

विश्व और भारत									
1. (a)	2. (b)	3. (c)	4. (d)	5. (b)	6. (a)	7. (d)	8. (c)	9. (c)	10. (d)
11. (b)	12. (c)	13. (b)	14. (a)	15. (b)	16. (a)	17. (c)	18. (a)	19. (a)	20. (a)
21. (a)	22. (c)	23. (b)	24. (a)	25. (d)	26. (a)	27. (b)	28. (b)	29. (d)	30. (c)
31. (a)	32. (c)	33. (c)	34. (a)	35. (a)	36. (d)	37. (d)	38. (c)	39. (d)	40. (d)
41. (d)	42. (a)	43. (b)	44. (a)	45. (b)					
महाद्वीप और प्रदेश									
46. (a)	47. (b)	48. (d)	49. (d)	50. (a)	51. (c)	52. (b)	53. (d)	54. (b)	55. (c)
56. (a)	57. (d)	58. (d)	59. (a)	60. (c)	61. (a)	62. (d)	63. (d)	64. (a)	65. (b)
66. (c)	67. (c)	68. (a)	69. (a)	70. (d)	71. (d)	72. (d)	73. (b)	74. (c)	75. (d)
76. (c)	77. (d)	78. (c)	79. (d)	80. (a)	81. (c)	82. (a)	83. (a)	84. (a)	85. (d)
86. (b)	87. (d)	88. (a)	89. (a)	90. (d)	91. (d)	92. (c)	93. (a)	94. (a)	95. (c)
96. (a)	97. (c)	98. (c)	99. (a)	100. (b)					